M T Décaudy

1er Mai 2012

Une vie pleine

relu février 2017

Kristin Kimball

Une Vie Pleine

Mon histoire d'amour avec un homme et une ferme

Traduit de l'anglais (États-Unis)
par Joëlle Touati

ÉDITIONS FRANCE LOISIRS

Titre original : *The Dirty Life*
Publié avec l'accord de Scribner, département de Simon & Schuster, Inc.

Édition du Club France Loisirs,
avec l'autorisation des Éditions Fleuve Noir

Éditions France Loisirs,
123, boulevard de Grenelle, Paris.
www.franceloisirs.com

© 2010 by Kristin Kimball.
© 2011, Fleuve Noir, département d'Univers Poche, pour la traduction française.
ISBN 978-2-298-05235-0

Pour maman et papa

PROLOGUE

Samedi soir, milieu de l'hiver. La nuit est tombée sur la ferme depuis plusieurs heures déjà, et les employés sont tous rentrés chez eux. Nous allumons le poêle et ouvrons deux bouteilles de bière brassée par notre ami Brian. Je lave le matériel de traite, Mark prépare le souper, expression d'intimité paysanne. Aux fourneaux, il est parfaitement sûr de lui, économe de ses mouvements. Le regarder me remplit d'admiration et de désir, une groupie devant une rock star. Il a choisi un morceau de premier choix du bœuf que nous avons tué cette semaine, et monté un assortiment de légumes du cellier. En fredonnant, il farfouille dans le réfrigérateur, en sort un bocal de bouillon de poule et une grenade, cadeau que mon amie Amelia nous a apporté de New York.

Mark s'active, le geste rapide et, une demi-heure plus tard, dispose sur la table deux assiettes colorées. La viande est coupée en fines tranches, cuite à point, nappée d'une réduction de vin rouge, accompagnée de poireaux, carottes et chou sautés au beurre, assaisonnés de baies de genièvre. Il y a aussi une petite pyramide de choucroute rubis, réalisée avec nos choux rouges de l'année. Nous sommes à court de pain, mais Mark a déniché une petite boule de pâte à tarte au fond du réfrigérateur, qu'il a étalée, découpée en triangles et fait frire au poêlon ; et *voilà*[1], des petits pains. Mais la vedette improbable de l'assiette, c'est le radis. Pris d'un coup de folie, Mark en a planté mille pieds, l'été dernier. Je me suis moquée de lui sans pitié, mais ils sont si beaux, et ils se conservent si bien, que je crois que d'ici la fin de l'hiver, il ne nous en restera plus beaucoup. La variété s'appelle Misato Rose. À peu près de la grosseur d'une pomme, ils ont la peau crème avec des nuances vertes et une chair rose vif ; coupés, on dirait des pastèques miniatures. En principe, on les sert en entrée, à la croque au sel. Leur apparence de fruit est trompeuse, leur goût piquant ne manque pas de surprendre le palais. Ce soir, Mark les a fait braiser dans le bouillon, avec un peu de sirop d'érable et de vinaigre balsamique. La cuisson adoucit leur saveur mais ils ont gardé leur belle couleur. À la dernière minute, il a ajouté une poignée de pépins de grenade. Certains ont éclaté, d'autres, restés entiers, produisent une sensation amusante sur la langue. Voilà pourquoi j'aime mon mari : avec des ingrédients *a priori* incompatibles, les plus terreuses des racines et les plus exotiques des fruits, il vous concocte un plat harmonieux. Nous le dégustons, les yeux mi-clos de plaisir pour ma part, nous sirotons nos bières amères, nous nous embrassons, et avant même que mes amis de la ville n'aient enfilé leur tenue de soirée, nous allons nous coucher.

Bien que je dorme dans ce lit depuis sept hivers, il m'arrive encore de me demander comment j'ai atterri

---

1. Les mots en italique suivis d'un astérisque sont en français dans le texte.

là, dans cette vieille ferme du nord des États-Unis. Par moments, j'ai l'impression d'être une comédienne dans une pièce de théâtre. Le vrai moi fait la fête jusqu'à 4 heures du matin, porte des talons et un sac à main. La fermière que j'incarne se lève à 4 heures du matin, porte des bleus de travail et se trimballe toujours avec un couteau dans la poche. L'autre jour, alors qu'elle triait le linge, deux cartouches de 22 long rifle sont tombées de sa poche. Elle a continué à jouer son rôle comme s'il n'y avait là rien de plus normal. Au lieu des lumières et des bruits de la ville, je suis entourée par 250 hectares plongés ce soir dans un épais brouillard. Cette ferme est un monde en soi, plus sombre, plus silencieux, plus beau et plus brutal que je n'imaginais la campagne.

Ce soir, blottie contre Mark sous la couette, j'écoute tomber les premières gouttes d'une averse. Mark est déjà endormi, je reste un moment éveillée, à me demander si une vache ne risque pas de vêler par ce temps de chien, si les cochons ont assez de paille pour se tenir au chaud, si les chevaux ne seraient pas mieux à l'écurie que dehors. Je m'inquiète de savoir si la pluie ne risque pas de faire fondre la neige, ce qui exposerait l'ail et les plantes potagères vivaces à la morsure du gel. Le genre de questions qui a préoccupé la majorité de la race humaine – les agraires – pendant une grande partie de l'histoire du monde. Qu'elles soient aussi les miennes, maintenant, me surprend autant que le mariage des radis et de la grenade.

Mark et moi sommes tous deux des agriculteurs de première génération. L'exploitation que nous avons montée ensemble pourrait être qualifiée d'antique ou de très moderne, selon les points de vue. Nous fertilisons avec du compost ou des engrais verts. Nous n'utilisons aucun pesticide, aucun herbicide. Nos cultures sont extrêmement diversifiées et nous travaillons principalement avec des chevaux, à la place du tracteur. Nos petits champs sont bordés de haies et de bosquets. Nous avons une érablière, un début de verger, des pâturages et des prairies de fauche à foison, des jardins perpétuels d'herbes aromatiques et de fleurs. Nous trayons nos vaches à la main ; elles donnent un lait très riche et un beurre de la couleur des taxis new-yorkais. Nos cochons, nos bœufs et nos poules sont élevés en plein air ; nous fabriquons des saucisses fraîches et sèches, de la pancetta, du corned-beef, des pâtés et du bouillon.

Nous cultivons de quoi nourrir cent personnes. Tous les vendredis, ces « membres » viennent chercher leur panier. Notre objectif est de leur fournir une alimentation saine et variée tout au long de l'année : bœuf, poulet, porc, œufs, lait, sirop d'érable, céréales, farines, haricots secs, aromates, fruits et quarante variétés de légumes. Ils nous versent 2 900 dollars par an et par personne, en échange de quoi ils peuvent prendre chaque semaine tout ce qu'ils veulent, plus, en été, autant qu'ils désirent congeler ou mettre en conserve pour l'hiver.

J'ai appris beaucoup de choses depuis que ma vie a pris ce drôle de tournant. Je sais tirer au fusil, dépecer un poulet, esquiver un taureau en colère et ramener un cheval en fuite au bercail. Une leçon a cependant été plus dure que les autres à me rentrer dans le crâne : tout comme vous transformez la terre en la travaillant, la terre vous transforme, elle aussi. Elle s'immisce sous votre peau par les crevasses de vos mains calleuses, elle pénètre en vous en s'incrustant sous vos ongles. Elle réclame tellement de votre corps que si vous ne faites pas attention, elle peut vous ruiner aussi sûrement que n'importe quel vice. Et à 50 ans, vous vous retrouvez avec les genoux en compote, les épaules déglinguées, sourd comme un pot à cause du bruit constant des machines et fauché comme les blés. Mais la terre prend racine en vous ; à côté, tout le reste paraît dérisoire. Vos champs deviennent un univers à part entière. Et vous vous rendez compte que c'est au royaume des magnétoscopes numériques, des tours de bureaux, des fast-foods, du chauffage central et de l'air conditionné, dans ce pays où presque tout le monde vit aujourd'hui dans le confort, que vous étiez privé de quelque chose : du plaisir du désir, de l'effort et de la difficulté, du sens de l'accomplissement. La ferme est exigeante, et si vous ne lui donnez pas assez, les forces primitives de la mort et de la nature sauvage vous écraseront. Alors vous donnez, toujours plus, jusqu'au point de rupture, et à ce moment-là seulement elle vous donne en retour, avec une générosité à faire déborder non seulement vos celliers, mais aussi cette petite parcelle aride et envahie par les mauvaises herbes que l'on nomme l'âme.

Ce livre est le récit des deux histoires d'amour qui ont bouleversé le cours de mon existence : l'une avec le travail de la terre, cet art salissant et accaparant ; l'autre avec un fermier compliqué et exaspérant que j'ai trouvé à State College, en Pennsylvanie.

PREMIÈRE PARTIE

LE DÉPART

La première fois que j'ai vu Mark, c'était dans la vieille caravane qui lui tenait lieu de bureau et de maison. J'avais fait six heures de route, depuis Manhattan, pour l'interviewer, en vue de rédiger un article sur les jeunes qui se lancent dans l'agriculture biologique et locale, un marché en pleine croissance. Il faisait la sieste lorsque j'ai frappé à la porte. Comme personne ne répondait, je me suis permis d'entrer dans la cuisine et j'ai appelé. Mark est sorti de sa chambre en bouclant sa ceinture. Il était très grand, il s'est avancé vers moi sur ses longues jambes, d'un pas élégant et déterminé, chaussé de vieilles bottes en cuir éraflées, vêtu d'un jean aux cuisses blanchies par l'usure et d'une chemise blanche en piteux état. Il souriait. Il avait de belles dents, des yeux verts pétillant de vie, un nez parfait, une barbe de trois jours et une crinière de boucles blondes. Des mains larges et calleuses, des avant-bras aux muscles saillants, striés de grosses veines bleues. Il sentait la peau chaude, le gasoil et la terre.

Il s'est présenté, m'a serré la main, et sans autre forme de procès, il m'a laissée plantée là, sans doute appelé par une besogne urgente. La porte grillagée claquant derrière lui, il m'a promis de répondre à mes questions à son retour, en fin de journée. En attendant, je pouvais sarcler les brocolis avec son assistante, Keena. J'ai noté mes premières impressions. Primo : ça, c'est un *homme*. Je ne fréquentais que des intellos. Celui-ci habitait vraiment son corps. Deuzio : je n'ai quand même pas fait tout ce chemin pour désherber les brocolis de ce mec...

Le soir, au lieu de l'interroger, je l'ai aidé à tuer un cochon. J'étais végétarienne depuis treize ans et j'avais mis une chemise agnès b. toute neuve, mais il avait besoin de bras et, vu que j'étais là, ne pas prêter main-forte aurait été aussi absurde que de sauter dans un lac et de ne pas nager. C'était la première fois que j'assistais à l'abattage d'un animal ; je n'ai pas pu regarder lorsque Mark a assommé la bête, une truie nommée Butch avec des taches noires et blanches, qui ressemblait à un personnage de livre pour enfants. Quand elle a cessé de gigoter, je me suis ressaisie. J'ai aidé Mark à la hisser sur un brancard et à l'éviscérer. Il a pratiqué une incision du sternum à l'abdomen et j'ai tenu ouverte la cavité fumante pendant qu'il enlevait les organes. Je n'étais pas dégoûtée ; au contraire, je prenais un vif intérêt à ce que nous étions en train de faire. J'étais fascinée par la poche blanche et dure de l'estomac, les circonvolutions des intestins, la crépine blanche et dentelée, le cœur encore brillant.

Mark a découpé la carcasse en deux et nous l'avons transportée sur un chariot jusqu'à une chambre froide au bord de la route. À une centaine de mètres, il y avait un lotissement d'un certain standing, avec des pelouses soigneusement tondues, des allées bordées de fleurs. La nuit commençait à tomber, Mark a chargé une moitié du corps rose décapité sur son épaule. Le fardeau était lourd, encombrant, difficile à porter, comme les cadavres à la télé. Je tenais les pattes arrière, qui me glissaient des mains. Dans la chambre froide, nous avons pendu le cochon à un crochet au plafond. Les voitures qui passaient avaient leurs phares allumés, de la lumière brillait aux fenêtres des maisons de l'autre côté de la route. Je me suis demandé si quelqu'un ne risquait pas de nous voir et d'appeler la police.

J'ai pris une chambre pour la nuit dans un hôtel appartenant à une chaîne, en ville, et je me suis lavée de la graisse de porc dans une salle de bains qui m'a paru terriblement blanche et aseptisée. J'avais l'impression de revenir d'un long voyage dans une contrée très lointaine.

Le lendemain matin, je me suis levée à l'aube et je suis retournée à la ferme de Mark. Ses employés étaient réunis autour du petit déjeuner : saucisses maison et galettes de maïs, le tout arrosé de sirop d'érable tiède. J'ai mangé deux saucisses et c'en a été définitivement terminé de mon régime végétarien.

De nouveau, Mark a disparu sitôt son petit déjeuner avalé, le cochon installé à l'arrière d'un 4×4 emprunté, direction la boucherie de ses amis amish. Il serait de retour dans l'après-midi et nous pourrions alors discuter tranquillement. En l'attendant, je pouvais épierrer le champ de tomates avec son autre assistant, Michael.

Michael n'avait pas l'air très optimiste quant à ma capacité de travail. J'avais troqué mon chemisier blanc contre un tee-shirt vintage Cheap Trick. Avec mon

19

jean près du corps et mes Dingo à petits talons achetées dans un dépôt vente, j'avais un look chic et
décalé très East Village, mais qui devait paraître
incongru, voire légèrement vulgaire, au milieu des
champs de Pennsylvanie. Je m'estimais en excellente
condition physique et pensais avoir de la force pour
ma taille – 1,57 m avec les talons de mes Dingo –
même si, à l'époque, mon activité physique la plus
intense se résumait au flipper. J'étais déjà courbatue
par les efforts fournis la veille, mais je suis dotée d'une
compétitivité sportive hors norme, un maudit trait de
caractère hérité de mon père, lequel, pour vous donner une idée, s'est fait un claquage musculaire du mollet, en ski nautique, en essayant de prouver qu'il était
capable, à 73 ans, de partir debout de la berge.

Michael m'a tendu un gros râteau et nous nous
sommes mis à l'œuvre, chacun dans une rangée.
Michael venait de terminer des études de cinéma
à l'université toute proche de Penn State. Pendant
quelque temps, il avait travaillé bénévolement à la
ferme de Mark, les week-ends, afin de voir, comme
il le disait lui-même, si le dur labeur ferait de lui un
homme. Quand il avait obtenu son diplôme, au printemps, Mark l'avait embauché à plein temps. Le père
de Michael était comptable, sa copine allait entrer en
fac de droit. Ni l'un ni l'autre ne tenait à ce qu'il
devienne paysan ; ils espéraient que cette lubie ne tarderait pas à lui passer.

Je posais des tas de questions, histoire de reprendre
mon souffle, appuyée sur mon râteau dans une pose
d'écoute attentive. Le soleil de juillet me brûlait le
visage et faisait monter tout autour de nous l'odeur
prononcée et résineuse de la tomate. Les plants étaient

aussi hauts que moi, lourds de fruits, maintenus à la verticale par des tuteurs en chêne. Pour quelqu'un qui n'avait jamais rien fait pousser d'autre que des herbes aromatiques sur le bord de sa fenêtre, ils paraissaient vaguement menaçants. La terre était sèche, compacte et caillouteuse. Michael m'avait donné pour consigne de ne pas me soucier des pierres plus petites qu'un œuf, de rassembler toutes les autres en tas, puis de les mettre dans une brouette, avec une pelle, et d'aller les jeter dans la haie. Chaque pelletée était affreusement lourde. La première fois que j'ai poussé la brouette, je l'ai renversée. Ratisser, remplir la brouette, la vider. Au bout de deux heures, interminables, je n'en pouvais plus ; je devais impérativement m'arrêter tant qu'il me restait un minimum de forces pour appuyer sur l'embrayage et rentrer à Manhattan. En désespoir de cause, j'ai offert de préparer le déjeuner pour tout le monde. Je n'en revenais pas de m'être à ce point esquintée en si peu de temps. J'avais des ampoules entre le pouce et l'index, je ne pouvais plus me tenir droite, et, dans mon jean moulant, j'avais les fesses à vif.

Je n'étais pas un cordon-bleu, à l'époque, loin de là. J'appréciais la bonne chère, mais je ne lui étais pas très fidèle ; je mangeais n'importe quoi, au restaurant ou dans des barquettes en carton livrées par des mecs à vélo. Je ne savais même pas si mon four marchait ; depuis cinq ans que j'avais emménagé dans mon appartement, je ne l'avais jamais allumé. Le réfrigérateur fonctionnait ; cependant, dans mon petit studio, je le considérais davantage comme un espace de rangement que comme un appareil électroménager. J'y conservais la nourriture du chien, une carafe filtrante et, les étagères m'étant précieuses, l'annuaire de Manhattan, qui demeure dans mon souvenir aussi glacé que volumineux. Le freezer renfermait un bac à glaçons et une bouteille de vodka polonaise.

La cuisine de Mark occupait la moitié de sa caravane et me faisait penser à un marché du tiers-monde, un étalage de produits bigarrés, sans emballage, dégageant des odeurs de laitage, de viande, de terre et de végétation qui se mêlaient en un parfum entêtant mais non déplaisant. Timidement, j'ai ouvert les portes et jeté un coup d'œil sur les rayonnages : des grands bocaux de haricots noirs et de pommes séchées, de blé, de seigle, de petits épis de maïs secs. Le placard au-dessus de la cuisinière était rempli de bouquets d'herbes et de bouteilles non étiquetées d'un liquide ambré et mousseux. Dans le réfrigérateur, j'ai découvert une casserole débordante de choses flasques et sanguinolentes dans lesquelles j'ai reconnu les abats de Butch, et une corbeille d'œufs bruns. J'ai tiré le bac à légumes : des récipients en verre de beurre et de fromage blanc, des petites boules blanches de la taille d'une balle de golf – peut-être des navets – et des carottes, pas lavées.

Munie d'un panier et d'un couteau, je suis retournée dans le champ où Michael avait fini de ratisser les cailloux et s'affairait à disposer de la paille à moitié pourrie autour des pieds de tomates. J'ai regardé autour de moi, tous ces fruits et légumes qui n'attendaient que d'être cueillis : des pommes de terre nouvelles, des brocolis, des salades vertes et des épinards, de l'ail et des fines herbes, des betteraves et des mûres. Une vache broutait avec son veau, des poules picoraient dans le compost, un cochon fouinait dans un tas de feuilles. Partout où mes yeux se posaient, la profusion. Sous mon crâne, je sentais des idées se mettre en place, tout doucement, telles des plaques tectoniques. Sur un lopin de trois hectares seulement, la superficie de trois terrains de foot, il y avait là de quoi nourrir deux cents familles. Les choses étaient finalement beaucoup plus simples que je ne l'imaginais. Terre + eau + soleil + sueur = nourriture. Pas besoin d'usine, ni de machines sophistiquées, ni de poisons ou de fertilisants chimiques. Il suffisait de tendre la main pour jouir de l'abondance. Depuis toujours. Et je ne le savais pas ? Comment était-ce possible ? Avant tout, je me sentais là en sécurité. Ailleurs, il pouvait se passer n'importe quoi. Des avions pouvaient s'écraser contre des tours, on pouvait mettre des gens au chômage et les expulser de chez eux, les sources de pétrole pouvaient se tarir. Ici, au moins, personne ne crèverait de faim. J'ai rempli mon panier de tomates, chou frisé, oignons et basilic, en calculant mentalement le prix exorbitant que tous ces légumes m'auraient coûté sur le marché paysan de New York, et je suis retournée à la caravane en espérant être capable de leur rendre justice.

Dans la cuisine, j'ai trouvé deux ustensiles qui me sont aujourd'hui aussi familiers que des vieux amis : un grand couteau de chef à la lame aiguisée comme un couperet, et une poêle en fonte tellement énorme que j'en faisais à peine le tour de mes deux bras. Sans vraiment savoir ce que j'allais préparer, j'ai enlevé les côtes du chou puis coupé les tomates et les oignons. Je ne savais qu'une chose : si le reste de l'équipe était aussi affamé que moi, j'avais intérêt à prévoir large. J'ai mis la poêle à chauffer sur deux brûleurs et j'y ai fait revenir les oignons dans du beurre, puis j'ai ajouté des rondelles de carottes, les tomates, et un peu d'eau pour cuire le chou à la vapeur, sous un couvercle de la dimension d'une plaque d'égout. Une fois le chou tendre, j'y ai plongé une pocheuse et j'y ai cassé une douzaine d'œufs. J'ai haché de l'ail et du basilic, mélangé avec du beurre, tartiné des tranches de pain trouvées dans un placard, que j'ai placées sous le gril. Juste au moment où l'équipe arrivait des champs, j'ai magistralement retiré mes toasts du four et les ai répartis sur des assiettes. Par-dessus, j'ai servi le chou et les œufs pochés, avec une cuillerée de fromage blanc et quelques tours de moulin de poivre noir.

Tout le monde s'est installé autour de la table. Non sans appréhension, j'ai goûté à mon plat. Contre toute attente, c'était délicieux. Le chou avait une saveur verte et fraîche, qui se mariait à merveille avec le piquant de l'ail et du basilic. Très fière de moi, j'ai parcouru la tablée du regard, m'attendant à des compliments et des transports extatiques. Les fourchettes et les mâchoires allaient bon train, mais pas un mot.

– Tu peux me passer le sel, s'il te plaît, a fini par marmonner Michael.

Sans doute mon repas n'était-il pas mauvais, je suis certaine qu'ils l'ont même trouvé plutôt bon. Seulement, « plutôt bon » n'a rien d'exceptionnel pour des ouvriers agricoles habitués à manger tous les jours comme des princes. La nourriture est le plus précieux des biens, m'a dit un jour un Français. Cultivez de bons produits et vous vous sentirez incroyablement riche, quoi que vous possédiez.

Il faisait de nouveau presque nuit lorsque j'ai réussi à intercepter Mark. Michael, Keena et les bénévoles étaient partis, mais Mark s'activait encore. Je commençais à me demander s'il s'arrêtait jamais. Il courait d'une tâche à l'autre, littéralement, porté par ses longues jambes et une réserve d'énergie apparemment sans fond. Vérifier l'irrigation des carottes, noter ce qu'il avait à faire le lendemain, arracher une touffe d'herbes d'aspect inoffensif au bord du carré de fraises, tester la résistance de la clôture électrique destinée à tenir les cervidés à distance, y fixer des boules de coton imprégnées de l'odeur de la pomme, de façon à ce que si les chevreuils s'approchent, ils reçoivent une bonne décharge sur le museau. Je trottais derrière lui, mon bloc et mon stylo dans une main, dans l'autre, un tournevis et des morceaux de tuyau cassé qu'il m'avait machinalement tendus. Il parlait sans arrêt, à toute allure et avec une aisance surprenante. Dans mon esprit, les agriculteurs étaient des gens rustiques, pas complètement demeurés, mais un peu bruts de décoffrage.

Il n'aimait pas le mot *travail*, péjoratif selon lui. Il préférait dire qu'il *s'occupait de la ferme*, ce qui donnait des phrases du genre : « Je me suis occupé de la ferme pendant quatorze heures, aujourd'hui. » Il n'avait ni la télé ni la radio et pensait être l'un des derniers, dans le pays, à avoir appris les attentats du 11 septembre. Ce n'était pas pour autant qu'il écoutait davantage les nouvelles. Elles le déprimaient et, de toute façon, il ne pouvait pas refaire le monde. Mieux valait penser localement, agir localement, et sa définition de « local » ne s'étendait guère au-delà des vingt-cinq hectares qu'il cultivait. L'essentiel à ses yeux était de tenter de comprendre en quoi nous affections notre environnement. Au début, il s'était contenté de déclarer la guerre au plastique, mais il commençait à se méfier de tous les métaux qu'il n'était pas capable d'extraire du sol et de fondre lui-même. Lorsqu'il construirait sa maison, il n'utiliserait pas de clous, aucune pièce métallique, de façon à ce qu'à sa mort, elle s'autodétruise et retourne peu à peu au néant. Il n'avait jamais eu de voiture. Il se déplaçait à vélo ou en stop. Il avait récemment rayé le mot *devoir* de son vocabulaire, ce dont il se réjouissait. Il trouvait l'économie de marché et ses échanges anonymes rébarbatifs. Il se plaisait à imaginer une ferme d'où l'argent serait banni et où tout se monnayerait en bonnes volontés et services. Il avait une théorie : pour amorcer le système, il suffisait de faire des cadeaux, de gros cadeaux, d'une valeur d'au moins 1 000 dollars. Déconcertés, et souhaitant vous remercier, les gens vous offriraient à leur tour un gros cadeau. Vous leur donneriez autre chose, et ainsi de suite jusqu'à ce que plus personne ne tienne les comptes. Inutile à certains, nécessaire à d'autres, la marchandise circulerait ainsi librement ; les transactions seraient personnalisées et satisfaisantes pour toutes les parties. Ce type est complètement farfelu, ai-je pensé. *À moins qu'il ne soit visionnaire ?*

Finalement, j'ai posé le tournevis et les bouts de tuyau et je l'ai prié de bien vouloir m'accorder un instant ; je ne pouvais pas me concentrer. Je devais repartir le lendemain matin et, jusqu'à présent, je n'avais que quelques gribouillis de notes et des courbatures aux fessiers. Il s'est arrêté, m'a regardée et il a ri.

La lumière du jour déclinait, nous avons traversé ses champs, longé un étang et nous nous sommes engagés dans une épaisse forêt où les écureuils vaquaient à leurs occupations de fin de journée. Nous nous sommes assis côte à côte sur un tronc de chêne. Le calme était tel, soudain, que j'avais l'impression de descendre d'un bateau après un long voyage en mer. Lorsque Mark raconte notre histoire, il affirme que c'est à ce moment-là que tout a commencé. Tandis qu'il répondait à mes questions, assis sur ce tronc, une petite voix s'est soi-disant fait entendre dans sa tête, une petite voix insistante et agaçante, pareille à un moustique. *Tu vas te marier avec cette fille*, bourdonnait-elle.

Il s'est efforcé de l'ignorer. Il n'était pas en quête d'une petite amie. Il avait rompu récemment avec la précédente après une relation de plusieurs années. Du reste, on était en plein été. Il avait une ferme à faire tourner. Il ne devait pas s'éparpiller. Il n'avait surtout pas besoin de cette voix lui chuchotant qu'il avait rencontré la femme de sa vie. *Tu vas te marier avec cette fille*, persistait-elle, *et si tu étais courageux, tu lui demanderais sa main sur-le-champ*.

Tandis qu'il soupesait le pour et le contre d'une demande en mariage, j'évaluais mes possibilités narratives. Mark ferait un sujet intéressant. Il était cultivé, il s'exprimait bien et il avait un petit côté cabotin ; il savait capter l'attention de son public et il en retirait un plaisir évident. En tout cas, il avait des choses à dire et une façon de penser originale. Je ne me lassais pas d'observer son visage et son corps élancé. Je me disais que, peut-être, il y avait matière à faire un livre sur lui, pas seulement un article. Bien entendu, il me faudrait pour cela passer du temps à la ferme. Éventuellement, je pourrais sous-louer mon appartement et trouver une location pas chère dans les environs. Voire planter une tente au milieu des carottes.

À la tombée de la nuit, il m'a raccompagnée à ma voiture, en me parlant à nouveau de la maison qu'il voulait construire. Cela le rendrait heureux, disait-il, de transporter l'eau de son puits dans des seaux en bois et de porter des vêtements en peau de chèvre qu'il tannerait lui-même.

— Et comment voyez-vous votre partenaire féminine ? lui ai-je demandé.

J'avais du mal à imaginer la femme qui collerait dans ce tableau. Personnellement, je ne me serais pas cassé les reins à transbahuter de la flotte ; quant aux peaux de bêtes, elles me dégoûtaient. Mark m'a avoué, par la suite, qu'il avait trouvé cette question éminemment déplacée. Ni lui ni moi ne nous souvenons de sa réponse.

Avant que je m'en aille, il a rempli l'arrière de ma voiture de légumes, œufs, lait, porc et beurre, comme si je partais dans une contrée désertique. Sur la route, j'ai pensé à lui et aux travaux des champs que j'avais accomplis, le désherbage des brocolis et le ratissage des cailloux. J'en avais bavé, mais j'aurais volontiers rempilé. Que m'arrivait-il ? J'ai mis ça sur le compte d'une bouffée d'énergie créative. J'avais souvent cru être amoureuse alors que j'étais seulement fascinée. Cette fois, c'était l'inverse.

Il était plus de minuit quand j'ai regagné la ville. Je me suis garée en double file devant mon immeuble et j'ai déchargé les provisions que Mark m'avait données. La nuit était particulièrement douce ; les bars et les restaurants étaient pleins à craquer, le quartier grouillait de fêtards en tenue de soirée. Posés sur le trottoir, les cageots de Mark avaient quelque chose d'anachronique. Un homme avec son chien que je croisais régulièrement en promenant le mien est passé dans la rue. Phénomène classique dans les grandes métropoles, je connaissais le nom de son chien, mais j'ignorais comment lui s'appelait ; pareil de son côté.

— Waouh ! s'est exclamé le propriétaire de Bear. Vous êtes allée faire des courses ?

— Non, je reviens de la campagne.

Je lui ai collé une douzaine d'œufs entre les mains, en songeant à Mark et à son idée de la générosité. Bear a reniflé mes légumes, son maître avait l'air gêné.

— Ils sont bio, ai-je précisé en guise d'explication.

Il a poursuivi son chemin en tenant précautionneusement ses œufs. Je suis remontée dans ma voiture et j'ai cherché une place de stationnement.

J'habitais sur la 3e Rue Est, en face du quartier général des Hells Angels, dans un minuscule studio que j'appréciais pour sa clarté. Les dimanches matin, j'aimais boire mon café assise sur l'escalier de secours, qui donnait sur un cimetière où se dressaient des tombes du XIXe siècle et de grands caroubiers. Je m'étais installée là peu après être arrivée à New York, avant qu'East Village ne s'embourgeoise complètement, à une époque où il y traînait encore pas mal de junkies. Je payais 500 dollars de loyer. Les Hells avaient toujours un ou deux grands costauds qui montaient la garde, les bras croisés, devant leur longue rangée de motos rutilantes. L'un d'eux me connaissait, un gros balaise avec une moustache à la Zapata. Quand je rentrais tard, il me reluquait de la tête aux pieds et me lançait : « Rentrez bien ! », ce que je trouvais à la fois rassurant et sexy, jusqu'au jour où je l'ai vu tabasser un gringalet à coups de batte de base-ball, un livreur qui avait malencontreusement heurté sa bécane. J'ai couru me planquer au coin de la rue pour appeler le 911.

Mes voisins étaient soit des locataires bénéficiant d'un loyer bloqué qui vivaient là depuis toujours, soit des artistes ou des jeunes branchés, la nouvelle population bobo du quartier. Au deuxième étage, il y avait une ancienne chanteuse de night-club, Janet, la cinquantaine, qui passait son temps à la fenêtre, en perruque et robe de scène. Sa meute de caniches blancs jappait sans arrêt. Janet était notre Argus, rien n'entrait ni ne sortait de l'immeuble sans échapper à ses commentaires. Sa vigilance me procurait un sentiment de sécurité, mais quand l'ascenseur était en panne et que vous étiez poursuivi dans l'escalier par les relents de déjections canines et les cris stridents qu'elle lançait à ses roquets pour les faire taire, l'atmosphère vous paraissait sordide.

Côté cœur, je me laissais porter par le hasard des invitations, au café, au restau ou au ciné, avec un réalisateur, un collectionneur d'art, un journaliste politique ou un ex qui, sans doute, menaient tous une vie aussi décousue que la mienne. Eux comme moi, nous étions toujours très pris et jamais très expansifs. S'il y avait un peu d'amour dans l'air, nous nous gardions bien d'aborder le sujet, moi la première. J'avais survécu à quelques déceptions et m'étais forgé l'idée qu'il n'était pas très glamour pour une femme de se montrer en manque affectif, surtout passé 30 ans. La prudence me dictait de la jouer dure à cuire et insaisissable.

D'autre part, j'essayais de tromper le mal qui me rongeait. Les premiers symptômes étaient apparus à l'aéroport, au retour d'un voyage. Le hall des arrivées était bondé de gens avec des bouquets de fleurs, d'enfants endimanchés et trépignant d'impatience. J'ai traversé cette foule la mort dans l'âme ; personne ne m'attendait, moi. En faisant la queue pour prendre un taxi, j'ai senti le poids de la solitude s'abattre sur mes épaules. Je suis rentrée chez moi où, pendant mon absence, il n'y avait pas eu d'autre mouvement que celui des ombres sur les murs et des cafards sur le plancher. L'appartement sentait le renfermé et la désolation. Le malaise s'est un peu dissipé le lendemain, quand je suis allée chercher mon chien chez ma sœur et que j'ai retrouvé le rythme de la ville. Mais un peu, seulement. Et puis il est revenu, diffus. Lorsque j'entendais le mot *maison*, j'avais envie de pleurer. Je voulais une maison, une vraie maison, un foyer. Avec un homme. Le parfum du gazon fraîchement tondu, des draps sur la corde à linge, un enfant courant autour d'un arroseur. Ce modeste rêve me semblait irréalisable, à mille lieues de mon style de vie. Personne dans mon entourage ne menait ce genre d'existence, ni ne le désirait, ou, si c'était le cas, personne ne l'avouait. Je pensais que je m'habituerais à cette souffrance, comme on s'habitue aux douleurs résiduelles d'une fracture, cette gêne somme toute minime qui annonce un changement de temps.

J'ai été bien occupée tout le reste de l'été, à rédiger des articles de publi-information, donner des cours, chercher des jobs en free-lance, à gagner ma croûte, quoi. J'étais dopée à la caféine, crevée, stressée par ma situation financière et, comme la plupart des New-Yorkais, je trouvais cet état de fait normal et je l'acceptais. Sauf quand je pensais à Mark et à sa ferme. Dans ces moments-là, je me sentais sereine. J'avais envie d'en apprendre un maximum sur son activité. J'ai acheté *The Gift of Good Land*[1], de Wendell Berry, et je l'ai lu dans le métro, en griffonnant des notes dans les marges. *À quoi ressemble une herse ? Qu'est-ce qu'un Southdown ?* En septembre, j'ai décidé de sous-louer mon appartement et d'aller passer un an à travailler la terre avec Mark et relater mon expérience. Ma décision était déjà prise lorsqu'il a laissé un message sur mon répondeur.

Dans mon esprit, il était devenu plus un personnage fictif qu'un être réel. Sa vraie voix m'a décontenancée, elle était moins grave que celle que j'entendais dans ma tête quand je rédigeais son portrait. J'ai dû écouter son message deux fois avant de comprendre qu'il m'invitait à passer un week-end avec lui dans un vieux palace des Catskills. Voilà qui détonnait cruellement avec le tableau que j'avais brossé du paysan ascète et vaillant. Ma première pensée a été qu'il me faudrait réviser mon papier.

Puis je me suis demandé si je devais ou non accepter. On lui avait offert ce séjour, pour deux personnes, tout compris, en remerciement d'un stage de survie en montagne qu'il avait animé l'hiver précédent dans cet hôtel. L'établissement accueillait à présent un sym-

---

1. Littéralement : Le cadeau de la terre. (Toutes les notes sont de la traductrice.)

posium de grands chefs et d'agriculteurs, il pensait que je pourrais en retirer de la matière pour mes recherches. Effectivement, ça paraissait intéressant. Mais je n'étais pas tombée de la dernière pluie, j'avais suffisamment de bouteille pour savoir que lorsqu'un homme vous invite à passer un week-end avec lui à l'hôtel, il y a de fortes chances pour qu'il vous fasse des avances. Ou alors, il passe pour le dernier des dégonflés, le mec qui dégaine, mais qui n'ose pas tirer. Mark était cependant si atypique, si différent de tous les hommes que j'avais rencontrés, qu'il ne me semblait pas impossible qu'il fasse exception à la règle. Et s'il se comportait comme les autres, j'étais une New-Yorkaise, je serais capable de gérer un *paysan*, nom d'un chien ! Je ne voulais pas ruiner tous mes plans à cause d'une aventure sans lendemain et, clairement, je ne voulais surtout pas d'une relation à distance avec un allumé qui ne croyait pas aux clous. Par mesure de sécurité, je n'ai emporté que des vilaines culottes et je ne me suis pas rasé les jambes.

Dès la sortie de la ville, je me suis retrouvée bloquée dans les embouteillages et je suis arrivée avec quatre heures de retard, les nerfs en pelote. Mark était affalé dans un fauteuil près de la réception, il somnolait, un immense chapeau de paille sur le visage, celui-là même qu'il portait aux champs, garni de plumes de dinde, absolument gigantesque. Voilà qui correspondait mieux au personnage que j'avais décrit. Je me suis sentie soulagée, bien que morte de honte. Avec du recul, je crois que c'est à cause de ce chapeau que j'ai commandé un deuxième Martini lors de notre premier repas en tête à tête. Résultat, en dépit de mes meilleures intentions, c'est moi qui l'ai dragué.

Cette soirée a été la première d'une longue série de délicieuses leçons de vie. Mark n'avait jamais fumé ni ne s'était jamais soûlé, il n'avait jamais touché à aucune drogue ni flirté sans conséquence. Depuis qu'il était adulte, il ne mangeait quasiment que des produits bio et se consacrait chaque jour à une activité physique soutenue. Jamais je n'avais posé les yeux sur créature plus saine de corps et d'esprit. Certains prient pour la paix dans le monde, ou pour que tous les êtres humains aient un abri décent. Pour ma part, je souhaite à toutes les femmes de trouver un homme qui n'a jamais fumé ni bu plus que de raison, un homme qui s'interdit de séduire gratuitement les filles et de regarder des films pornos, un homme harmonieusement musclé par le travail et non parce qu'il soulève de la fonte dans un club de sport, un homme qui n'a pas honte du côté bestial de la nature humaine.

Suite à ce week-end, j'ai cessé de prétendre faire des recherches journalistiques et admis qu'un grand tournant s'amorçait dans mon existence. J'ai mis mon idée de livre au rancart et passé de longs week-ends à la ferme de Mark. Sans talons, sans bloc-notes. Deux nouveaux mondes s'ouvraient à moi. Celui du travail physique, d'abord. Je ramassais les œufs et donnais à manger aux poules, je m'éreintais aux champs. En tant que chroniqueuse de tourisme, j'avais parcouru tous les continents, testé toutes les activités que les gens pratiquent en vacances, aussi coûteuses fussent-elles. Aucun endroit sur la planète, aucun loisir ne valait le ramassage des œufs tièdes dans les pondeuses.

Je découvrais également l'univers de la cuisine. Mark savait cuisiner. Certes, n'importe qui serait capable de préparer quelque chose de bon avec les ingrédients dont il disposait : des légumes encore pleins de terre, des herbes aromatiques poussant à portée de main, des œufs, du lait et de la viande d'une qualité que vous ne trouverez jamais dans le commerce. Néanmoins, Mark savait *vraiment* cuisiner. Il avait à peine 11 ans lorsque sa mère s'est mise en grève, décrétant qu'elle en avait marre d'entendre toute la famille rouspéter, quoi qu'elle serve à dîner. Mark et sa petite sœur ont dû se mettre aux fourneaux. Au début, bien sûr, il y a eu des ratés, des macaronis au ketchup trop cuits, des conglomérats douteux de restes de la veille. Mais à cet âge-là, Mark était en pleine croissance, hyperactif et constamment affamé. La faim est un bon professeur, et Mark s'appliquait. Il potassait *L'Art de la cuisine française* et, au fur et à mesure de ses progrès, ses ambitions grandissaient. Confectionner des sushis parfaits devint une idée fixe ; quand il en pinçait pour l'une de ses camarades de classe, il lui concoctait un repas de sept plats. Au bout d'un moment, il finit par laisser tomber les livres de recettes, pour se lancer dans l'improvisation, sur la base de quelques principes rudimentaires : toujours avoir des couteaux bien aiguisés, goûter à tout et ne pas lésiner sur le sel. Son amour du bien manger est en partie ce qui l'a conduit à l'agriculture. Pour s'offrir des produits à la hauteur de ses exigences, il n'y avait pas trente-six solutions : soit il devenait banquier, soit il devenait cultivateur. Comme il ne tenait pas en place, la première option était tout bonnement inenvisageable.

Voilà comment je me suis retrouvée à déguster des repas gastronomiques dans une caravane. Mark cuisinait pour me séduire, de façon à ce que je ne me laisse plus impressionner par des hommes qui se contenteraient de m'inviter au restaurant. Et je suis tombée amoureuse de lui autour d'un foie de chevreuil.

L'automne était déjà bien avancé, il n'avait pas encore gelé mais la nuit, la température chutait considérablement. Ce soir-là, un croissant de lune brillait dans le ciel. J'avais si peu souvent quitté la ville que les étoiles étaient encore pour moi quelque chose d'inédit. Mark a enfermé ses chiens dans la caravane et descendu son fusil d'une étagère. Je n'avais jamais tenu de fusil, le poids m'a surprise. Lorsque j'ai caressé le bois sombre de la crosse, un frisson m'a parcourue.

Une balade nocturne diffère profondément d'une balade nocturne avec une arme à feu. Le chevreuil broutait sur le chemin au bord du champ de fraises. Nous nous sommes avancés vers lui à pas de loup, en retenant notre souffle. L'atmosphère était chargée de danger et de suspense. Il y avait une importante population de cervidés, cette année-là, et malgré les clôtures électriques et les deux chiens, ils endommageaient les plantations. Mark avait un permis qui l'autorisait à chasser les nuisibles même hors période de chasse, y compris la nuit. Il ne tuait pas pour le plaisir, mais pour protéger ses cultures, et pour la viande.

Je portais la lampe torche ; Mark, son fusil. Je ne sais pas depuis combien de temps nous étions dehors, mus par une sorte de transe, lorsqu'il me l'a tendu, sans un mot. Je l'ai pris et j'ai pressé mon œil contre le viseur. J'avais l'impression de regarder dans un télescope barré d'une croix. Je l'ai dirigé vers la haie ; dans la faible lueur de la lune, je distinguais un groupe de trois chevreuils, deux jeunes mâles avec des bois à l'aspect de velours et une petite biche. Un raz-de-marée d'émotions m'a submergée : la crainte mêlée de respect que l'on éprouve face à un grand et bel animal, une créature libre et sauvage, plus une bonne dose d'adrénaline, et une espèce d'effervescence, proche de la soif de sang, ai-je réalisé sous le choc. Mes mains se sont mises à trembler si fort que mon bracelet tintait contre la crosse. J'ai abaissé le fusil et je l'ai rendu à Mark, qui l'a épaulé et a tiré. Dans le noir, j'ai entrevu deux formes détalant au galop dans les bois.

Le foie du chevreuil était ferme, plus lourd qu'il ne paraissait, et quand je l'ai rincé sous l'eau froide, il dégageait encore la chaleur de la vie. J'ai observé Mark le découper en fines tranches, les fariner, les saler et les poivrer, avant de les mettre dans une poêle où des échalotes émincées rissolaient dans du beurre. À la hâte, il est sorti cueillir un assortiment d'herbes fraîches, qu'il a hachées grossièrement et ajoutées sur les tranches de foie. Légèrement rosées, il les a transférées sur une assiette. Dans la poêle, il a versé une généreuse rasade du vin blanc que j'avais apporté et une tasse de crème prise à la surface d'un bidon de lait. Pendant quelques minutes, il a laissé la sauce s'épaissir, puis il y a remis les tranches de foie, il les a retournées, disposées sur des assiettes préalablement chauffées et les a nappées de sauce. Deux bougies et un bouquet de fleurs sauvages dans un bocal de conserve trônaient au centre de la table, aux côtés d'une miche de pain maison, d'une salade de légumes d'hiver et d'une coupe en bois remplie de pommes aux couleurs éclatantes.

Ma mère déteste le foie et m'en avait dégoûtée, si bien que je n'en avais encore jamais mangé. Je lui en sais infiniment gré. Grâce à elle, je n'avais jamais acheté de pâté de foie, cette mixture d'une fraîcheur toute relative vendue en supermarché, qui ne peut en effet inspirer que de la répugnance. La surprise et le plaisir de ma première bouchée n'en ont été que décuplés. La texture me rappelait celle des champignons des bois, à la fois croquante et tendre. La saveur était particulière mais pas trop forte, le goût du gibier atténué par celui, plus familier et plus civilisé, de la crème et du vin. Par ailleurs, une espèce de faim primitive s'est éveillée en moi, comme si mon corps me criait : MANGE, CECI EST BON POUR TOI, TU EN AS BESOIN. J'ai compris à ce moment-là que l'appétit est empreint de sagesse, parasitée par les aliments industriels, mais si l'on tend l'oreille, sain et délicieux deviennent indissociables. Nous sommes des animaux, après tout, programmés pour aimer ce qui est bon pour nous ; nous devons renouer avec cette part ancestrale de nous-même qui aspire à s'accroupir devant un feu et à se lécher les babines en savourant des entrailles riches en nutriments. Sans doute est-ce cette part de moi-même, profondément enfouie, qui m'a poussée à aimer Mark. *Ne sois pas idiote*, m'a-t-elle soufflé. *Voici un homme qui chasse, qui fait pousser ses légumes, un grand gaillard vigoureux. Il te nourrira, et ses gènes apporteront peut-être un plus à ta lignée de crevettes. AIME-LE.*

La voix était beaucoup plus claire en Pennsylvanie qu'à Manhattan, lorsque Mark est venu chez moi pour la première fois. Il avait pris le bus, je suis allée le chercher à Port Authority. Il portait un pull à col roulé rouge constellé de taches, une vieille veste Carhartt marron et son inévitable chapeau de paille. Il en faut beaucoup pour choquer un New-Yorkais, mais ce chapeau fendait la foule comme l'aileron d'un requin ; les gens se rentraient dedans en se retournant sur son passage. J'ai constaté, avec une certaine satisfaction, que Mark paraissait aussi incongru dans ma ville que moi dans sa ferme.

J'attendais sa visite avec impatience, mais dès qu'il est arrivé, j'ai réalisé que je n'avais pas la moindre idée de ce que nous allions faire. Il détestait les bars et ne voyait pas quel plaisir on pouvait trouver à s'attabler dans un café, ce qui excluait tous mes repaires diurnes et nocturnes. J'ai tenté de l'initier au concept dominical du « café-journal », il y est demeuré hermétique, et mon petit appartement paraissait terriblement oppressant, avec lui qui l'arpentait de manière spasmodique. Les restaurants où je l'ai emmené l'ont laissé de marbre : il trouvait les tarifs outrageux et il mangeait mieux dans sa caravane. Il avait les jambes trop longues pour s'installer confortablement dans un fauteuil de cinéma Il était insensible au charme bohème de mon quartier et de ses habitants, les jobs et les projets de mes amis ne l'impressionnaient pas. On nous a invités à une soirée, mais avec son col roulé et son chapeau, j'ai préféré décliner. Restaient les librairies, qui parvenaient un tant soit peu à susciter son intérêt, et le flipper, qui parlait à sa nature compétitive.

Il aimait bien prendre le taxi, parce que la plupart des chauffeurs étaient originaires d'une province rurale du bout du monde. Mark pouvait discuter avec eux des méthodes d'abattage halal, des différents types de harnais pour les ânes ou des stratégies employées dans telle ou telle région pour limiter les dégâts causés par les rats dans les réserves de grains. Un chauffeur grec s'est arrêté et a coupé le compteur pour nous décrire en détail comment on dépeçait les moutons dans son village, en pratiquant une incision dans la peau d'une patte et en soufflant dedans afin de la gonfler comme un ballon. Quelques semaines plus tard, Mark a procédé à un essai concluant. J'ai retiré de ces expériences qu'il y avait plus de différences culturelles entre Mark et moi qu'entre Mark et un échantillon pris au hasard de chauffeurs de taxi originaires de divers pays en voie de développement.

Heureusement, il y avait toujours les plaisirs de la table. Dès que la ferme s'est mise en sommeil pour l'hiver, Mark est venu à New York tous les week-ends. Il arrivait chez moi avec des cageots pleins de légumes d'automne et de bouquets d'herbes sèches. L'annuaire a été relégué au sommet de la bibliothèque. Mark a délogé un nid de souris de mon four et découvert qu'il fonctionnait. Il a retrouvé des assiettes et des verres que j'avais complètement oubliés et transformé mon bureau en table à manger, en le recouvrant d'une nappe que ma sœur m'avait rapportée d'Inde.

Un soir de novembre, pendant que j'étais partie donner un cours, Mark a réagencé mon studio. Quand je suis rentrée, le lit était au centre de l'appartement, fait avec des draps propres, et le bureau-table devant la fenêtre surplombant le cimetière. Une casserole de soupe fumante trônait au milieu, de la crème de navet, ce qui peut paraître le plat le moins romantique du monde, sauf qu'elle était parfaite, préparée avec le bon bouillon de poule maison de Mark, de la crème fraîche de la ferme et une variété japonaise de navets du nom de Hakurei, si doux qu'ils avaient un goût de pomme. Je m'étais chargée du dessert : une bouteille d'excellent porto et la meilleure tablette de chocolat que j'avais pu trouver. De la table au lit, il n'y avait qu'un pas ; je me souviens avoir pensé que si nous pouvions rester en permanence, lorsque nous étions en ville, dans ce petit triangle four-table-lit, tout serait beaucoup plus facile. J'ai une photo de nous que j'ai prise ce soir-là, en tenant l'appareil à bout de bras, tous les deux dans un coin du lit, le mur de briques nues de mon appartement en arrière-plan. Quand je la regarde, aujourd'hui encore, j'ai le souffle coupé par la beauté du long torse sculptural de Mark et la taille de ses mains calleuses sur ma poitrine.

C'est ce soir-là qu'il m'a annoncé vouloir quitter la ferme de Pennsylvanie. Le terrain ne lui appartenait pas, il ne pouvait pas y construire sa maison et, maintenant que nous nous étions trouvés, il ne voyait pas l'intérêt de rester là. Il voulait que je rende mon studio et que je parte avec lui chercher des terres, un endroit où nous pourrions bâtir ensemble un foyer et une ferme.

Nous nous étions rencontrés en été, nous sortions ensemble depuis l'automne et nous n'étions pas tout à fait en hiver. Je pensais être amoureuse de lui, mais je le connaissais à peine. Il me demandait de

faire table rase de toutes les amitiés que j'avais cultivées, de rompre tous les liens que j'avais tissés avec
des gens du même milieu social et culturel que moi.
J'avais le cœur brisé à l'idée de m'éloigner de ma
sœur ; elle habitait à SoHo, à quelques minutes à
pied de chez moi, et cette proximité constituait
l'atout majeur de ma vie citadine. Qu'allais-je devenir si je ne pouvais plus aller prendre le café ou
l'apéritif chez elle, si nous ne pouvions plus, le lundi
matin, débattre ensemble des derniers rebondisse-
ments de nos mélodrames amoureux ? Et puis j'avais
des contacts professionnels, je donnais des cours.
Certes, je vivotais de jobs alimentaires, mais c'était
mieux que rien. En outre, Mark me demandait de
brûler le seul pont qui aurait pu me ramener à Manhattan si ça ne marchait pas entre nous : le bail de
mon appartement. Jamais je ne retrouverais un loyer
aussi bas.

Il perdrait beaucoup de choses, lui aussi : la réputation qu'il s'était faite en Pennsylvanie, son réseau
de clients, une chaîne vitale de relations, tout ce qu'il
avait investi dans l'infrastructure de son exploitation.
Il semblait toutefois décidé, sûr de lui.

En me proposant exactement ce dont je rêvais
– un foyer –, il parvenait à me faire vibrer. Il me le
décrivait : vingt-cinq hectares de bonnes terres, une
ferme avec des tables en bois, une grande cuisine, un
joli verger, des vaches et des chevaux dans les prés,
des poules dans la cour. Tant et si bien qu'il prenait
presque forme sous mes yeux. Je lui ai avoué que
j'avais déjà vécu en couple et que le concubinage me
semblait un mauvais compromis, présentant tous les
inconvénients du mariage sans aucun avantage.

— Mais je ne veux pas qu'on vive en concubinage, a-t-il rétorqué, comme s'il s'agissait d'une évidence, je veux qu'on *se marie.*

J'ai de nouveau pensé qu'il était soit fou, soit visionnaire, et estimé nos chances à 50/50.

Mark reparti chez lui, j'ai retrouvé mon ami James pour une partie de flipper à l'Ace Bar, sur la 5e Rue. Il était 16 heures ; à l'exception de la serveuse filiforme et tatouée sur qui James avait des vues et de deux ivrognes juchés sur des tabourets chacun à un bout du comptoir, le bar était désert. James et moi avions l'habitude de nous donner rendez-vous ici, l'après-midi. Personne ne voyait d'objection à ce que j'amène mon gros chien de berger, Nico, qui se baladait librement dans la salle, en traînant sa laisse sur le sol poisseux de bière et en distribuant des coups de langue à la ronde. Ils avaient le flipper des Simpson, mon préféré. Tout en racontant mon week-end à James, j'ai déclenché le multiball. Dans une cacophonie de signaux sonores et de claquements de manettes, je lui ai annoncé que je quittais New York pour partir avec un fermier. Nous étions dans la même galère, James et moi : trentenaires, célibataires, sans boulot stable. Nous avions tous deux grandi dans une famille de la classe moyenne, dont nous avions renié les conventions, les normes, les goûts et la petite vie rangée, et nous ne savions pas bien, ni l'un ni l'autre, si nous étions embarqués dans une grande aventure ou un lamentable naufrage. En tout cas, nous nous réconfortions mutuellement. Lorsque je lui ai dit que je plaquais tout, il ne m'a pas crue.

Mon copain Brad non plus. Il allait épouser sa petite amie, il avait foi en l'amour, mais mon histoire lui paraissait complètement délirante. Ce qui pouvait se comprendre, je n'ai moi-même commencé à y croire vraiment qu'après l'avoir racontée quatre ou cinq fois. Ma sœur s'est mise en colère, me reprochant de la laisser tomber. Seul mon propriétaire a sauté de joie quand je l'ai prévenu que je déménageais à la fin du mois. East Village était en plein boom, il allait faire refaire l'appartement et augmenter le loyer avant même que la poignée de la porte ait eu le temps de refroidir.

Mark et moi avons passé Thanksgiving avec ma famille, dans le nord de l'État de New York. J'avais dit à mes parents que je quittais mon studio pour partir chercher une ferme avec Mark, mais je m'étais bien gardée de leur parler de mariage. Ma sœur avait rencontré Mark à Manhattan ; il lui avait fait une impression mitigée, dont elle avait certainement rendu compte à mes parents ainsi qu'à notre frère Jeff et son épouse Dani, installés en Virginie. Jeff est officier pilote dans la Marine, il n'a pas tout à fait deux ans de plus que moi. En début de carrière, son job consistait à diriger les atterrissages sur un porte-avions ; des vies humaines dépendaient de son seul jugement. En d'autres termes, Jeff est une personne sérieuse, logique, fiable, assez peu fantaisiste.

Nous sommes arrivés avec des montagnes de provisions. Je débordais du zèle des convertis de fraîche date, j'avais hâte de montrer les beaux légumes cultivés par mon nouveau compagnon : choux de Bruxelles encore sur tige, patates douces, betteraves, potirons à la chair de la couleur des mangues mûres. Dans la semaine, Mark avait aidé ses amis amish à tuer des dindes, nous en avions apporté une, ainsi qu'un pot de beurre fermier jaune bouton-d'or. J'avais oublié à quel point ma mère est maniaque. Sous nos cageots pleins de terre étaient accrochées des feuilles mortes. Nous ne pouvions les poser nulle part sous peine de contamination. Mon père a accompagné Mark au garage, et ma mère m'a demandé à voix basse si j'étais sûre que nous pouvions manger la dinde, dont le cou sans tête dépassait de manière obscène d'un sac en plastique blanc dégoulinant. J'avais également oublié que ma mère préfère les aliments suremballés et que moins elle en sait sur leur origine, mieux elle se porte. Quand nous étions gamins, elle n'achetait jamais d'œufs bruns, trop « rustiques » à son goût.

Mark n'était guère plus présentable que la dinde. Il avait travaillé aux champs jusqu'à l'heure du départ et n'avait pas jugé utile de se changer. Une coupe de cheveux et un rasage n'auraient pas été superflus. Il portait un tee-shirt usé jusqu'à la corde, à l'envers. Par principe, Mark enfile ses tee-shirts comme ils se présentent au sortir de la machine à laver, à l'endroit ou à l'envers.

— Comme ça, ils s'usent de façon plus régulière, a-t-il l'habitude de dire.

— J'avoue qu'il a un beau sourire, m'a lancé ma mère quand nous nous sommes retrouvées toutes les deux.

Mark dormait dans la chambre d'amis, moi dans celle de mon enfance, entourée de mes vieux livres et de mon diplôme de fac encadré, qui semblait me dévisager d'un air accusateur. *Ce n'est pas à cela que je te destinais.*

Le matin de Thanksgiving, maman a cédé sa cuisine à cet étranger, ce grand sauvageon qui s'est lancé dans la préparation du repas avec un total abandon. À 6 heures du matin, alors que tout le monde dormait encore, il était à pied d'œuvre, fouillant dans les tiroirs comme s'il était chez lui. À 7 heures, quand la maisonnée a commencé à s'éveiller, il y avait six plats en route ; les aliments voltigeaient autour de lui comme les copeaux autour d'une tronçonneuse. Dans son enthousiasme, il avait quelque peu sali la cuisine immaculée de maman. Il y avait des éclaboussures de crème sur les murs, des morceaux de patate écrasés sur le carrelage. J'ai de justesse rattrapé une tranche de betterave avant qu'elle n'atterrisse sur le tapis blanc. À midi, j'ai débouché une bouteille de vin et servi un grand verre à ma mère.

À 15 heures, la dinde sortait du four, dorée à souhait, digne de figurer en couverture d'un livre de cuisine. Mark avait terminé ses préparatifs depuis un petit moment, il était dans le jardin avec papa et Jeff, à couper du bois pour la cheminée. Je l'ai observé un instant de derrière la fenêtre : une force de la nature ; il maniait la hache sans effort, sans précipitation, sans répit. Il a ainsi débité un tronc entier puis il est revenu préparer la sauce. Dans le jus de cuisson de la viande, il a ajouté de la farine, du bouillon, du vin et des herbes. Dani l'a goûtée pendant qu'elle mijotait. Ses yeux se sont écarquillés.

— Ça me fait dresser les tétons, m'a-t-elle murmuré à l'oreille.

Enfin, nous sommes passés à table et la magie a opéré sur toute la famille.

Le repas était simple, sans chichis, le genre de cuisine qui laisse les aliments parler d'eux-mêmes. Ma mère a déclaré qu'elle n'avait jamais mangé de dinde aussi bonne et que, dorénavant, elle achèterait des patates bio. Mark exprime son amour – de la vie et pour ses proches – à travers le soin qu'il apporte à ses produits, de la graine à l'assiette. Je crois que ma famille a senti qu'il était profondément amoureux. Entre la tourte au potiron et une deuxième bouteille de vin, tandis que Mark, très à l'aise, discourait de son désir de vivre dans une économie sans argent et une maison sans clous, ils se sont rendu compte que je n'avais peut-être pas complètement perdu la tête.

— C'est le garçon le plus charmant qu'elle ait jamais amené à la maison, ai-je entendu mon frère chuchoter à ma sœur pendant que nous buvions le café.

Il n'était pas parfait, mais ils avaient décidé de lui accorder une chance.

Mark m'a accompagnée à New York afin de m'aider à déménager. J'étais dans un état second, exactement comme avant le décollage, lorsque je prends l'avion à destination d'un pays lointain et inconnu. Nous avons trié mes affaires : d'un côté, celles dont Mark jugeait qu'elles me seraient désormais inutiles, une montagne ; de l'autre, ce que j'emportais, un tas minuscule. Je ne voulais pas me séparer de mon lit, que j'avais payé cher et auquel je m'étais attachée.

— Ne t'inquiète pas, a dit Mark, je t'en fabriquerai un nouveau, beaucoup plus beau et beaucoup plus spécial que celui-ci, parce que je l'aurai fait de mes mains.

Nous l'avons donc descendu chez Janet. Le sien puait le chien, nous l'avons apporté à la décharge. Puis j'ai jeté mes clés dans l'appartement et fermé une porte sur tout un pan de ma vie.

Nous sommes partis nous installer à une heure et demie de New York, au nord à New Paltz, la petite ville où Mark a grandi. Ses parents et sa sœur y habitent toujours. Ses parents nous ont loué la moitié de la maison où sa grand-mère avait vécu jusqu'à sa mort, au bord d'une route de montagne sinueuse. La grange regorgeait de souvenirs de famille : les plans des tours de Manhattan dessinées par le grand-père de Mark, des cartons de paperasses, des meubles massifs. La grange était adossée à la forêt et juste derrière la forêt se dressaient les monts Shawangunk Ridge et une crête nommée Bonticou Crag. Quelques jours après avoir emménagé, nous sommes allés y faire une randonnée. On était en janvier, la roche était verglacée. Habitué à marcher sur le bitume, mon chien Nico avait du mal à nous suivre. Au sommet d'une falaise, presque privé de voix tellement il était angoissé, Mark m'a officiellement demandée en mariage. Un faucon décrivait des cercles dans le ciel clair et froid. Le vent était féroce, la vue spectaculaire. J'ai accepté. Quand j'ai téléphoné à mes parents pour leur annoncer la nouvelle, ils n'ont pas pu dissimuler l'inquiétude que leur causait cette « décision hâtive ».

— Tu te maries ? Avec qui ? m'a demandé mon frère.

Ma belle-sœur a déclaré qu'il n'y avait rien de tel qu'un engagement sur le long terme pour tester la solidité d'un couple. Ma sœur Kelly m'a dit que si c'était ce que je voulais, je n'avais pas à hésiter ; dans le pire des cas, je pourrais toujours divorcer.

New Paltz était censé n'être qu'une étape transitoire, une base d'où chercher l'incarnation de cette vision que Mark m'avait présentée : les terres, la ferme, le verger. Dans mon hébétude précédant le départ, je m'étais figuré que l'escale serait brève. Malheureusement, la conjoncture ne nous était pas favorable. New Paltz absorbait une vague d'exode urbain post-11 septembre, le prix des terrains flambait. Nous avons visité des domaines agricoles dont on nous demandait plus de 12 000 dollars par hectare, pour un sol d'une qualité qui n'avait rien d'extraordinaire. L'étape menaçait de s'éterniser.

Depuis que Mark avait terminé ses études universitaires, il avait toujours travaillé dans une exploitation ou dans une autre. Privé d'efforts physiques, il était aussi nerveux qu'un chien de berger ayant perdu son troupeau. Son côté obsessionnel prenait des proportions démesurées. Il voulait vivre sans électricité. Attendu qu'il ne pouvait pas démonter l'installation électrique de la maison appartenant à ses parents, il a décidé que nous ferions tout simplement comme si elle n'existait pas. Il achetait des bougies par douzaine et se mettait dans tous ses états lorsque j'appuyais sur un interrupteur. Avec un seau de tourbe, une lunette de WC et une caisse en bois, il a fabriqué des toilettes sèches et les a installées au milieu du salon. À contrecœur, sur mes supplications, il les a cachées derrière un paravent. Il s'est mis en tête d'apprendre à filer la laine et y a passé des heures, jusqu'à obtenir un fil fin et régulier. L'un de nos

49

voisins avait un four à bois extérieur. Mark se l'est approprié. Chaque semaine, il en retirait quarante miches de pain aussi compactes que des briques, qu'il déposait sur le seuil de toutes les maisons alentour. Il faisait des aller-retour à vélo dans le New Jersey.

Nous étions fiancés depuis un mois lorsque nous avons invité mes parents à venir faire la connaissance de sa famille. Vétéran de l'US Air Force, mon père a toujours voté républicain ; depuis qu'il est à la retraite, ses convictions politiques dérivent de plus en plus vers la droite. Il ne croit pas au réchauffement de la planète. Selon lui, il s'agit de propagande écolo ou d'un complot des Nations unies, relayé, quel que soit le cas, par les médias de gauche. Ma mère a une douzaine d'années de moins que lui, elle est de la même génération que les parents de Mark. En épousant mon père, elle est cependant directement passée d'Elvis et des socquettes blanches au Martini et au *easy listening*, zappant complètement les Beatles. Vous pouvez sonner chez elle à n'importe quelle heure : les lits seront toujours faits, les meubles époussetés, et les moquettes striées de traces d'aspirateur ; elle serait mortifiée d'être prise en défaut. Personne ne l'a jamais vue sans maquillage, les cheveux autrement que coiffés avec soin.

Si mes parents incarnent ce que ceux de Mark appellent des *bourgeois*, les parents de Mark incarnent ce que les miens appellent des *marginaux*. À la fin des années 60, ils ont quitté New York pour un lopin de terre dans les Catskills, où ils ont peu à peu appris à cultiver et élever leur pitance. Ils vivent dans une étable retapée. Jusqu'à la naissance de Mark, ils n'avaient pas l'eau courante. Ingénieur de formation, le père de Mark est devenu charpentier et communiste militant. La mère de Mark est naturaliste. Ouvrez son congélateur et vous y trouverez probablement une marmotte morte ou un oiseau s'étant malencontreusement fracassé le crâne contre une vitre, qu'elle garde là en attendant de pouvoir les disséquer à ses heures perdues. Lors d'une soirée, je l'ai vue sortir sa guitare et entonner, sans ironie aucune, une série de chansons de feu de camp.

Au cours de notre dîner de fiançailles, elle a lu un poème en notre honneur, de sa plume, intitulé *Les bombes pleuvent sur l'Irak*, que mes parents, de l'autre côté de la table, ont accueilli dans un silence de plomb. À la suite de quoi s'est installée une atmosphère aussi pesante que le pain que nous mangions. Mark était en plein dans sa phase « Pas d'électricité ». À la fin du repas, mon père est allé chercher une lampe de poche dans sa voiture, afin que ma mère puisse trouver le chemin de la salle de bains, où elle s'est empressée d'allumer la lumière.

Les semaines se muaient en mois et nous dormions sur un matelas posé à même le sol. Mark ne semblait pas pressé de me fabriquer ce fameux lit. Chaque soir, en me couchant, j'éprouvais un petit pincement d'amertume.

J'essayais de me remonter le moral en pensant à cette vision qui m'avait poussée à l'exil – la ferme, le verger, les animaux paissant gaiement dans les pâturages – et au bout d'un moment, j'ai décidé de profiter de cette période transitoire pour acquérir des compétences qui me seraient utiles dans ma nouvelle vie. J'ai lu des livres sur l'apiculture et me suis procuré une ruche. Mark m'a aidée à construire un poulailler dans la cour et j'ai épluché la rubrique « animaux de ferme » des petites annonces, jusqu'à ce que je trouve ce que je cherchais : huit poules Barred Rock, à céder gratuitement contre bons traitements.

Le lot comprenait un coq, du genre coq de combat, doté d'ergots géants et d'une nature sournoise. On me l'avait offert en prime, mais ce n'était pas un cadeau. Il prenait un malin plaisir à attaquer par-derrière. Un jour, il m'a coincée dans un angle de la serre et m'a donné un coup d'éperon à m'en faire saigner le mollet. Il m'effrayait tellement que j'avais pris l'habitude de toujours sortir avec un balai. Ce que Mark trouvait hilarant.

— Il ne pèse même pas trois kilos. À mon avis, tu auras le dessus, me charriait-il.

Sur les forums de discussion consacrés aux poulets, j'ai appris qu'il n'y avait pas d'autre manière de remédier à l'agressivité d'un coq que de le passer à la casserole. Mark l'a attrapé par les pattes et tenu la tête en bas. Armée d'un grand couteau, j'avais les jambes qui flageolaient à l'idée de lui trancher le cou. J'ai néanmoins rassemblé mon courage, mais le geste manquait de conviction. Avant de rendre l'âme, la pauvre bête s'est agitée dans tous les sens en gloussant de douleur. Je m'en suis voulu, et j'ai pris la résolution que si je devais recommencer, il fallait que j'apprenne à faire cela correctement. En discutant avec les gens du coin, j'ai appris que deux femmes s'apprêtaient à tuer leurs volailles. Je leur ai demandé si je pouvais me joindre à elles, à des fins d'apprentissage, et elles ont accepté.

Jana et Suri avaient la cinquantaine, elles portaient des Birkenstock et des fringues tie & dye. Elles s'étaient connues dans une communauté et étaient restées amies. Elles n'étaient pas agricultrices mais, depuis longtemps, elles se nourrissaient en partie de leurs cultures et de leurs bêtes. Contrairement à Mark, extrêmement prosaïque quant à ce genre de choses, elles considéraient l'abattage des animaux comme un acte sacré, qu'elles accomplissaient en une cérémonie de leur cru.

Pour commencer, elles ont fait brûler un bouquet de sauge et l'ont secoué autour de moi afin de m'envelopper de sa fumée. Puis elles ont tendu un drap entre le poulailler et le billot, de façon à ce que les poulets ne voient pas ce qui les attendait.

Jana en a attrapé un et, avant de l'égorger, l'a bercé dans ses bras comme un bébé en psalmodiant :

— Merci, Poulet. Merci de nous offrir ta viande. Nous te sommes reconnaissantes de nourrir nos familles. Que ton esprit s'envole vers Notre Père Le Soleil.

Et clac. Un coup de hache. Deux ou trois volatiles ont subi le même sort, puis elle m'en a tendu un. Je l'ai pris par les pattes et je l'ai regardé dans les yeux. Ses plumes se sont écartées de son corps, il a cessé de battre des ailes et a pour ainsi dire tourné de l'œil. Je me suis raclé la gorge, je ne pouvais pas me résoudre à recommander son esprit à Notre Père Le Soleil. Je sentais toutefois le poids de ce que je m'apprêtais à faire – ôter la vie à une créature en parfaite santé, qui allait sentir la douleur et aurait sans doute préféré rester en vie si elle en avait eu le choix –, et j'éprouvais envers elle de la gratitude, une sincère gratitude.

— Hum, Poulet ? ai-je balbutié. (Il a vaguement cligné des yeux dans son masque caoutchouteux.) Désolée. J'espère que ça ira vite. Merci pour tout.

Et clac.

Je l'ai égorgé plus proprement que la fois précédente, et j'en ai tué encore quelques autres. Jana et Suri ont été sympa, elles m'ont donné le premier. Je l'ai fait cuire et l'ai mangé avec révérence. J'avais à présent une vision globale du tableau, ce que l'on pouvait aussi bien exprimer, me semblait-il, avec de la sauge rituelle qu'avec une farce à la sauge préparée et dégustée avec amour.

Au demeurant, nous n'étions toujours pas près de trouver une ferme. Mark cherchait un grand terrain fertile, dont nous pourrions vivre, que nous pourrions cultiver exactement comme nous l'entendions, et sur lequel nous pourrions construire une habitation permanente. Et il voulait qu'il ne nous coûte rien. Il avait bon espoir car il était entouré depuis l'enfance par un cercle magique, une espèce d'aura magnétique qui lui portait bonheur. Il avait toujours eu de la chance, il ne se faisait pas de souci : d'ici neuf mois maximum, nous aurions notre ferme. À condition que je n'interfère pas dans son cercle magique avec mon attitude négative. La situation était exaspérante.

Plus les recherches duraient, plus nous nous tapions mutuellement sur les nerfs. Les braises de notre fol amour s'étaient refroidies, nous nous apercevions que nous étions profondément différents. Sous mon vernis bohème, il se rendait compte que je n'étais que le pur produit de mon éducation petite-bourgeoise. Je cherchais le bonheur chez la manucure et dans les magasins de chaussures. Sous l'extérieur fantasque de Mark, je découvrais un éternel ado hippie. J'ai appris qu'il avait marché pieds nus pendant toute sa première année de fac, même au plus froid de l'hiver pennsylvanien. Il refusait de mettre du déodorant ; quand vous montiez en voiture avec lui, vous étiez obligé de baisser la vitre. Si nous nous étions rencontrés à un autre moment, nous nous serions fait fuir.

Deux choses nous ont sauvés. D'abord, je me suis débrouillée pour enchaîner les reportages à l'étranger, si bien que nous avons passé plusieurs mois sur des continents différents. Et puis un homme généreux et enthousiaste du nom de Lars Kulleseid est entré dans le cercle magique de Mark. Il s'agissait du père d'un ami de sa sœur. À l'issue de notre première entrevue, il nous a proposé de nous prêter un grand domaine agricole dont il était propriétaire, sur la rive nord du lac Champlain. Nous pourrions le cultiver de la manière que nous jugerions adéquate, il ne voyait pas d'inconvénient à ce que nous y construisions une exploitation et une habitation permanentes. Neuf mois pile s'étaient écoulés depuis le début de nos recherches.

Nous avons découvert Essex Farm par une journée venteuse de septembre. Nous avons pris un tortillard à Poughkeepsie, avec nos bicyclettes et notre matériel de camping dans le wagon à bagages. Nous avons cahoté vers le nord, le long de l'Hudson, à travers le parc de l'Adirondack, sur les rives du lac George, jusqu'à la gare déserte de Westport, au bord du lac Champlain. Les arbres avaient revêtu leur feuillage d'automne. Les citadins avaient fermé leurs résidences secondaires et s'en étaient retournés à New York ou Boston. En descendant du train, nous avons enfourché nos vélos et roulé à travers bois vers le nord, sur une route qui longeait le lac, bordée de ranchs modestes, de bungalows sans prétention et d'opulentes villas.

Lars était avocat à Manhattan. Il avait acheté ce terrain de 250 hectares huit ans plus tôt, parce qu'il aimait la campagne, nous avait-il dit, et que cette région lui rappelait les vacances idylliques de son enfance dans la ferme de sa grand-mère, en Norvège.

Depuis qu'il en avait fait l'acquisition, la propriété était entretenue par un gardien. Il n'y venait pas aussi souvent qu'il l'escomptait. Il envisageait de la vendre, lorsqu'on lui avait parlé de nous. Notre projet lui avait paru intéressant, c'est pourquoi il nous offrait un an de loyer gratuit si l'endroit nous convenait. Nous avions à notre disposition la ferme et tous les bâtiments qu'elle comprenait, les champs et le matériel agricole.

Suivant le plan de Lars, nous avons traversé la minuscule bourgade d'Essex : des maisons datant de 1850, qui paraissaient tout droit sorties d'un livre d'histoire, un embarcadère pittoresque, une vieille bibliothèque de pierre, une courte artère commerçante, aux boutiques fermées pour la saison. La propriété commençait à l'est du village, juste après la caserne des pompiers. Nous en avons eu un premier aperçu dans le crépuscule : des champs de hautes herbes, délimités par des clôtures en barbelé sérieusement détériorées, sillonnés par deux tracteurs et des gens qui fauchaient le foin.

Nous avons trouvé l'allée menant à la ferme, entre deux pierres rondes, dont l'une supportait un panneau à la peinture verte écaillée indiquant : Essex Farm. Nous avons pédalé pendant quatre cents mètres entre de jeunes érables aux feuilles rougeoyantes et des pelouses bien tondues, avant d'arriver devant une bâtisse blanche décrépite au toit qui s'affaissait. L'une des deux fenêtres au-dessus de la porte était cassée, et lui donnait l'apparence d'une maison borgne. Nous nous sommes arrêtés devant afin de nous repérer, un pitbull noir a jailli du garage, suivi de deux chiens de berger blancs. Parvenu au bout de sa chaîne, le pitbull a fait un bond en arrière, révélant une paire d'énormes testicules. Les chiens blancs semblaient moins féroces, ils sont venus nous renifler timidement. À l'étage, une fenêtre était ouverte ; on entendait un match de foot à la télé. Nous avons frappé, personne n'a répondu. Nous avons poursuivi notre chemin, entre des bâtiments sur le point de s'effondrer. Un bus scolaire s'enfonçait dans le fossé, bourré de vieilles caisses en plastique.

Nous avons jeté un œil dans le grenier à céréales. Le sol était couvert d'une couche d'au moins cinq centimètres de vieux grains. Quand nous avons poussé la porte et que la lumière s'est répandue à l'intérieur, un bataillon de rats s'en est échappé. Nous avons posé nos vélos et marché vers l'est, en direction du lac. En haut d'une côte, nous avons découvert que l'exploitation se composait d'une mosaïque de champs ouverts et de plantations d'arbres : épicéas, chênes des marais, tilleuls, érables rouges. Le terrain était plat, un peu marécageux par endroits. Nous avons planté notre tente dans un bosquet de thuyas. Les chiens blancs nous avaient suivis.

Une fois la tente montée, il faisait presque nuit. L'estomac dans les talons, nous sommes allés reprendre nos vélos et sommes retournés à Essex. J'étais fourbue. Je ne m'étais pas encore remise du décalage horaire de mon dernier voyage en Asie et je n'avais qu'une envie : dormir ; mais d'abord manger. Bêtement, nous n'avions pas pensé à emporter de provisions. J'avais une faim de loup, je commençais à ressentir des signes d'hypoglycémie, notamment une certaine irritabilité. Devant la mairie, je me suis assise sur un banc pendant que Mark partait en reconnaissance. En revenant, il s'est assis à côté de moi et m'a passé un bras autour des épaules avant de m'annoncer la mauvaise nouvelle : l'unique auberge du village ne pouvait pas nous servir, faute de réservation. Il n'y avait pas de magasins et la ville la plus proche se trouvait à huit kilomètres, en montée. J'ai maudit tant que j'ai pu ce bled paumé où l'on pouvait crever de faim. J'ai également maudit la ferme. Elle était en ruine, au milieu des marécages, probablement infestée de moustiques en été. Je n'avais plus la force de bouger. J'étais prête à dormir sur le banc. Si la police m'arrêtait, au moins, on m'emmènerait en prison en voiture et on me donnerait quelque chose à manger, sûrement quelque chose de tout à fait acceptable, genre sandwiches au beurre de cacahuète. Le seul feu de signalisation du village clignotait sans fin au bout d'une rue déserte.

Une voiture s'est engagée sur le parking en face de notre banc, ses phares jetant une lumière crue sur ce pitoyable tableau. Un homme aux cheveux gris en est descendu, une marmite à la main. Il nous a souri et, en voyant nos vélos, nous a demandé d'où nous étions et où nous allions. Mark lui a répondu que nous venions de Poughkeepsie et campions à Essex Farm.

— Bien, bien, a-t-il répliqué. Vous avez faim ?

En dépit de mon désespoir, j'ai senti un « Non, merci » se former sur mes lèvres, la méfiance des citadins à l'égard de tout élan de générosité. Mais Mark s'est empressé de répondre oui en notre nom à tous les deux, et le vieil homme nous a précédés jusqu'à une grande église en pierre. Au sous-sol, des bruits de fourchettes, des rires et des éclats de voix s'élevaient d'une mer de cheveux blancs.

On se serait cru dans une maison de retraite, mais je n'avais d'yeux que pour deux longues tables croulant sous la nourriture : des jambons, des haricots à la tomate, de la purée, des salades de fruits baignant dans des gelées aux couleurs criardes et surmontées de crème pastel. Notre bon Samaritain a réclamé l'attention générale ; cinquante visages ridés se sont tournés vers nous. Il nous a présentés comme des cyclistes qui faisaient un long périple et ne refuseraient pas un petit casse-croûte, la salle a applaudi. Quelqu'un m'a prise par le bras et m'a entraînée vers les monceaux de calories, on m'a collé une assiette vide entre les mains et servi un verre de thé glacé. Un instant, je me suis demandé si je ne rêvais pas, s'il ne s'agissait pas d'un cruel mirage. Mais non, quelques minutes plus tard, je me régalais d'une bonne cuisine de grand-mère, de plats destinés à rassasier un mineur ou un garçon de ferme : des petits pains au jus de viande, des haricots verts aux amandes, une cuisse de poulet frit. Il y avait également une grosse Thermos de café et une table entière de desserts.

Quand j'ai levé les yeux de mon assiette et retrouvé l'usage de la parole, j'ai appris que nous avions atterri à la célébration du centième anniversaire de l'église méthodiste d'Essex. Il n'y avait pas beaucoup de jeunes, dans le village, et ils appartenaient à la congrégation épiscopale. Tous les convives se connaissaient de longue date, et la plupart avaient un lien de parenté. Beaucoup allaient jouer un rôle important dans notre vie. L'homme qui nous avait trouvés sur le banc s'appelait Wayne Bailey. Quelques années plus tard, son épouse, Donna, tricoterait une brassière et un bonnet roses à ganses blanches pour la naissance de notre fille. La petite mémé assise à côté d'eux était Pearl Kelly. Elle nous a dit ce soir-là qu'elle adorait la bicyclette et que, jusqu'à l'âge de 90 ans, elle traversait le lac en ferry et revenait à vélo. Elle est décédée trois ans plus tard. Je trayais une vache lorsque sa belle-fille est venue m'annoncer la triste nouvelle. Pearl avait travaillé la terre toute sa vie, à quelques pas de chez nous. Son stand de légumes est toujours au bord de la route, ses piliers succombant lentement sous son poids.

Nous avons regagné la ferme le ventre plein et le cœur chaud, avec des parts de gâteaux enveloppées dans des serviettes en papier. Je n'étais pas du tout habituée à ce genre d'hospitalité. Je croyais que la technologie, la mobilité et le travail avaient sonné le glas de l'esprit communautaire. Or, ici, les voisins se souciaient les uns des autres, le bien-être était un projet de groupe. Ici, je me sentais en sécurité, comme dans les champs de Mark regorgeant de nourriture. Je me sentais revivre. Pendant quelque temps, mon vieux moi s'est moqué de ce sentiment, mais ça n'a pas duré longtemps.

Le lendemain matin, munis d'une pelle trouvée dans une grange, nous nous sommes mis en route sous une bruine froide. Pour quelqu'un habitué à vivre dans un appartement de 28 m², avec un horizon limité à la largeur d'une avenue et ne connaissant pas d'unité de mesure plus grande que le pâté de maisons, deux cent cinquante hectares représentent une superficie incroyablement vaste, non pas une ferme mais un fief, un État-nation. Sur la carte de Lars, la propriété était figurée par un grand carré entouré de routes, d'un kilomètre et demi de côté, amputé de quelques parcelles vendues au fil des ans.

Plus nous marchions, plus mon humeur se détériorait, ce que j'essayais d'imputer au mauvais temps et au fait que je n'avais pas encore bu de café. En vérité, à la lumière du jour, aussi terne fût-elle, la ferme était décevante. Elle ne correspondait en rien à l'idée que je m'en étais faite. Elle était censée être vallonnée, avec des champs en patchwork et des bâtiments en bon état. Et non aussi étendue et aussi loin de tout. Et, surtout, elle n'était pas censée être marécageuse.

Nous nous sommes dirigés vers le nord, en pataugeant dans la boue. Nous avons escaladé une clôture branlante, traversé un bois broussailleux, et nous sommes retrouvés dans un champ de foin fauché la veille au soir. Les brins de paille me piquaient les pieds à travers mes chaussures. Mark a enfoncé la pelle dans la terre : de l'argile pure. Je n'y connaissais

61

pas grand-chose, mais je savais que ce n'était pas bon. Les années pluvieuses, les racines se noieraient ; les années sèches, le sol se craquellerait et deviendrait aussi dur que du béton. Une terre si lourde se tasserait sous le poids des machines, tout l'oxygène s'en échapperait. Mark commençait à être d'humeur aussi sombre que moi.

Nous sommes revenus sur nos pas jusqu'aux deux bâtiments principaux, deux grands hangars rouges caverneux. Le rez-de-chaussée de celui situé à l'est était si bas de plafond que Mark devait se courber pour ne pas se cogner la tête. Le bâtiment ouest était plus aéré et plus spacieux, ses grosses poutres taillées à la main. Tous deux avaient été aménagés pour l'élevage laitier : le premier était une salle de traite, le second une étable pour les veaux et les génisses. Il n'y avait pas eu de bêtes ici depuis des dizaines d'années mais, dans la laiterie, leurs fiches étaient toujours rangées dans une boîte, chacune portant, en majuscules soigneusement tracées, le nom d'une vache trépassée de longue date. En donnant des coups de pied dans les bottes de foin poussiéreuses, nous avons découvert dans le bâtiment ouest des caches de bouteilles de bière vides et de paquets de bonbons. Les toits des deux structures étaient étanches. Le bâtiment ouest avait toutefois été agrandi et la couverture métallique de l'extension claquait au vent ; en plusieurs endroits, de tristes petites cascades ruisselaient à l'intérieur.

Nous avons franchi une autre clôture délabrée, délimitant une étrange forêt de centaines de rangées d'épicéas rachitiques dans des pots en plastique. La laiterie avait fait faillite, à la suite de quoi on avait monté une pépinière. Les arbres étaient à l'abandon depuis vingt ans. Leurs racines avaient percé le fond des pots, ils survivaient tant bien que mal. Des pins et des thuyas s'élevaient pitoyablement entre les panneaux de contreplaqué pourri d'une serre effondrée. Il régnait là une atmosphère apocalyptique, la force tranquille des arbres adoucissant les angles des activités humaines.

Le terrain était globalement plat, à l'exception d'une colline abrupte, à l'ouest, couverte de vingt-cinq hectares de forêt. Nous y avons trouvé un sentier et Mark a constaté que la majorité des arbres, des érables assez grands, étaient en bonne santé. Les troncs présentaient de vieilles cicatrices : il s'agissait d'une érablière. En rebroussant chemin, nous sommes passés devant la cabane à sucre, un bâtiment aux murs vacillants, ouvert sur un côté. Apparemment, il avait un temps servi d'étable ; il était plein de vieux fumier. Le toit fuyait dans l'évaporateur rouillé, bon pour la décharge.

Enfin, nous sommes allés voir la partie sud de l'exploitation, en bordure de la route la plus fréquentée, dont la moitié était plantée de pins, de chênes et de tilleuls en rangs serrés. Mark a de nouveau enfoncé sa pelle et plongé la main dans le sol. La pelle n'avait pas rencontré de cailloux, la terre était de la couleur du café, d'une texture qui n'avait rien à voir avec celle de l'argile découverte au nord. Mark a écrasé une motte entre ses doigts, il l'a palpée du pouce, sentie, et finalement goûtée du bout de la langue : une marne limoneuse d'une richesse à pleurer. À la lisière sud du domaine, ce type de sol s'étendait sur quatre cents mètres avant de redevenir argileux.

Je crois que c'est à cet instant que Mark est tombé amoureux de ces terres, avec la même certitude et la même soudaineté dont il était tombé amoureux de moi. À partir de ce moment, il n'a plus fait l'ombre d'un doute dans son esprit que nous avions trouvé notre chez-nous. Aussi inconcevable que cela me paraisse aujourd'hui, il lui restait cependant à m'en convaincre. Ce n'était pas l'isolement ni l'argile qui m'inquiétaient.

— On dirait que cette ferme n'a pas d'âme, ai-je dit à Mark dans le train du retour.

— C'est parce qu'elle est abandonnée. Elle dort, c'est tout. Tu verras.

De toute façon, nous n'avions pas le temps de tergiverser. L'automne touchait à sa fin ; si nous voulions planter au printemps suivant, il fallait tout planifier et préparer durant l'hiver. J'ai réfléchi à notre autre option – rester un an de plus à New Paltz en attendant de trouver mieux – et décidé que le jeu en valait la chandelle.

DEUXIÈME PARTIE

L'HIVER

Cap au nord, nous avons quitté New Paltz dans ma minuscule voiture, mon chien Nico, les poules et la ruche bourdonnante (ses ouvertures condamnées par du ruban adhésif) calés à l'arrière entre les caisses et les sacs. Le chien zieutait la ruche, les poules zieutaient le chien et si les abeilles étaient calmes, elles étaient bien les seules. Dès que nous sommes entrés dans le parc de l'Adirondack, la circulation s'est fluidifiée, nous nous sommes retrouvés entourés de montagnes couvertes de pins déjà givrés. La lumière est devenue claire et oblique, les panneaux publicitaires ont disparu, le paysage était de plus en plus sauvage, les maisons de plus en plus espacées, jusqu'à ce qu'il n'y en ait plus du tout. Nous étions arrivés.

Durant les semaines qui s'étaient écoulées depuis notre première visite à la ferme, et dans l'excitation du départ, nous l'avions idéalisée. En théorie, elle symbolisait l'aventure. De près, elle était effrayante. Un ami de Mark, Rob, nous suivait dans sa grosse camionnette avec une partie de nos affaires. Rob est maraîcher, c'est un bourreau de travail, et un optimiste. En voyant l'étendue et l'état des lieux, il n'a pas fait de commentaire.

La partie habitation était louée jusqu'au printemps. Nous nous sommes installés au village, dans une location meublée, une maison du XIXe siècle qui ne manquait pas de cachet, mais affreusement mal isolée. Rob, avec son sens de la générosité paysanne, nous avait apporté des sacs de courges, patates, carottes, poireaux et oignons. Nous les avons entreposés au sous-sol. La première neige de la saison, précoce, est tombée dans la soirée. Rob et Mark ont préparé des pommes de terre et des potirons sautés aux oignons, le genre de plat simple et réconfortant qui aide à se sentir chez soi. Une fois la table débarrassée, nous avons discuté de nos projets autour d'une bouteille de vin. Nous allions monter une exploitation à partir de rien, sur des terres suffisamment vastes et fertiles pour que nous puissions y faire tout ce qu'il nous plairait. À nous deux, Mark et moi avions 18 000 dollars d'économies. Ce n'était certes pas grand-chose, mais pendant un an, Lars mettait gracieusement à notre disposition les terres, l'équipement et un endroit où vivre. Comme la taille du domaine, le champ des possibles était aussi enivrant que terrifiant.

Mark avait longuement réfléchi au type de ferme qu'il souhaitait créer. Il avait été formé dans des exploitations maraîchères, la culture des légumes était ce qu'il maîtrisait le mieux. En Pennsylvanie, il avait adopté le modèle AMAP (Association pour le maintien d'une agriculture paysanne), qui établit un partenariat entre un producteur et un groupe de consommateurs. Ces derniers paient leur part de la récolte en début de saison et reçoivent chaque semaine un panier de produits de la ferme. Le concept des AMAP a été importé du Japon *via* l'Europe dans les années 80. Pour les petits producteurs, il présente de nombreux avantages, notamment celui de permettre la vente directe aux consommateurs, en court-circuitant les intermédiaires. En outre, comme les membres paient à l'avance, les revenus de l'agriculteur sont prévisibles ; celui-ci dispose de liquidités au moment où il en a le plus besoin, au début de la saison de production. Du reste, ce système ne s'inscrit pas dans l'économie monétaire dont Mark abhorre l'anonymat. Il connaissait les gens qui mangeaient ce qu'il faisait pousser, ses clients le connaissaient et se connaissaient entre eux, si bien que les jours de distribution tenaient davantage d'un rassemblement convivial que d'une transaction commerciale. Mark aimait ce principe de fonctionnement, mais il désirait aller plus loin. Les AMAP ne produisent pratiquement que des légumes, alors que nous avons aussi besoin d'aliments plus nourrissants : des céréales et des farines, des produits laitiers, des œufs et de la viande. En Pennsylvanie, il avait essayé d'élargir son offre, en proposant des produits de fermes voisines. D'un point de vue logistique, cette tentative s'était révélée cauchemardesque. Il était constamment au téléphone et perdait trop de temps en déplacements. Depuis, il se demandait s'il n'était pas possible de faire évoluer le modèle AMAP, de fournir à un réseau tout ce que nous aurions nous-mêmes à disposition à la ferme, sur une base illimitée, au lieu d'une quantité déterminée de légumes chaque semaine.

L'un des aspects les plus fascinants et les plus agaçants de la personnalité de Mark, c'est qu'une fois qu'il a une idée en tête, il n'a de cesse de la tourner et de la retourner dans tous les sens, d'en explorer toutes les ramifications, de la développer jusqu'aux limites de l'absurde puis de la ramener à son point de départ, de l'articuler autour de différents postulats, au mépris de la logique si nécessaire. Quoi qu'il soit en train de faire, de dire ou de penser, l'idée mijote dans un coin de son cerveau de génie et gagne peu à peu en précision. De temps à autre, il en affleure des bribes, dans un flot de paroles, telle la partie émergée de l'iceberg, mais l'essentiel demeure caché, jusqu'au moment où le tout apparaît soudain, parfaitement élaboré et farouchement défendu.

Quand nous sommes arrivés à Essex, sa conception de « l'alimentation complète » de l'AMAP était au point. Il voulait créer une exploitation si diversifiée qu'elle pourrait supplanter le supermarché, le genre de ferme où nos arrière-grands-parents ont grandi, à une échelle plus vaste, qui permettrait à toute une communauté, non pas uniquement à une famille, de vivre en autarcie. Nous produirions tout ce dont nos membres auraient besoin, à commencer par l'alimentaire : différentes sortes de viandes, des œufs, des produits laitiers, des céréales et des farines, des fruits et des légumes ainsi qu'au moins un édulcorant. Dans un second temps, on viendrait également chercher chez nous tout ce qu'on peut trouver à la ferme : du bois et des matériaux de construction, des activités sportives et des loisirs. La ferme serait un organisme autosuffisant qui produirait, dans la mesure du possible, sa propre énergie, ses fertilisants et ses matières premières. Mark désirait que nous nous organisions en fonction de ce que nous aimions faire. Ce qui pour lui signifiait un maximum de travail physique, traire les vaches à la main et non à la machine, par exemple. Que cela paraisse insensé au reste du monde, peu lui importait. S'il ne démordait pas de son idéal d'économie sans argent, il reconnaissait toutefois que nous avions besoin d'un capital, du moins pour démarrer. Les membres nous verseraient à l'avance une certaine somme, dégressive jusqu'à zéro selon leurs revenus.

Si nous voulions être prêts au printemps, nous n'avions pas de temps à perdre. Toute l'infrastructure était à mettre sur pied, il fallait déterminer comment intégrer six élevages différents dans la rotation des légumes et céréales, pâturages et prairies de fauche. Nous devions établir un budget prévisionnel et un planning de travail. Mark avait décidé que nous débuterions avec une vache laitière. Mais avant tout, un grand nettoyage s'imposait. Lorsque Mark s'arrêtait de parler, Rob hochait la tête pensivement.

À ce stade, je n'étais qu'une novice, l'audace de ce plan m'échappait. De surcroît, je n'étais pas encore totalement descendue de mon piédestal de citadine ; je pensais qu'avec mon niveau d'études et mon expérience de la vie, je n'aurais pas trop de mal à me faire à quelque chose d'aussi simple que le travail de la terre. L'idée revêtait à mes yeux un charme presque littéraire. Elle me paraissait romantique, elle faisait écho à ce rêve de foyer qui m'avait motivée à quitter la ville. Je m'imaginais que nous allions bâtir une ferme familiale iconique, à cela près que nous nourririons une famille au sens très large.

En vérité, je crois que j'aurais accepté n'importe quoi, du moment que nous adoptions la mesure qui

71

me plaisait le plus dans la démarche de Mark vers l'autonomie énergétique : la traction animale. Mark n'avait jamais travaillé avec des chevaux de trait, mais il avait eu l'occasion de conduire des attelages. Il n'était pas un grand amateur de tracteur. L'odeur du gasoil et le bruit des moteurs l'incommodaient ; assis sur ces gros engins, il avait l'impression de perdre son temps et, surtout, il détestait les réparer. Les chevaux pouvaient faire tout ce que font les tracteurs ; en plus, ils récoltaient leur carburant. Cette idée le séduisait. Mark avait vu suffisamment de fermes amish prospères, en Pennsylvanie, pour savoir que la traction animale n'était pas une fantaisie dénuée de bon sens, que dans un contexte approprié, utilisés à bon escient, les chevaux constituent d'excellents auxiliaires.

La perspective d'avoir à nouveau des chevaux dans ma vie me ramenait à mon enfance insouciante, à des souvenirs si heureux qu'ils en étaient presque douloureux. J'ai toujours été attirée par les chevaux, mes premiers rêves en étaient peuplés. À l'âge de 7 ans, j'ai supplié mes parents de me payer des leçons d'équitation. Pour mon quatorzième anniversaire, ils m'ont offert une vaillante petite jument Morgan. Elle était hébergée chez un voisin, à un kilomètre et demi de chez nous. Elle compensait tous mes malaises d'adolescente. Je n'avais jamais mené d'attelage, ni travaillé avec des chevaux, mais je me sentais en confiance avec eux, je savais comment les prendre. J'avais abandonné tous mes repères – mes amis, la ville, les codes urbains – pour me lancer dans l'inconnu, pour vivre une existence nouvelle avec un homme dont je doutais parfois de la santé mentale. La perspective d'avoir des chevaux, au moins, me donnait quelque chose à quoi me raccrocher.

Au fil des décennies, les dépendances s'étaient emplies d'un bric-à-brac que toute une lignée de paysans près de leurs sous avait jugé prudent de conserver : moteurs divers et variés, vieux morceaux de métal, planches de contreplaqué moisies. Dans un coin de l'atelier, des clous tordus attendaient dans un pot de peinture que quelqu'un les détorde. Il y avait des montagnes de pièces appartenant à plusieurs générations de trayeuses – manchons en caoutchouc, gobelets trayeurs, différentes parties des pulsateurs – et une remise bourrée de pots en plastique grillés par le soleil, trop cassants pour être utilisés, vestiges de l'époque où la ferme avait été une pépinière. Sous un hangar aux piliers penchés, un collier de cheval pendait à un clou, éventré, souvenir des derniers animaux qui avaient travaillé dans les champs. Des tas de ferraille s'étaient sédimentés autour des bâtiments : le hayon d'un pick-up, un fragment de chaîne avec des maillons de vingt centimètres semblant tout droit sorti d'un dessin animé, des panneaux de signalisation routière percés de trous découpés au chalumeau. Nous avons passé de longues journées à faire le tri de cette quincaillerie. Dans l'épave du bus scolaire, nous avons mis de côté tout ce qui pouvait intéresser le ferrailleur, et nous avons rempli une benne de déchets. Nous avons récupéré tous les outils encore utilisables : des haches, des lames de houe, des pioches et des râteaux aux manches en frêne taillés à la main. J'ai

enrichi mon vocabulaire de quelques mots délicieux : grelinette, merlin, serfouette.

Deux petits bâtiments étaient irréparables, avec
leurs planchers pourris. L'un avait été le bureau de
la ferme ; le sous-sol était inondé, on le voyait à travers un trou. Le second servait de logement aux sai-
sonniers, à l'époque où l'exploitation était une laiterie.
Nous avons loué un bulldozer pour les démolir et
remblayer les fondations.

Les premières gelées ont figé dans la terre tout ce
que nous n'avions pas encore trié. Nous avons entrepris de mettre de l'ordre dans l'atelier, où nous faisions du feu dans un grand bidon. Mark a installé
sa forge dans un coin : sur une étagère, les pinces,
les masses, les étampes et les poinçons de différentes
tailles et formes, à côté de sa vieille enclume et d'une
cuve remplie de charbon. Puis il a réparé les outils
endommagés. Des étincelles et des odeurs de brûlé
s'élevaient de la forge, ainsi que le son sourd du
marteau sur le métal chaud. J'ai appris à nommer
les couleurs correspondant aux différentes températures – rouge cerise, jaune paille, gorge de pigeon –
et à frapper maladroitement sur une pièce rou-
geoyante tout en la maintenant contre l'enclume avec
des pinces. Le métal se façonnait tel de la glaise.
J'aimais regarder Mark travailler, manier la masse à
tour de bras, avec aisance, en nage, son attention fixée
à la fois sur le feu et sur l'enclume.

Dès que la grange ouest a été débarrassée, nous
avons acheté une vache, dans une exploitation laitière
à trois kilomètres de chez nous, tenue par le père et
le fils, les Shields. De taille modeste, l'affaire avait

survécu aux années de vaches maigres. Je m'étais documentée – *The Family Cow*[1] et *The Complete Herbal Handbook for Farm and Stable*[2], de la vétérinaire Juliette de Baïracli Levy, comptaient parmi mes nouveaux livres de chevet – et j'avais hâte d'étaler ma science sous forme de questions incisives. Je savais que nous n'opterions pas pour une vache noire et blanche, de la race des Holstein, de grandes et grosses productrices de lait. L'hégémonie de la Holstein est si forte de nos jours que si, dans une petite annonce ou dans la conversation, la race n'est pas mentionnée, on peut supposer qu'il s'agit d'une Holstein.

Toutes les autres vaches laitières sont regroupées sous la désignation de « races colorées ». Parmi lesquelles : la Ayrshire, à la robe rouanne, nerveuse ; la Brown Swiss, une jolie vache réputée pour son intelligence limitée ; la Guernesey, robuste et docile ; et la Jersey, une petite vache appréciée davantage pour la qualité de son lait que pour la quantité de sa production. Dans notre région, les troupeaux laitiers comprennent en général un petit nombre de spécimens colorés, qui rehaussent la teneur du lait en protéines et matières grasses. Les Shields avaient quelques Jersey, et c'étaient elles qui nous intéressaient.

Billy Shields nous a fait visiter son étable, en stabulation libre. Nous nous sommes arrêtés devant une vieille vache aux épaules saillantes, à la mamelle allongée et fripée, au pelage chocolat et à l'air las. Et puis nous avons vu Delia, une Jersey de petite

----

1. Littéralement : La vache familiale.
2. Littéralement : Manuel de médecine naturelle pour la ferme et l'étable.

constitution, aux yeux de biche et à la robe fauve parsemée de grosses taches blanches, évoquant une carte des continents perdus. Elle avait le front légèrement concave, des oreilles douces et délicates. Les sabots solidement plantés dans la litière, elle se tenait un peu à l'écart des autres. Lorsque Mark lui a tâté le pis, elle a tourné la tête vers lui pour l'observer d'un regard tolérant et maternel. Elle avait déjà vêlé deux fois et était au milieu de sa troisième gestation. C'était une bonne laitière, elle donnait en moyenne une vingtaine de litres par jour, ce qui n'était certes pas spectaculaire, mais on pouvait compter sur une production régulière. Je me suis assurée qu'elle répondait bien aux critères de sélection indiqués dans mes bouquins : la mamelle ferme et bien attachée, les pattes droites et solides. Elle avait un pedigree, était dans la fleur de l'âge. Les Shields s'en séparaient parce qu'elle était un peu plus faible que le reste du cheptel. À la mangeoire, elle se faisait bousculer par les Holstein, beaucoup plus grandes et plus grosses qu'elle.

Delia est arrivée chez nous le lendemain, dans un fourgon à chevaux, la corde au cou. Nous l'avons menée à la grande stalle que nous lui avions tapissée d'une épaisse litière. Nous l'avons détachée, elle a lentement fait le tour de son périmètre, reniflé les murs, puis levé la queue et posé une bouse, dont l'odeur s'est mêlée à son haleine d'herbe fermentée et à celle de la paille, rendant vie à la vieille étable depuis si longtemps endormie.

La première fois que j'ai trait Delia, j'étais presque gênée par l'intimité de cet acte. J'avais lu comment procéder, mais je n'osais pas toucher ses longues tétines à la peau comme du cuir, pudiquement cachées entre ses pattes arrière. La sécrétion de lait est un processus hormonal, dans lequel intervient notamment l'ocytocine, l'hormone donnant aux mères qui allaitent ce regard trouble, ivre d'amour. Lorsque j'ai lavé ses pis à l'eau tiède, Delia m'a regardée avec cet air, me fixant de son œil brun et doux tandis que sa mâchoire inférieure décrivait des mouvements circulaires.

Dans un coin de la grange, j'avais trouvé un tabouret de traite à quatre pieds, de fabrication maison, patiné par l'usure. Je l'ai posé près de Delia et me suis frotté les mains afin de les réchauffer, comme l'aurait fait un gynécologue. Sa mamelle dégageait une chaleur électrique ; elle était couverte de poils blancs, pareils au duvet que certaines femmes ont sur les joues. J'ai placé une main autour d'un pis, pressé le haut entre le pouce et l'index, puis refermé tour à tour les autres doigts autour du trayon et serré la tétine dans mon poing. Le lait a giclé sur mon poignet et dégouliné dans la manche de ma veste. Il n'en est pas tombé une goutte dans le seau entre mes pieds, à croire que celui-ci le repoussait magnétiquement. Delia attendait avec patience, en ruminant. Après trois jours de traite, ma manche sentait le terrier d'un animal crevé. Le cinquième jour, mes doigts avaient appris les pas de danse, le lait coulait dans le seau en produisant une petite musique régulière. J'avais toutefois des crampes aux mains avant même d'avoir fini de traire les pis antérieurs. Au bout d'un moment, le réflexe de lactation s'atténuait et j'avais beau presser, le lait ne s'écoulait plus que goutte à goutte, si bien que je renvoyais Delia à sa stalle la mamelle encore à moitié pleine, douloureuse d'avoir été mal-menée. J'ai mis un mois avant de parvenir à la traire à peu près correctement, c'est-à-dire assez vite pour que de la mousse se forme à la surface du seau. Ma bague de fiançailles ne m'allait plus et j'avais des biceps de marin.

La traite est devenue une sorte de méditation phy-sique. Ce n'était jamais facile, jamais plaisant, mais c'était une activité rythmée, sans surprise, calme et tranquille. J'assurais la traite du matin, Mark celle du soir. J'arrivais à l'étable à cette heure magique où il ne fait plus tout à fait nuit ni encore tout à fait jour. Comme l'électricité ne fonctionnait pas, dans la grange, j'essayais de me passer de lumière, jusqu'au matin où j'ai plongé la main dans la mangeoire et y ai rencontré une souris. J'ai trouvé une lanterne que j'ai suspendue à une poutre. Au retour de leurs virées nocturnes, les chauves-souris voletaient autour. Quand j'en avais fini avec Delia, le soleil était levé, les chauves-souris regagnaient leurs nids entre les che-vrons, juste au-dessus de ceux des hirondelles, les-quels, au printemps, s'empliraient d'oisillons.

La traite ne représentait que la moitié du boulot. Dans le seau, le lait contenait des impuretés, des poils de vache et des petites squames de mamelle sèches. À défaut de passe-lait, nous le filtrions à travers un vieux tee-shirt maintenu par un élastique sur un entonnoir en acier inoxydable. Nous n'avions pas non plus d'écrémeuse ; quand nous voulions de la crème, nous laissions le lait reposer dans une cuve pourvue dans sa partie inférieure d'une valve composée d'un goulot de bouteille raccordé à un tuyau en plastique transparent. Une fois que la crème était remontée à la surface, nous laissions le lait écrémé s'écouler dans un seau. Lorsque la crème commençait à passer dans le tuyau, nous changions de seau. Après quoi, nous chargions tout le matériel sale sur le siège avant de la voiture et l'emportions chez nous, au village, pour le laver dans un évier de la taille d'un timbre-poste. Un système assez malcommode.

Nous avons néanmoins traversé ces premières semaines de traite sans causer de mammite à Delia – une inflammation de la mamelle, le cauchemar de toutes les mères allaitantes – ni nous intoxiquer. J'ai appris à faire du beurre en secouant un gros bocal de crème jusqu'à ce qu'il s'y forme des conglomérats, des îlots jaune citron dans une mer d'écume blanche. J'ai acheté des livres sur la fabrication du fromage, et un flacon de présure. Lorsque Mark ramenait le lait du soir à la maison, je choisissais une recette qui me paraissait intéressante et me livrais à des expériences. J'ai commencé par de simples fromages blancs : quelques gouttes de présure dans le lait encore chaud ; vingt minutes plus tard, par un mystérieux processus alchimique, le lait devient suffisamment solide pour qu'on puisse le découper. Du petit-lait jaune pâle s'écoulait des cubes de lait caillé. Je les faisais chauffer à feu doux, afin d'en extraire un maximum, jusqu'à obtention d'une consistance ferme. À l'aide d'une cuillère, je déposais ensuite les fromages blancs sur un linge, je les salais et les laissais s'égoutter. Nous en avions ainsi pour une semaine. La recette du fromage blanc maîtrisée, j'ai élargi mon répertoire. J'ai confectionné quelques boules de provolone, que j'ai suspendues derrière la porte de la cave afin de les affiner. Seulement, elles étaient tellement délicieuses que nous les avons finalement mangées jeunes.

La partie habitation de la ferme était divisée en deux appartements qui avaient été loués, à bas prix, à une succession de jeunes locataires. Il y régnait une odeur de cannabis et de produit anti-moustiques. Le rez-de-chaussée était occupé par un couple, Lisa et Troy, qui se ressemblaient tellement qu'on aurait pu les prendre pour frère et sœur. Tous deux très pâles et très discrets, ils paraissaient à peine sortis du lycée. Lisa fumait de longues cigarettes fines et tenait son intérieur avec le plus grand soin. Troy possédait une collection de machines agricoles et de tracteurs miniatures, exposée sur le rebord des fenêtres et sur la table basse du salon. Un paillasson John Deere gardait l'escalier de la cave. Troy venait d'une famille de paysans qui n'avait plus de ferme. Il travaillait dans le bâtiment et donnait un coup de main à la laiterie des Shields. L'année précédente, il avait envisagé de se lancer à ses heures perdues dans l'élevage de génisses. Il avait commencé à aménager une étable dans la grange ouest, mais un membre de sa famille l'avait découragé en lui disant que c'était trop risqué et sûrement pas rentable.

L'histoire de Troy et ses petits tracteurs me faisaient penser aux zones rurales que nous avions visitées quand nous cherchions des terres : des fermes abandonnées au milieu de champs fertiles, des silos vides dans des paysages désolés, un savoir-faire local transmis de génération en génération, en voie d'extinction et le sentiment ambiant d'appartenir à une région sans avenir. *Les jeunes ne veulent plus s'éreinter à la tâche*, avait-on coutume de dire pour expliquer ce qu'il était en train d'advenir du monde paysan. Ce refrain me laissait de plus en plus sceptique. Des forces plus puissantes étaient en cause. Depuis des dizaines d'années, formatés par les programmes des écoles agricoles et incités par des politiques agraires et des conseillers en développement malavisés à agrandir leur exploitation, à produire davantage de lait, à exploiter le moindre centimètre carré de terrain, les paysans se suréquipaient et se surendettaient. Les crédits pesaient de plus en plus lourd, le lait rapportait de moins en moins. Ils avaient beau travailler d'arrache-pied, du matin jusqu'au soir, ils ne parvenaient pas à joindre les deux bouts. Que survienne une année pluvieuse et c'était le coup de grâce, les vaches vendues aux enchères, la nature reprenant ses droits sur les champs appartenant à la banque, les peupliers d'abord, puis les cèdres. Le toit de l'étable s'effondrait et il n'y avait personne pour l'étayer. Vide, la maison dans laquelle vous aviez grandi devenait le repaire des jeunes désœuvrés, qui cassaient les carreaux, forniquaient sur le lit abandonné et gravaient leurs initiales sur les murs décrépis. Pas étonnant qu'un jeune garçon passant par là à la recherche d'un emploi stable, même sous-payé, se laisse convaincre sans sourciller que l'agriculture ne nourrit pas son homme. Et se contente pour héritage d'une rangée de petits tracteurs qui, au moins, ne le mettraient pas dans le rouge.

Le logement du haut était loué à un gars d'une vingtaine d'années, Roy Reynolds. Il avait les cheveux coupés en brosse, une longue barbiche clairsemée et un cou si épais qu'il faisait des plis au niveau de sa nuque. Même ses paupières étaient lourdes de graisse. Quand il vous parlait, il croisait les bras et renversait la tête en arrière, si bien que vous ne saviez pas s'il vous regardait ou s'il vous défiait. Par tous les temps, il était vêtu d'un maillot de corps blanc qui laissait entrevoir quelques centimètres de son gros ventre. Lorsque la température chutait au-dessous de zéro, il mettait un chapeau haut de forme en fausse fourrure rose fluo qui lui donnait un air encore plus menaçant.

Jusqu'à l'année précédente, Roy possédait une ferme laitière. Ambitieux, il avait rapidement développé son exploitation, financée par un partenaire fortuné. Il avait trois cents Holstein quand il s'était brouillé avec son associé. Celui-ci avait repris ses billes et Roy s'était retrouvé avec trois millions et demi de dettes.

— Ils m'ont saisi ma ferme, nous a-t-il raconté.

Si cela l'attristait, il le cachait bien derrière une façade de gros dur.

— Je ne me suis jamais réveillé à l'aurore en regrettant de ne plus avoir trois cents mamelles à traire, affirmait-il, non sans un certain sens de l'humour.

Depuis qu'il avait fait faillite, il gagnait sa vie comme chauffeur routier.

Si les locataires nous en voulaient de les mettre à la porte à la fin de leur bail, le seul à le montrer était le pitbull, Duke. Chaque fois que nous passions devant sa niche, il nous jetait des regards pleins de haine ou s'élançait dans notre direction, aussi loin que sa chaîne le lui permettait. Il appartenait à Troy et Lisa. Avec eux, il se comportait comme un chaton, se roulant lascivement sur le dos pendant qu'ils lui grattaient le ventre. Les deux chiens blancs étaient à Roy. Il les avait trouvés sur une aire de repos au bord de la route. Le mâle s'appelait Turbo, la femelle Fried. Ils dormaient dehors toute l'année, allaient et venaient à leur guise, et revenaient manger dans le sac de croquettes de vingt-cinq kilos que Roy laissait ouvert dans le garage, un arrangement qui contentait les rats aussi bien que les chiens.

C'est Roy qui est venu nous prévenir, au village, par une journée froide et grise, que nous devions appeler un vétérinaire.

— Il est arrivé quelque chose à votre vache, nous a-t-il dit sombrement. Mes chiens sont en partie responsables.

Nous avions construit un petit corral pour Delia, attenant à sa stalle, de façon à ce qu'elle puisse sortir, la journée, si elle en avait envie. C'est là que nous l'avons trouvée, immobile, la tête tombante, presque au ras du sol, ses soyeuses oreilles en lambeaux sanguinolents, les yeux tellement boursouflés qu'elle pouvait à peine les ouvrir. Son mufle ruisselait de sang sur le sol gelé. Elle avait la mamelle déchiquetée, le ventre et les pattes lacérées. Je n'arrivais pas à croire qu'elle tienne encore debout. J'avais mal pour elle rien que de la regarder.

Duke s'était échappé. Personne n'a jamais vu un chien attaquer une vache bien portante en plein jour. C'est pourtant ce qui s'est produit. Je l'imagine la trouvant seule dans le corral, lui tournant autour, Delia baissant sa tête sans cornes et sans défenses, Duke lui mordant les naseaux, au sang. Puis les chiens blancs s'en mêlant, excités par l'odeur du sang, la folie furieuse de Duke et l'affaiblissement de la vache. Lorsque Roy et Troy étaient accourus, alertés par le vacarme, les trois chiens dégoulinaient de sang.

Le vétérinaire, David Goldwasser, est arrivé peu après nous, un petit homme chétif, aimable et posé, qui paraissait fatigué. J'étais sûre qu'il allait nous conseiller d'abattre Delia. Il a déclaré que parmi les gros animaux, les vaches étaient les plus résistants. D'après lui, elle s'en tirerait. Par chance, il faisait froid, ce qui réduisait les risques d'infection. Du reste, elle ne serait pas tourmentée par les mouches. Après avoir coupé les poils autour de ses blessures, il les a nettoyées, puis a recousu les plus vilaines. Ne pouvant rien faire pour ses oreilles, il a sorti une paire de ciseaux et les lui a coupées, ne laissant de chaque côté de sa tête que des moignons à vif, cireux, ressemblant à d'étranges plantes tropicales. Delia se laissait placidement soigner, se demandant sans doute en silence ce qui lui avait valu tant de souffrance. Le soir, quand nous avons dû traire ses pis pleins, avec mille précautions, elle n'a même pas levé le sabot.

Les trois chiens ont été abattus. Au printemps, quand la neige a fondu, j'ai trouvé leurs colliers dans la boue, près du garage. Les gens de la campagne sont sans pitié.

— Et s'ils s'en étaient pris à un gosse ? disaient-ils.

Roy Reynolds avait déjà eu des ennuis avec ses chiens blancs auparavant. C'était la goutte d'eau qui avait fait déborder le vase ; il n'a pas fait de sentiment. En revanche, Troy devait aimer sa grosse brute de pitbull. Il avait les yeux rouges lorsqu'il nous a remis un chèque pour la note du vétérinaire, que tous les trois avaient offert de payer.

Le village d'Essex, endormi à l'approche de l'hiver, avait détecté la présence de nouveaux venus et s'était réveillé pour nous accueillir. En une semaine, deux personnes nous ont apporté des paniers de bienvenue, et trois autres sont venues frapper chez nous pour nous convier au repas convivial qui avait lieu chaque mardi à l'église épiscopale Saint John. Face à une telle hospitalité, je ne savais pas comment réagir. En ville, si les voisins sonnent à votre porte, c'est que vous faites trop de bruit. Je me suis rendu compte qu'il y avait plus de distance entre les zones rurales et les zones urbaines d'un même pays – d'un même État ! – qu'entre les grandes métropoles des différents continents. Je me serais davantage sentie chez moi à Istanbul, Rome ou Rangoon. Ici, j'étais une étrangère s'efforçant tant bien que mal de s'adapter aux us et coutumes locaux.

Essex comptait sept cents habitants. Tous ceux que nous rencontrions avaient déjà sur nous des renseignements plus ou moins exacts, et tous connaissaient la ferme mieux que nous.

– Alors, votre transplanteuse, elle marche ou pas ? nous a demandé Dave Lansing, le chef des pompiers. (Nous n'en savions rien, nous n'en avions pas encore eu l'utilité.)

– J'ai entendu dire qu'elle était en panne, a-t-il ajouté.

Nous avons reçu la visite de la doyenne du village, une vieille dame coquette surnommée Frisky[1], qui nous a invités à dîner chez elle. De l'apéritif – un petit verre de sherry – jusqu'au dessert – des poires pochées – j'ai eu honte de ne pas avoir fait d'effort vestimentaire. La semaine suivante, nous avons été

_____
1. Fringante.

85

invités par des gens de notre âge qui vivaient au milieu des bois, à quelques kilomètres du village, dans un chalet indépendant du réseau électrique qu'ils avaient eux-mêmes construit. Des amis à eux étaient de la partie. Après le repas, ils ont couché tous les bébés sur le lit et plusieurs ont joué du violon. On se serait cru dans *La Petite Maison dans la prairie*, sauf qu'en plus, la bière coulait à flots.

Chaque jour, des voitures s'arrêtaient à la ferme, les gens venaient se présenter et satisfaire leur curiosité. Ils avaient entendu parler de nous et de notre projet, ils voulaient juger par eux-mêmes si la situation était aussi désespérée qu'elle le paraissait. Nous avions installé un poêle à bois dans l'un des bâtiments les plus récents, une petite cabane bien isolée qui servait de bureau au gardien. Quelques branches suffisaient à le faire ronfler toute la journée. Par temps froid, c'était là que nous déjeunions et recevions. Un jour, en revenant d'une course, j'y ai trouvé Mark assis avec Neal Owens, un homme si grand que les meubles et la pièce semblaient avoir rapetissé. Une aura de timidité et d'humble courtoisie contrebalançait son imposante stature. Il avait eu vent de notre intention de prendre des chevaux de trait et nous avait apporté du matériel qui ne lui servait pas, des colliers et des harnais comme neufs, qu'il nous prêtait avec plaisir.

Les Owens vivaient dans le coin depuis si longtemps qu'une route portait leur nom. La ferme où le père et le grand-père de Neal avaient grandi se trouvait juste derrière la colline au sud de chez nous ; elle avait toutefois été vendue et n'appartenait plus à la famille. Fermiers de père en fils, Neal et son frère

Donald avaient eu eux aussi une laiterie, jusqu'à ce que la malchance ajoutée à leurs dettes ne les contraigne à déposer le bilan. Ils avaient alors une vingtaine d'années. À présent, ils étaient à eux deux pères de trois garçons. Neal, son épouse Tammy, son frère Donald, les enfants et les grands-parents vivaient tous sous le même toit. Tammy cumulait deux emplois, Neal s'occupait des enfants et travaillait à temps partiel, comme organisateur de la foire du comté et à la fourrière municipale. La propriété qu'ils louaient comprenait une grange et des prés. Les gamins élevaient une ribambelle de chèvres, chiens, veaux, poneys, lapins, poules et oies, qu'ils troquaient, à entendre Neal, comme d'autres s'échangent des cartes de base-ball : un chevreau contre cinq lapins, ou bien tous les poulets bradés au plus offrant afin d'acheter un veau pour un projet 4-H[1].

Avant que Neal ne s'en aille, ce jour-là, nous avons conclu un marché : l'année suivante, sa famille nous ferait les foins. Neal et Donald connaissaient les machines à faucher depuis qu'ils étaient mômes. Leur père, un vigoureux septuagénaire, leur donnerait un coup de main. Ils utiliseraient nos tracteurs, nous leur rachèterions le fourrage à un prix modique.

Un week-end, au cours de l'une de leurs tournées de voisinage, Shane Sharpe et Bud Campbell sont venus se présenter, Luke, le fils de Shane, un grand adolescent trisomique, coincé entre eux dans la cabine

---

1. Les clubs 4-H sont des mouvements de jeunesse dépendant du ministère de l'Agriculture américain, initialement fondés, au début du XXe siècle, dans l'objectif de compléter la formation scolaire des jeunes de la campagne par des activités agricoles.

du pick-up. À l'arrière, ils avaient une glacière pleine de bières. Chaque fois qu'ils s'arrêtaient pour tailler une bavette, adossés à la voiture, ils n'avaient qu'à tendre la main pour attraper des canettes. Shane était patron d'une petite usine qui fabriquait des pièces pour l'armement. L'affaire marchait si bien qu'il pouvait se permettre de la laisser tourner sans lui. Il avait la réputation d'être un génie de la mécanique. À plus d'une reprise, alors que Mark pestait depuis des heures sur un outil ou un autre, dont je ne saurais même pas vous dire le nom, Shane n'a eu besoin que de jeter un œil à la situation pour lever le voile de confusion qui obscurcissait une solution évidente. Retraité depuis l'âge de 40 ans, il « bricolait » dans sa scierie, avec ses chevaux de trait, effectuait des réparations pour des amis ou bien restaurait patiemment un pick-up Dodge de 1939 qu'il projetait de peindre en rouge pomme d'amour. Shane est la seule personne que j'aie jamais rencontrée, en dehors des romans, à souffrir de la goutte. Les médecins lui ont conseillé d'arrêter de boire ; de temps en temps, il tente vaguement de réduire sa consommation. Bud était charpentier, il vivait seul et n'avait aucune intention de renoncer à la boisson.

C'est à Shane que je dois d'avoir fait taire une rumeur me concernant et émanant de la ferme de Dale Ranger, située dans la vallée à l'ouest de chez nous. Dale tolère l'alcool à la traite du soir, si bien qu'il est rarement à court de main-d'œuvre. Ce qui a commencé à faire jaser, à mon avis, c'est qu'à l'époque, je portais encore mes habits de ville, des chemisiers cintrés, des jupes au-dessus du genou et des bottes à petits talons, dans un village où le

brillant à lèvres est considéré comme osé, un acces-
soire réservé aux grandes occasions. Quelqu'un avait
décrété que j'étais une ancienne prostituée de luxe,
ce dont les employés de Dale n'ont pas douté une
seule seconde et ils se sont empressés de colporter ce
bruit à tort et à travers, jusqu'à ce que Shane sym-
pathise avec nous et y apporte un démenti. Je n'étais
pas du tout une fille de mauvaise vie, j'avais même
fait des hautes études, ce à quoi, selon Shane, Bud
Campbell avait rétorqué :

— J'en sais rien, moi, j'te répète ce qu'on m'a dit,
c'est tout.

Nous avons également lié connaissance avec Thomas
LaFountain, un grand costaud aux yeux bleus mali-
cieux, le boucher du village, chez qui les chasseurs
vont faire dépecer leurs chevreuils, à l'automne. Thomas
nous a raconté qu'il avait été un redoutable ivrogne,
avant que son médecin et sa femme ne s'y mettent
à deux pour le prévenir que s'il n'arrêtait pas de
boire, il mourrait comme un chien. Depuis, il est complètement sobre.

Pendant longtemps, Thomas et Shane ont été les
seuls hommes à m'adresser la parole. Les autres,
quand ils venaient chez nous, me lançaient par la vitre
de leur voiture : « Mark est dans le coin ? » ou : « Le
boss est par là ? » puis ils attendaient sans rien dire
que Mark apparaisse et ne lui parlaient qu'à lui,
m'ignorant totalement. Et chaque fois, leur visite
s'achevait par un : « Au revoir, Mark, à plus tard »,
même si j'étais restée tout le temps plantée à côté
d'eux, à essayer d'en placer une. Mark est tellement
plus grand que moi que personne ne croisait même
mon regard. Heureusement, Thomas et Shane avaient

davantage de considération à mon égard. Quand ils passaient à la ferme et que Mark n'était pas là, au lieu de repartir tout de suite, ils coupaient le contact de leur camion pour faire un brin de causette avec moi. Je réalisais alors que je ne savais pas quoi leur dire, que nous n'avions aucun centre d'intérêt commun. Mal à l'aise, je bredouillais n'importe quoi, des trucs sans queue ni tête, tout ce qui me traversait l'esprit, juste histoire de meubler. Tous deux se montraient très courtois vis-à-vis de ma gêne.

Il m'a fallu près d'un an avant de comprendre qu'ici, il n'est pas nécessaire d'avoir un sujet de conversation pour discuter. On peut parler de la pluie et du beau temps, vraiment, ou répéter des choses mille fois ressassées. Et si vous n'avez rien à dire, personne ne vous en tiendra rigueur. Ce que j'ai découvert à la boucherie de Thomas, pendant que j'emballais les découpes d'un porc qu'il avait tué pour nous. C'était la saison de la chasse, Thomas était débordé, il travaillait jusque tard le soir, sa chambre froide était pleine de carcasses et de quartiers de gibier. Poop Henderson est entré dans le magasin. Poop a la cinquantaine, une barbe grise si longue qu'il pourrait la rentrer dans son pantalon et des lunettes à monture noire aux verres épais et opaques de saleté. Il vit avec sa mère et s'aventure rarement hors de la vallée ; il évolue dans un triangle entre chez lui, la boucherie de Thomas et la ferme de Dale, avec toujours une ou deux cannettes de Bush dans les poches de sa chemise. Poop et Thomas ont échangé des salutations monosyllabiques, Poop a décapsulé une bière et s'est assis dans un coin pendant que Thomas désossait une épaule de chevreuil, mesurait ses épices pour les saucisses, le sel, le poivre, la sauge, et passait la viande au hachoir, au son des morceaux de country diffusés en sourdine par une radio locale. Durant une heure, ils n'ont pas prononcé un mot, jusqu'à ce que Poop se lève et marmonne : « Bon, ben, je suppose… », ce à quoi Thomas lui a répondu : « OK, ça marche. » Et Poop s'en est allé. Ça comptait pour une visite amicale.

Tout le monde nous disait, avec plus ou moins de tact, que notre projet était voué à l'échec. Personne ici n'était intéressé par les produits bio ou locaux, et ceux qui auraient pu l'être n'avaient pas les moyens de s'en payer. À supposer que nous trouvions des clients, nous nous casserions quand même les dents : la terre était trop humide, rien n'y pousserait. Dans le meilleur des cas, si les récoltes n'étaient pas trop mauvaises et que nous parvenions à les vendre, nous ne ferions pas long feu, la conjoncture n'étant pas au beau fixe. Certains ne mâchaient pas leurs mots, d'autres prenaient des gants. Ce discours m'inquiétait, mais je m'efforçais de ne pas le montrer. J'attendais d'être seule avec Mark pour lui confier mes angoisses. Je manquais de références, je ne savais pas si je devais me fier à son optimisme ou au pessimisme général. Si notre projet avortait, je n'avais pas de plan B. Je ne pouvais pas reprendre le cours de mon ancienne vie. Pour commencer, je n'avais plus d'appartement, et même pas de quoi verser une caution, vu que nous dépensions tout ce que nous avions pour acheter des choses comme des vaches. Une voisine d'un certain âge nous a un jour apporté un carton de marmites, poêles et divers ustensiles glanés dans sa cuisine. Les casseroles étaient en fonte, en bon état ; nous les avons acceptées avec gratitude. Quelques jours plus tard, un autre voisin est venu nous demander si nous avions reçu la visite de Trudy.

— Elle croit que vous êtes pauvres ! nous a-t-il dit en riant. Elle pense que vous êtes, comment dire, dans le besoin. J'ai pourtant essayé de lui expliquer que c'est un *choix de vie*.

Cet échange m'a sapé le moral pour plusieurs jours. Je revoyais ceux de mes camarades de primaire étiquetés « pauvres », des enfants aux traits tirés, la morve au nez, aux vêtements d'une propreté douteuse. Je me regardais dans la glace et me comparais à eux.

Quand nous discutions entre nous de notre avenir, je demandais à Mark s'il pensait sincèrement que nous avions des chances de notre côté. Bien sûr, affirmait-il, et de toute façon, peu importait que cette tentative échoue. À ses yeux, nous avions déjà accompli quelque chose de remarquable : nous nous étions lancés dans une entreprise qui nous tenait à cœur, en dépit de l'adversité. Ces choses-là ne se mesurent pas en termes de *succès* ou *d'échec*, disait-il. Ce qui était satisfaisant, c'était d'essayer de surmonter les difficultés, une à une, et advienne que pourra. L'essentiel était d'avancer dans la direction qui nous paraissait la bonne. Une théorie que je trouvais extrêmement vaseuse.

Nous avons eu cette conversation à maintes reprises, moi anxieuse, Mark serein, jusqu'au jour où, alors que nous étions en train de faire nos comptes, j'ai fondu en larmes. J'avais l'impression que nous étions en équilibre au bord d'un gouffre. Je ne lui demandais pas de me garantir que nous allions faire fortune. Je voulais juste qu'il m'assure que nous serions solvables, que nous ne finirions pas sur la paille, comme je disais. Mark a éclaté de rire.

— Quelle est la pire des choses qui puisse nous arriver ? a-t-il répliqué. On est intelligents et capables. On vit dans le pays le plus riche du monde. Ne t'en fais pas, on ne risque pas de se retrouver à la rue.

Il s'était forgé cette philosophie à un moment très particulier de sa vie. À 21 ans, frais émoulu de l'université de Swarthmore, où il avait obtenu un diplôme de sciences agricoles (cette spécialité n'existait pas, il s'était lui-même concocté un programme à base de cours de chimie, biologie et économie), il avait décidé de parcourir l'Amérique afin de se faire une idée concrète de l'agriculture et de la vie rurale. Avec pour seuls bagages une tente et une tenue de rechange, il était parti à vélo de New Paltz, en route vers l'ouest. C'était l'été, il avait promis à sa grand-mère qu'il passerait Noël avec elle, en Californie.

Il n'avait emporté que très peu d'argent, d'une part parce qu'il n'en avait pas, de l'autre parce qu'il pensait que l'argent fausserait l'expérience. Deux jours durant, la première semaine, il a traversé une zone en construction, dans le New Jersey, abruti par le bruit des camions et la chaleur se réverbérant sur l'asphalte. Un après-midi, il a croisé un motard équipé d'un chargement semblable au sien.

Il s'appelait Carl, il avait traversé le pays d'ouest en est, au départ de Seattle. Carl a prévenu Mark qu'il devait s'attendre à un voyage horrible, que les États-Unis étaient un pays pourri, peuplé de gens mesquins et patrouillé par des flics véreux à l'affût du moindre prétexte pour vous causer des ennuis. Sur quoi, ils sont repartis chacun de leur côté, Carl vers l'est, l'adresse des parents de Mark en poche, et Mark vers l'ouest.

Le soir, Mark s'est arrêté dans une petite ville au bord du fleuve Delaware, en Pennsylvanie. Dans un jardin public, deux jeunes pères jouaient au basket avec leurs bambins. Fatigué, redoutant de rencontrer la police, Mark leur a demandé s'ils pensaient qu'il pouvait camper dans le parc. Selon eux, il n'y avait pas de problème. Mark s'est installé à l'ombre d'un bosquet et s'est déshabillé afin de se laver – il transportait un bidon d'eau à cet effet. Il faisait sa toilette quand, tout à coup, il a vu un type venir à sa rencontre, quelque chose à la main. Mark n'a pas une très bonne vue, il a cru qu'il s'agissait d'un policier. Il était dans son plus simple appareil, à proximité d'une aire de jeux pour enfants, il allait se faire arrêter pour attentat à la pudeur. Il s'est dépêché de remettre son pantalon. Le type s'est approché. Ce n'était pas un policier, mais l'un des deux pères qui jouaient au basket, lui apportant une assiette de poulet frit et de maïs, et un grand verre de thé glacé.

– J'ai pensé que vous deviez avoir faim, lui a-t-il dit.

Ce genre de chose s'est reproduit tout au long de son périple. Partout, des âmes charitables lui ont offert le gîte et le couvert, par pure bonté, avec une générosité désintéressée. Chaque soir, il cherchait une ferme avec un jardin, ni trop grande ni trop cossue, mais bien entretenue, qui ne respirait pas le désespoir. Il frappait à la porte et demandait s'il pouvait planter sa tente quelque part. Il n'a jamais essuyé de refus, pas un. Neuf fois sur dix, avant qu'il n'ait eu le temps de dire ouf, il se retrouvait autour d'une table à réciter les bénédicités avec la famille, puis confortablement installé dans une chambre d'amis. Souvent, il restait un jour ou deux à travailler sur place, et c'est ainsi qu'il a pu découvrir toutes sortes d'exploitations différentes et rencontrer toutes sortes de familles paysannes. Il a vu des parcs d'engraissement et des plantations d'agrumes. Il a biné les haricots dans une toute petite ferme bio et conduit une moissonneuse-batteuse à travers des milliers d'hectares de maïs, dont les grains se déversaient de la machine tel un flot d'or intarissable. Dans une chambre de commerce où il s'était arrêté pour demander une carte de la région, un employé est allé lui chercher un lot de chaussettes neuves dans sa voiture. « Tenez, lui a-t-il dit, mieux vaut avoir de bonnes chaussettes quand on pédale toute la journée. » Il a passé quatre ou cinq jours dans une famille de l'Indiana qui cultivait des haricots et du maïs. La mère, Connie, tenait aussi un salon de coiffure. Un soir, elle y a emmené Mark et lui a lavé la tête, deux fois, parce que l'eau était encore sale après le premier shampooing. Par la même occasion, elle lui a coupé les cheveux. Pour Noël, elle lui envoie toujours des cartes de vœux, avec des photos de ses petits-enfants. Je les ai vues, je sais que c'est vrai.

Pour apaiser mes angoisses, je me raccrochais à cette histoire, ainsi qu'à la seule voix discordante du village. Shep Shields, l'un de nos plus proches voisins, qui avait été agriculteur toute sa vie. C'était un petit bonhomme râblé, aux jambes si malmenées par des dizaines d'années de labeur qu'il pouvait à peine plier les genoux. Il marchait comme un robot, en s'appuyant sur une canne, d'une main déformée par l'arthrite, ce qui ne l'empêchait pas de continuer à s'occuper de son troupeau de bœufs. Il aimait les chevaux de trait, les chiens et les jolies filles, « pas forcément dans cet ordre », m'avait-il précisé. Il imputait son piètre état physique aux tâches trop dures qu'on lui avait confiées quand il était enfant ; dès l'âge de 10 ans, il hissait des bidons de lait de quarante-cinq kilos dans un camion. Lorsque nous lui avons exposé notre projet, il n'a pas dit que nous courions à l'échec. Il n'a pas non plus auguré de notre succès, mais il a hoché la tête d'un air encourageant, en disant que nous étions sur la bonne voie. Il avait vu quatre-vingts ans de modernisations agricoles : l'arrivée du tracteur, de la trayeuse mécanique, du réservoir en vrac, de tous les produits chimiques, médicaments et autres inventions qui graissent les rouages de la culture intensive. Il avait réfléchi à tous ces changements et observé leurs effets. Si c'était à refaire, disait-il, il reprendrait des chevaux, et s'il avait un conseil à donner aux jeunes qui démarraient, c'était de ne pas voir trop grand, de cultiver des produits qu'eux-mêmes mangeraient, d'élever peut-être quelques bonnes vieilles Jersey, pour faire du beurre et du fromage. Ne pas viser plus haut que l'échelle locale. Se nourrir, nourrir les voisins, comme à l'époque où il était gamin.

Les températures chutaient, la neige crissait sous les pas, de la vapeur s'élevait chaque matin du sillon tracé par le ferry sur le lac. Au sous-sol de notre maison glaciale, la couche de gel s'épaississait de jour en jour. Nous avons calfeutré les canalisations avec du ruban thermique. Bien que constamment alimenté, le poêle ne chauffait qu'une circonférence ridiculement petite. Pendant une semaine, le thermomètre placé à l'extérieur de la maison n'a pas dépassé les – 10 °C. À la ferme, les crêtes des poules noircissaient d'engelures et le robinet « antigel » s'est solidifié. Nous tirions de l'eau à la pompe et la transportions dans des seaux, en veillant à ne pas nous en renverser sur les mains. J'ai appris le poids de l'eau, un kilo le litre, dix-huit kilos par seau, trente-six kilos à chaque voyage, les anses des baquets me sciant les doigts en dépit de mes gros gants, dessinant de nouveaux muscles sur mes épaules.

La ferme était prisonnière du froid. Il y avait des années que je n'avais pas connu de réel hiver. J'avais beau superposer les épaisseurs, j'étais frigorifiée. Mes pieds étaient des blocs insensibles, j'avais les mains douloureuses. Entre les traites et les corvées indispensables, nous nous réfugiions chez nous, au village. Nous laissions nos habits raides à la porte et bourrions le poêle de bois. Le lit était en dehors du cercle de chaleur. Le matin, je courais jusqu'au poêle, mes vêtements à la main, en grimaçant à chaque pas sur le parquet glacé. Le soir, nous nous serrions l'un contre l'autre sous trois couvertures, en bonnet et chaussettes de laine, et Mark me lisait *À l'Est d'Eden.*

Il y avait largement de quoi s'occuper à l'intérieur. Nous devions notamment nous introduire dans le réseau des fermiers locaux car, en dépit de leur réputation d'indépendance, les paysans ont besoin les uns des autres, pour s'échanger de la main-d'œuvre, des machines, des savoir-faire, des produits de base et des informations. Outre ses outils et ses tracteurs, Mark avait laissé en Pennsylvanie toutes les relations amicales qu'il avait tissées avec ses voisins, des relations vitales lorsque vous avez une pièce à faire souder en pleine saison des récoltes, ou qu'il vous manque quelques balles de foin pour tenir jusqu'à la fin de l'hiver et que vous ne voulez pas les payer à prix d'or. Dans ce domaine comme dans les autres, tout était à bâtir. Mark passait des heures au téléphone, à prendre des contacts et fixer des rendez-vous.

Nous étions également à la recherche d'une paire de chevaux. Mark a appelé ses amis amish en Pennsylvanie afin de leur demander conseil. D'après eux, il nous fallait un attelage bien spécifique, calme et docile, habitué à tous les types de machines agricoles, des bêtes rompues au travail, à qui il restait toutefois encore quelques bonnes années, des hongres de préférence à des juments, toutes choses égales par ailleurs.

Se procurer un tel attelage n'allait pas être facile. Tout d'abord parce qu'on ne trouve plus guère de chevaux de trait. Très spécialisé, le marché est beaucoup plus restreint que celui des chevaux de selle. En général, qui investit dans les chevaux de trait les destine au spectacle, à tirer des calèches dans les kermesses et les foires, ou aux concours de traction chevaline, qui mettent en lice des spécimens massifs devant haler d'énormes charges sur de courtes distances. Les éleveurs produisent le type de bêtes qu'ils sont sûrs de vendre ; par conséquent, les chevaux de trait que l'on trouve sur le marché appartiennent soit à l'une soit à l'autre de ces catégories. Les premiers sont des chevaux brillants, nerveux, aux membres fins, aux allures relevées. Les seconds sont musculeux, d'une puissance explosive ; mais ayant souvent subi un débourrage maladroit, ils peuvent souffrir de lésions ou autres traumatismes. De surcroît, ils ne sont pas toujours bien traités, d'où leur caractère imprévisible et potentiellement dangereux.

Les chevaux de trait sains et calmes, habitués aux travaux agricoles, sont donc rares et presque introuvables à la vente. Un amish ou un agriculteur sérieux désirant travailler avec des chevaux ne les achètera pas, il les dressera lui-même ; et quand il en aura fait de bons auxiliaires, il les gardera le plus longtemps possible. S'il s'en sépare, c'est qu'il y a un souci – un caractère instable ou une santé précaire.

Quelques dizaines de coups de fil et nous étions sur une piste prometteuse, un revendeur de l'autre côté du lac. Nous avons pris le ferry pour le Vermont et nous nous sommes rendus à la ferme Cooper. Les Cooper avaient une grande exploitation laitière, mais ils faisaient le commerce des chevaux depuis toujours et, dans un milieu où ce n'est pas si courant, ils jouissaient d'une réputation d'intégrité.

Il neigeait lorsque nous nous sommes garés devant leur maison. Les bâtiments du ranch, situé sur une route non carrossable, étaient dominés par la longue écurie peinte en rouge. Jim Cooper est sorti, en vêtements ordinaires et chapeau plat, le visage encadré de ces curieux favoris que portent les Mennonites. Il nous a salués puis nous a fait entrer dans l'écurie, qui abritait les plus grands chevaux qu'il m'ait été donné de voir. Leurs croupes musclées noires, baies ou rouannes dépassaient au-dessus de la rangée de stalles, toutes plus hautes que ma tête.

Le fils de John, âgé d'une petite vingtaine d'années, était en train de préparer un poulain à la double attache, un superbe percheron à robe noire, brillante comme une paire de bottes neuves. Par-dessus son licol, il portait une bride. Ses guides étaient glissées dans les anneaux de la sellette d'attelage et il mâchait son mors, les oreilles à demi rabattues, pas nerveux mais pas non plus tout à fait détendu. Le jeune homme l'a libéré des attaches et, passant devant nous, l'a conduit dans un paddock où se trouvaient déjà plusieurs chevaux. Jim a expliqué que c'était sa façon de débourrer les poulains : il les laissait s'habituer au harnais en liberté, à leur propre rythme, en compagnie rassurante de leurs voisins d'écurie.

À reculons, son fils a sorti une solide jument rouanne d'une des dernières stalles de la rangée et Jim lui a amené son équipière, une autre jument presque identique. C'étaient des belges, âgées de 8 ans, bien débourrées et bien élevées, à en croire Jim.

— Mais un cheval est un cheval, a-t-il ajouté, on ne sait jamais ce qui peut lui passer par la tête.

Son fils et lui ont brossé les juments, leur ont passé le collier sur l'encolure avec les gestes calmes et précis des cavaliers qui font vite afin d'entretenir la confiance de leurs montures.

— Un type m'a contacté, un jour, pour m'acheter des chevaux de trait, a-t-il commencé à nous raconter. Sa femme avait peur des chevaux, il voulait des bêtes tranquilles. (Jim a décroché un lourd harnais de cuir pendu près de la stalle.) J'avais une paire de hongres à lui montrer. Un attelage placide, parfait même pour une femme ou un gosse.

Il a soulevé les attelles, les a installées doucement sur le collier, puis il a posé le reste du harnachement sur le dos de la jument, d'où il pendait contre ses flancs dans un enchevêtrement incompréhensible. Jim est revenu devant elle pour boucler les courroies d'attelles.

— Le type est venu voir les chevaux. Des braves bêtes.

Il est passé derrière la jument et a placé les guides sur la croupe ; les lanières de cuir emmêlées se sont naturellement mises en place. Il a soulevé et glissé la queue dans la croupière puis il a sanglé la sellette.

— Je les ai attelés à la carriole et nous nous sommes dirigés vers la route.

Jim a pris la bride accrochée dans la stalle. La jument a baissé la tête, il l'a bridée, a bouclé la sous-gorge puis la gourmette sous son menton. Son fils avait lui aussi harnaché sa jument. Il l'a amenée près de sa coéquipière et ils ont accroché les guides aux mors.

— On avait à peine fait quelques mètres que l'un des chevaux s'est fait piquer par une abeille. Les deux sont partis au galop. Le type a paniqué, il a sauté en marche. Il s'est cogné la tête contre l'arrière de la carriole et il est mort. Comme je vous dis. C'étaient pourtant des bêtes fiables. J'avais jamais eu de soucis. Comme quoi... Allez, on y va, ma fille.

Il ne neigeait plus mais la température s'était nettement refroidie. À travers les champs, le vent faisait tourbillonner la neige fraîchement tombée. Stimulées par cette atmosphère vivifiante, les juments rongeaient leur frein. Jim a fait enjamber à l'une d'elles la barre d'un solide traîneau qui attendait sur le chemin. Son fils a fixé le palonnier aux harnais et raccordé tous les éléments du harnachement. Jim tenait les guides. Une fois tout le monde installé dans le traîneau, il a parlé aux chevaux qui se sont ébranlés avec entrain. Le sol était verglacé, les juments piaffaient pour trouver leur équilibre.

Une épaisse couche de neige recouvrait le champ de l'autre côté de la route. Les juments avançaient avec peine. Jim les encourageait de la voix, elles piétinaient, appuyées sur leur mors.

— Va raccourcir la bride de celle-ci, a ordonné Jim à son fils, qui a sauté du traîneau et s'est dirigé vers la tête de la jument. Il a détaché les guides et les a raccrochées un anneau plus bas. Pour avoir fait de l'équitation, je savais que ce surcroît de pression sur la langue et les barres du cheval permettrait à Jim d'agir plus efficacement sur sa bouche. J'observais sa silhouette robuste et me demandais comment je serais capable de contrôler ces puissantes bêtes. Nous sommes repartis. Au lieu de marcher, les juments trottinaient nerveusement.

— Elles n'ont pas travaillé depuis l'automne, a expliqué Jim. Si vous les voulez, je les travaillerai pour vous tous les jours pendant une quinzaine, histoire de les remettre dans le bain. (Il a recommencé à les encourager avant de soupirer.) Non, ça ne fera pas l'affaire. Allez voir Gary Duquette. Il a une paire à vendre, des chevaux qu'il m'a achetés il y a quelques années. Ce sera mieux pour vous.

En effet. Les chevaux étaient attelés lorsque nous sommes arrivés. Un garçonnet de 8 ans, un voisin de Gary, se tenait debout sur la carriole, telle une figure de proue, guides en main. La ferme était à flanc de coteau, sur un terrain misérable. Quelques vaches broutaient du fourrage derrière un simple fil à haute tension. Dans l'étable, Gary soignait un tout petit veau aux côtes saillantes, atteint de pneumonie et respirant à grand-peine. Tristement, il nous a confié qu'il allait devoir l'abattre. Nous sommes montés dans la carriole, il a parlé aux chevaux qui sont partis au pas tranquillement. À peine un kilomètre plus loin, sur la route gelée, Gary a déclaré :

— Vous allez les acheter, autant que vous les conduisiez.

Pour la première fois, j'ai pris des guides en main. J'avais l'impression d'avoir des créatures vivantes entre les doigts, une paire de serpents apprivoisés. En selle, tout votre corps communique avec le cheval : les talons, les jambes, les fesses, votre poids, vos mains. Et vous êtes *sur* le cheval, en position dominante. Derrière un attelage, cette communication – ce dialogue intense – s'effectue par le seul biais de quelques centimètres de cuir au creux de vos paumes, reliés à la bouche des chevaux. Qui plus est, vous guidez deux chevaux, qui ne voient rien d'autre que la route devant eux. Chacun d'eux pèse des centaines de kilos. Derrière eux, vous êtes à leur merci. Je m'étais imaginé que les chevaux de trait seraient ennuyeux comparés aux chevaux de selle que j'aimais monter – des chevaux vifs, qui répondaient avec fougue au moindre signal de l'éperon. Je me suis vite aperçue à quel point je m'étais trompée.

Sam et Silver sont arrivés à la ferme quinze jours plus tard. Mark et moi avions passé la semaine à leur construire des stalles dans l'une des granges. À chaque coup de marteau, le froid mordant nous envoyait des ondes de choc jusqu'au coude. Nous avions tapissé le sol d'une épaisse couche de paille, rempli les mangeoires de foin, nous étions prêts. Les chevaux sont descendus du van tels des rois. Qu'il existe sur terre de pareilles créatures a le don de m'émouvoir. Que ces bêtes travaillent pour nous, de leur plein gré et de bon cœur, tient du miracle.

Sam et Silver étaient des hongres belges alezan clair, crins lavés. Leur passé était incertain mais ils étaient censés avoir 14 ans et avoir été employés à des tâches agricoles, dans des parades et des concours de traction. Jim Cooper les avait achetés séparément à une vente aux enchères et les avait habitués à travailler ensemble. Silver était le plus beau des deux. La grande majorité des poulains mâles sont castrés très jeunes afin de prévenir les accouplements non désirés et de les rendre plus dociles. Silver avait été un reproducteur jusqu'à plus de 10 ans. Il avait conservé l'encolure typique des entiers, épaisse, arquée et fortement musclée. Le poitrail large, les côtes bien développées, le dos court, il présentait le profil idéal pour tracter de lourdes charges. Il ne respirait pas l'intelligence mais il avait une expression puissante et confiante. Sam était son opposé, anguleux, plus longiligne, et plus sage. Il réagissait plus promptement et se tenait comme un soldat dans le rang, droit, un peu tendu. Quand vous lui parliez, il tendait les oreilles vers l'arrière. Il était de ces chevaux qui vous donnent le sentiment d'être prêts à faire de leur mieux pour vous sauver la mise, même si vous commettez une erreur. Tous deux mesuraient plus d'un mètre quatre-vingts au garrot. Pour les panser, j'étais obligée de monter sur un seau.

Le lendemain de leur arrivée, après la traite du matin, j'ai sorti Silver de sa stalle et lui ai passé la bride. J'ai grimpé sur une pile de ballots de foin et sauté sur son dos, à cru. J'avais l'impression d'être assise sur un sofa moelleux. Je lui ai fait faire quelques pas. Ses mouvements me rappelaient le roulis de l'océan. Il semblait un peu perturbé par ce poids sur son dos, aussi léger fût-il, et par ces jambes contre ses flancs. Il n'avait jamais dû être monté. Je l'ai ramené dans sa stalle et j'ai passé la bride à Sam. Il n'était pas aussi confortable que le large dos de Silver mais il semblait impatient de sortir. Dans la neige, nous avons gravi la colline à la lisière de la ferme. D'en haut, la vue était sublime. Le vent avait balayé la neige de la surface gelée du lac. J'ai donné un coup d'éperon à Sam, qui est parti au petit galop. Des ondes de joie me parcouraient, je retrouvais cette sensation que les chevaux m'ont toujours procurée depuis l'enfance. Sam semblait prêt à couvrir des kilomètres mais sans selle, à cette allure, je redoutais la chute. Le sourire aux lèvres, je l'ai ramené au pas. C'était peut-être un cheval de labour, mais il avait une âme de pur-sang.

Un dimanche, Mark est rentré avec un sac de petits poissons argentés, des éperlans, que l'on appelle ici « poissons de glace ». Il les avait achetés à l'épicerie de la bourgade voisine, en face de laquelle un petit village avait poussé sur le lac gelé, des cabanes faites de bric et de broc, avec des trous à l'intérieur et tout autour. J'avais vu les hommes y partir en motoneige, avec des packs de bière sanglés à l'arrière en guise de passagers.

— Va t'asseoir, m'a dit Mark, je m'occupe du repas.

Il a fait revenir des oignons dans notre beurre maison, avec une petite poignée de sauge séchée. Une fois les oignons translucides, il les a saupoudrés de farine, pour faire un roux, qu'il a allongé de bière en l'honneur des pêcheurs. Puis il a ajouté des dés de carottes, de céleri-rave et de pommes de terre, du bouillon et, enfin, les petits poissons coupés en morceaux. En fin de cuisson, il a versé dans la préparation toute la crème jaune de la traite du matin. Une riche chaudrée d'éperlans, que j'ai dégustée assise sur les genoux de Mark, les pieds si près du poêle que mes chaussettes humides fumaient.

Tandis que nous raclions le fond de nos bols, Mark a sorti un bout de papier couvert de hiéroglyphes, de mots, de flèches et de symboles cryptiques. Sur le coup, j'ai cru qu'il s'agissait de son dernier plan pour la ferme, et puis j'ai reconnu des noms familiers. C'était une liste d'invités. Pour notre mariage.

— Oh…, ai-je bredouillé en descendant de ses genoux.

— On est fiancés, je te rappelle, a-t-il dit sans me regarder.

— Je sais.

J'étais amoureuse, un peu plus chaque jour, mais un petit animal commençait à s'agiter nerveusement à l'intérieur de moi, à la recherche d'une issue de secours. Plus les liens se resserraient, plus l'animal s'affolait. En amour, comme d'ailleurs dans presque tout le reste, je me comportais davantage en touriste qu'en citoyenne. Je me donnais à fond, mais je me lassais vite. Je n'étais pas hypocrite. Tous mes élans venaient du cœur. Un test de personnalité aurait toutefois révélé chez moi une méchante tendance à la recherche de nouveauté. Le mot « toujours » me fait peur. J'étais complètement emballée par la ferme.

106

J'étais mordue de Mark. Mais, me connaissant, je n'étais pas sûre, mais alors pas sûre du tout, que ces deux idylles dureraient.

Nous avions vaguement convenu que le mariage aurait lieu en automne, après la récolte, à la ferme. Début octobre, il y aurait encore plein de bonnes choses à manger et il ne ferait pas encore trop mauvais. Cette échéance me paraissait lointaine ; à moins d'un an, elle ne l'était toutefois pas tant que ça.

— Tu ne crois pas qu'on devrait attendre l'automne d'après ? ai-je suggéré sur un ton désinvolte, comme si l'idée venait juste de me passer par la tête. On a encore tellement de trucs à faire.

Nous étions fiancés depuis un an déjà, et Mark voulait qu'on se marie. Il s'est levé et a apporté son bol dans l'évier.

— Je n'attendrai pas un an de plus, a-t-il décrété. Soit on se marie cet automne, soit on ne se marie pas du tout.

Rien ne vaut une vache pour vous apprendre à tenir vos engagements. Sa mamelle ne connaît ni retard, ni excuse. Si vous ne la trayez pas, la vache souffrira de trop-plein et tombera malade ou se tarira. Matin et soir, sept jours sur sept, même le dimanche, qu'il pleuve, qu'il neige ou qu'il vente, pendant les dix mois suivant la mise bas, vous êtes soumis aux horaires de la traite, plus impérieux que ceux de la pointeuse. Ce que la vache vous donne en échange est impressionnant. Elle est la pierre angulaire de la ferme, le grand convertisseur. Par le mécanisme en quatre temps de la rumination, elle extrait la cellulose de l'herbe – ce plancton terrestre – et la transforme en énergie. Les noms de ses estomacs ont des sonorités liturgiques : *omasum, abomasum, reticulum*. Le mot *crème* a la même étymologie que *chrême*, l'huile bénite utilisée pour certains sacrements. Du vocabulaire sacré pour un très humble processus. Ce qui fait sens si l'on songe que la vache est source d'abondance. Lait, fromage, beurre, yaourt, crème, et leurs dérivés – lait écrémé, babeurre, petit-lait – pour engraisser vos cochons et nourrir votre basse-cour. Chaque année, elle vous donne aussi un veau, que vous pouvez élever – avec de l'herbe, encore –, et qui à son tour pourvoira pendant un an aux besoins en viande de toute la famille. Une vache représente un sacré capital.

Je m'améliorais à la traite. J'étais plus rapide, le lait ne me dégoulinait plus le long des bras et ne giclait plus sur les murs. Je me coupais les ongles ras et je vidais chaque pis, délicatement mais complètement. Mes avant-bras se musclaient à vue d'œil.

Le lait était pour moi un territoire inexploré. À part les dosettes que je mettais dans mon café, je n'en avais pas bu depuis des années. Je me croyais intolérante au lactose ; rien que l'idée de boire un verre de lait me soulevait le cœur. Le lait cru d'une Jersey est cependant une substance totalement différente de ce que j'appelais autrefois du lait. Si vous n'avez pas de vache, ou ne connaissez personne qui en ait une, je vous déconseille de goûter au lait cru tout juste tiré du pis d'une Jersey. Quel supplice de découvrir un tel délice si c'est pour en être privé par la suite. En Amérique, rares sont ceux qui se souviennent du goût de ce type de lait. En général, ce sont des personnes âgées ayant grandi avec une vache qui viennent chercher à la ferme cette saveur de leur enfance.

Une fois que vous êtes habitué au lait fermier, le lait commercial vous paraît bien fade. Pour commencer, il a le goût du carton ; et même parfois un très léger arrière-goût de produits chimiques utilisés pour laver les pis et les tuyaux de la trayeuse. En général, il a été homogénéisé, ce dont je ne comprends pas très bien l'intérêt. En quoi est-ce gênant qu'une couche de crème se forme à la surface ? Il suffit de la prendre, de la mettre dans son bol de café, et de garder le lait écrémé pour le consommer pur. Quant à la pasteurisation, elle dénature le lait autant que la cuisson altère les aliments.

Frais, le lait cru est un régal mais à mesure qu'il vieillit, il s'y produit des choses étonnantes. Quand il sort de la vache, c'est une substance tiède, sucrée et protéinée, un milieu vivant propice au développement bactérien. En se multipliant, les bactéries acidifient le lait ; son goût devient moins doux, plus aigre, et sa texture s'épaissit. Dans les vieux livres de cuisine, c'est ce qu'on appelle le « lait sur ». Filtrez du lait cru issu d'une vache saine et laissez-le dans un endroit chaud : sous l'action des bactéries « sauvages », il se solidifie, et l'on obtient par cette intéressante métamorphose quelque chose de quasiment toujours mangeable. Depuis la nuit des temps, les hommes cultivent certaines souches bactériennes pour leurs propriétés fonctionnelles C'est ainsi que l'on transforme le lait en yaourt, kéfir et fromages de toutes sortes. La pasteurisation détruit presque toutes les bactéries présentes dans le lait, qu'elles soient bénignes ou pathogènes. Privé de ses « bonnes » bactéries, le lait pasteurisé est vulnérable aux bactéries putréfiantes, qui le font tourner au lieu de l'acidifier.

Le lait diffère selon la race de la vache. Celui que vous achetez dans le commerce provient très certainement d'une Holstein, élevée et nourrie dans une laiterie industrielle où tout est mis en œuvre pour optimiser la production. Or, en règle générale, plus le volume de lait est important, plus faible est sa teneur en matière grasse et protéines. Dans le milieu paysan, on dit en plaisantant que les éleveurs de Jersey ont toujours une Holstein, au cas où leur puits s'assécherait, de façon à pouvoir laver la vaisselle. Le lait des Jersey est beaucoup plus riche en matière grasse et protéines que celui des Holstein. D'autre part, les Jersey ne métabolisant pas complètement le bêtacarotène de l'herbe, leur crème est d'une jolie teinte jaune pâle et donne un beurre d'une couleur vive, en particulier au printemps.

L'alimentation joue un rôle encore plus important que la race. La qualité du lait est directement liée à ce que mangent les vaches ; elle se corrompt de manière flagrante dès que les bêtes absorbent quelque chose d'inhabituel. S'il y a de l'ail sauvage dans vos prés, le lait aura un petit arôme de scampi. L'herbe aux chats, le chénopode et le solidage lui donnent un arrière-goût de homard, pas désagréable en soi mais pas forcément le bienvenu dans un verre de lait. Si vous donnez votre excédent de choux à vos vaches, faites-le plusieurs heures avant la traite, ou il émanera de votre lait des relents de putois. L'alimentation influe aussi sur la texture du beurre. Au printemps, lorsque les vaches broutent de l'herbe bien verte, le beurre est mou et se tartine facilement. En hiver, quand les vaches se nourrissent de foin, il est dur et friable ; même si on le laisse un moment à température ambiante, on a du mal à l'étaler. D'autres facteurs ont des effets plus subtils. Le lait d'une même vache aura un goût différent selon que vous l'aurez mise à paître dans un pré de trèfle ou dans un pré de dactyle. Et quand bien même vous n'auriez qu'un seul pré, la saveur du lait varie en fonction des saisons et de la météo. Comme le vin, le lait a un sérieux *goût de terroir**, des caractéristiques indissociables de l'environnement dans lequel il est produit. Le lait industriel provient souvent de vaches qui ne mettent jamais le sabot dans l'herbe, nourries avec ce que l'on appelle une RTM (ration totale mélangée), soigneusement calibrée dans le souci de maximiser les volumes et de réduire les coûts de production, composée de fourrage ou d'ensilage haché avec des suppléments protéiques, du soja ou du malt. Si vous considérez le lait comme un produit commercial, une giclée en vaut une autre et vos vaches s'accommoderont parfaitement d'une RTM. Si le lait est en revanche pour vous un aliment à caractère saisonnier et régional, nourrir vos vaches à la RTM est aussi absurde que de faire du vin avec des raisins hydroponiques.

Notre premier blizzard s'est levé un vendredi. Malgré des prévisions météorologiques alarmantes, la journée n'a pas trop mal commencé. Un pâle soleil filtrait au travers des nuages, une neige légère tombait à la verticale. Nous avons passé la matinée à la ferme, à prévenir les dégâts. Nous avons rassemblé les poules dans le poulailler et, avec le tracteur, tout doucement, nous les avons remorquées jusqu'à un endroit abrité. Nous avons enfermé Delia dans sa stalle, verrouillé toutes les portes de la grange, et nous sommes retournés attendre la tempête au village.

Euphoriques, nous avons passé l'après-midi à établir notre programme de travail pour l'année à venir, sur un calendrier trouvé dans la boîte aux lettres, orné, non sans une certaine ironie, d'un tableau représentant une ferme de style colonial, une grange rouge et trois moutons laineux. « My country, 'Tis of Thee, Sweet Land of Liberty[1] », était-il inscrit dessous. Nous avons rempli les jours et les semaines de nos projets, en sachant pertinemment qu'ils étaient irréalisables en une année. La première semaine de février serait consacrée à DESSINER LES PLANS DE LA SERRE – LA CONSTRUIRE ! La semaine suivante à DÉFINIR LA ZONE DE DISTRIBUTION ; nous devrions également y caser le temps de couper et fendre le BOIS DE CHAUFFAGE de l'année. À la date où nous devions nous marier, en octobre, Mark avait marqué : MARIAGE et, dessous, ARRIVÉE 50 POUSSINS, également en majuscules. Le premier événement se distinguait tout de même du second par deux cœurs entrelacés. Pour la semaine d'après, il avait noté : LUNE DE MIEL et EXTRAIRE MIEL de la ruche.

Nous étions tellement absorbés que nous ne nous sommes pas aperçus qu'il avait commencé à neiger sérieusement. Le soleil était bas quand nous avons levé les yeux, il fallait aller traire Delia. Mark testait une nouvelle recette de fromage, il attendait que le caillé se solidifie. Je me suis portée volontaire pour me rendre à la ferme à sa place. Elle n'était qu'à un kilomètre et demi. Ce n'était pas le bout du monde.

---

1. Mon pays c'est toi, douce patrie de la liberté, [c'est toi que je chante]. Chant patriotique.

Il n'y avait pas un chat sur la route. Je roulais au pas, penchée sur le volant ; je distinguais à peine les lignes jaunes. À quelques centaines de mètres de la maison, n'y voyant plus rien, je me suis prudemment rangée sur le bas-côté et j'ai ôté un gros paquet de neige des phares. Devant la grange, j'ai arrêté les essuie-glaces ; le pare-brise est aussitôt devenu opaque.

Au chaud dans sa stalle, Delia écoutait le vent. Ses pis m'ont réchauffé les doigts. Je lui ai ouvert une balle de foin supplémentaire, je l'ai lavée, puis je suis sortie attraper les chevaux. Ils s'étaient réfugiés sous les arbres, le dos couvert de neige. Le temps de les mettre dans leurs box, ma voiture était ensevelie. De toute façon, il aurait été inconscient de reprendre le volant. Je suis donc repartie à pied, tel le roi Lear dans la tempête, avançant contre le vent, aveuglée par la neige, me repérant jusqu'à la route à la masse sombre des arbres secoués par les rafales. Un camion est passé, au ralenti, son bruit étouffé par l'épais tapis neigeux, ses feux ne dispensant au travers du rideau de flocons que de minces cônes de lumière. Après son passage, la chaussée a disparu. Pour ne pas me perdre, je ne quittais pas des yeux les lignes électriques. Je suis arrivée à la maison en nage, surexcitée, contente que les impératifs de la ferme m'aient obligée à affronter les éléments déchaînés. Quand je serai vieille, je parie que je me ferai une joie de raconter cette anecdote à qui voudra bien m'écouter.

Le blizzard a duré toute la nuit. Le lendemain matin, il ne neigeait plus mais des congères s'étaient formées. Nous sommes allés à la ferme en raquettes. La route était déserte. On entrevoyait la lune à travers les nuages. Les branches des sapins ployaient presque jusqu'au sol. Par endroits, les congères atteignaient trois mètres de haut. Ma voiture n'était plus qu'une grosse bosse blanche.

Maintenant que nous avions les chevaux, il nous fallait du matériel de trait. Nous avons profité de cette journée enneigée pour dresser la liste des outils dont nous aurions besoin d'ici le printemps. En premier lieu, une charrue, pour labourer les champs. Ensuite, une herse à disques et une herse à dents, pour aplanir le sol et préparer le lit de semence, m'a expliqué Mark. Quand les graines commenceraient à germer, il faudrait limiter le développement des mauvaises herbes, au moyen d'un cultivateur. Si nous voulions faire les foins avec les chevaux, nous devions nous procurer une faucheuse hippomobile. Sam et Silver nous avaient été livrés avec leurs harnais et leurs colliers, mais nous n'avions ni palonnier ni joug. Un « bateau » nous rendrait également service, une espèce de traîneau que l'on fait glisser sur le sol pour transporter la charrue jusqu'au champ. Un avant-train serait encore mieux, un petit char à deux roues sur lequel vient s'accrocher le timon de l'instrument. Nous aurions aussi besoin d'un semoir, pour semer en lignes régulières, et d'une arracheuse de pommes de terre. Notre liste était encore longue, pourtant c'était là le strict minimum. Nous ne disposions que d'un budget limité.

Le tracteur était apparu tardivement dans cette région peu peuplée, et la plupart de nos voisins avaient travaillé avec des chevaux jusque dans les années 50. Certains de leurs vieux outils avaient été envoyés à la ferraille, ou vendus à des antiquaires, ou bien rouillaient sur une pelouse, entourés de géraniums en été, de chrysanthèmes et de courges en automne. Une bonne partie demeurait cependant entreposée au fond des granges, que nous avons entrepris d'explorer. Parfois, dans des recoins poussiéreux, nous dénichions des machines à traction animale dont les timons avaient été démontés, témoins de la période de transition où les fermiers avaient attelé leur vieil équipement à leur nouveau tracteur. Certains avaient remisé du matériel en parfait état, amoureusement, en prenant soin de graisser au préalable toutes les pièces, puis ils n'y avaient plus touché. Nous avons acheté certains instruments, d'autres nous ont été généreusement offerts. Shane Sharpe nous a prêté une herse à disques qu'il n'avait jamais utilisée. Une vieille dame, veuve depuis peu, nous a fait don du vieux semoir en bois de son mari, ainsi que d'un broyeur de racines manuel, qui nous permettrait de donner à Delia notre surplus de betteraves et de carottes. Et puis Thomas LaFountain est passé chez nous avec un prospectus annonçant une vente aux enchères. Ce n'était pas mentionné, mais d'après la longue liste d'outils hippomobiles qui seraient mis en vente et le lieu, nous avons deviné qu'il s'agissait de la liquidation d'une exploitation amish. Un bon filon.

La ferme se trouvait à trois heures de route au sud-ouest. Nous sommes partis avant l'aube. Une nouvelle tempête paralysait la région depuis une semaine. Les huit derniers kilomètres, sur un plateau venté au milieu de nulle part, n'étaient pas déneigés ; les chasse-neige avaient des axes plus importants à dégager. La voiture patinait, nous avons cru que nous n'y arriverions jamais. Nous suivions un traîneau tiré par deux robustes juments belges, un véhicule qui semblait beaucoup plus sûr que le nôtre, chargé d'une caisse de poules brunes et de canards tachetés. Les longs poils des chevaux étaient blancs de givre. Tant bien que mal, nous nous sommes garés dans le champ qui servait de parking. Le type du traîneau a fait stopper son attelage et nous a demandé, avec un accent à couper au couteau, si nous voulions qu'il nous amène jusqu'à la grange où se tiendrait la vente.

Nous espérions qu'avec le mauvais temps, il n'y aurait pas trop de monde et que nous ferions de bonnes affaires, or il en faut davantage pour décourager les amish. Deux familles vendaient tous leurs biens avant de partir s'installer dans l'Ohio. Il s'agissait d'un événement. Comme les amish ne conduisent pas, je pensais qu'il n'y aurait que des gens des environs. Mais l'Ordre n'interdit pas d'être passager d'un véhicule motorisé, si bien qu'ils étaient venus de tous les coins de l'État de New York et de Pennsylvanie, en camionnette ou minibus de location, entre hommes, adultes et adolescents, ces derniers, je suppose, pour le plaisir de voir du monde. Dans une section de la grange délimitée par des bâches en plastique et chauffée par un gros poêle à bois, une douzaine de jeunes filles de la communauté locale, en robe et châle noirs impeccables, soigneusement coiffées avec la raie au milieu, vendaient du café, des sandwiches et des gâteaux maison, supervisées par quelques femmes un peu plus âgées portant des bébés et une vieille dame à l'air sévère sous sa bonnette noire amidonnée. Une fillette qui n'avait pas plus de 8 ans semblait avoir été nommée baby-sitter. Elle berçait un nourrisson tout en veillant à ce qu'une ribambelle de marmots ne s'approchent pas du poêle, où des beignets grésillaient dans un bain de saindoux.

Le matériel hippomobile était exposé en rangs dans un champ. Nous sommes allés y jeter un œil. Mark m'a montré ce qu'il fallait regarder : des soudures grossières effectuées par des amateurs, trahissant des antécédents de ruptures et de réparations, ou des articulations usées, parfois dissimulées sous une couche de peinture fraîche. Il faisait moins de zéro, le vent nous cinglait le visage. La veille au soir, j'avais écouté les prévisions météorologiques et je m'étais habillée aussi chaudement que possible : deux pantalons, deux doudounes bleues, une paire de grosses chaussettes de laine par-dessus mes gants inadaptés et une toque fourrée de l'armée russe. Nous étions arrivés avec plus d'une heure d'avance et je sautillais déjà sur place pour tenter de retrouver des sensations dans les extrémités. Les amish étaient dehors, en fins manteaux de laine noirs et chapeaux de paille plats qui ne leur protégeaient pas les oreilles. Ils n'avaient pas l'air d'avoir froid. J'observais leurs couvre-chefs – certains ornés de ruban noir, d'autres de ruban isolant – quand Mark m'a fait remarquer des grappes d'adolescents qui me dévisageaient en ricanant. Dans mon accoutrement, je devais ressembler à une myrtille géante déguisée en aviateur.

– Je parie qu'ils te prennent pour une extra-terrestre, m'a dit Mark.

Ce n'est pas rien de paraître habillé bizarrement aux yeux d'un amish…

J'ai laissé Mark et je suis retournée dans la partie chauffée de la grange. Autour du poêle, on faisait la queue pour acheter des beignets. Les amish appellent les non-amish « English ». Des groupes d'English commençaient à arriver, des paysans au visage gercé et impassible sous des casquettes repoussées en arrière, vêtus presque aussi uniformément que les amish, sauf qu'au lieu d'être en noir, ils portaient soit des vestes à carreaux soit des tenues de camouflage. Les plus âgés avaient presque tous une difformité : malformation congénitale ou séquelles de blessure, qui à l'époque et dans la région où ils avaient grandi ne méritaient pas d'être arrangées. Un nez comme un chou-fleur, une cicatrice de la taille de ma paume en travers d'un crâne chauve, un grain de beauté géant hérissé de poils drus dans un cou parcheminé, aux muscles tendus à craquer, qui me rappelait *L'Esclave de Ripa Grande*, le tableau de Guido Reni. Hormis ces anomalies, les vieux paraissaient en meilleure santé que les jeunes, qui avaient une fâcheuse propension au surpoids.

L'apparition du commissaire-priseur a provoqué un mouvement de foule vers l'autre côté de la grange, où les appareils ménagers et les petits outils agricoles étaient alignés sur le sol ou rassemblés en lot sur des chars à foin. Du bras, il a désigné le premier article, une série de chaises de cuisine des plus ordinaires. Tout le monde s'est pressé autour. L'équipement ménager ressemblait à celui que l'on trouve dans les vide-greniers de campagne – des objets bon marché démodés –, mais l'ambiance évoquait davantage une foire, une occasion sociocommerciale conviviale. Pas étonnant que Thomas LaFountain fasse plus de deux cents kilomètres pour se rendre à une vente aux enchères, même s'il n'a pas l'intention d'acquérir quoi que ce soit. Quand ses enfants lui demandent ce qu'il a acheté, il répond : « Un hamburger. »

Le commissaire a décrit les chaises avec autant d'amour que s'il parlait de celles de sa mère. Dans un magasin, un achat est une simple transaction : est-ce que je veux cet objet à ce prix ? Aux enchères, tout est relatif : ai-je davantage besoin de cet objet que le type à côté de moi ? Combien suis-je prêt à mettre ? C'est une fête, un casino, un cirque, un concert orchestré par le commissaire-priseur. Il a ouvert les enchères. Il débitait son baratin à toute allure, on comprenait tout juste les chiffres, dans un flot de syllabes inintelligibles entrecoupé de jeux de mots d'un goût douteux. Quand le rythme ralentissait, il prenait l'assistance à partie, la mine sombre, s'étonnant que les vertus de tel ou tel article ne suscitent pas davantage d'intérêt. Il était secondé par trois crieurs, des hommes ventripotents qui ponctuaient sa litanie de « HEP ! » et de coups de baguette chaque fois qu'ils repéraient une surenchère. Leur présence était indispensable, car les acheteurs rivalisaient de subtilité, plaçant leurs offres d'un haussement de sourcil, d'un hochement de tête microscopique ou d'un frémissement de la joue. Les crieurs guettaient ces mouvements imperceptibles tels des chiens de chasse à l'affût d'un bruissement d'ailes. Nos amis les Owens, grands amateurs de ventes aux enchères, nous avaient prévenus que certains, peu scrupuleux, lançaient des « HEP ! » à des enchérisseurs fantômes, pour faire monter les prix, ou à une personne de mèche avec le commissaire-priseur, cachée dans l'assistance, chargée de garantir que les prix de réserve soient atteints.

La vente du bétail a commencé vers midi. La foule s'est un peu éclaircie, les gens se sont dirigés vers le poêle et la soupe fumante. La caisse de volailles est partie pour 5 dollars la poule, 2,50 dollars le canard. Les deux juments qui tiraient le traîneau sur la route étaient également à vendre. Le commissaire a déclaré qu'elles étaient en bonne santé et bien débourrées. La plus jeune, a-t-il précisé, avait été saillie par le fils d'un célèbre étalon belge ; elle poulinerait en juin. Son acquéreur repartirait ainsi avec deux chevaux pour le prix d'un. Dans le milieu équestre, on dit qu'il ne faut jamais acheter de chevaux aux enchères, mais les offres étaient lentes et j'avais du mal à résister à la tentation. Une ou deux fois, j'ai failli lever la main. Mark m'a fusillée du regard.

La foule est revenue pour la vente des machines, qui a démarré avec un avant-train hippomobile équipé d'un petit moteur permettant de faire fonctionner n'importe quel outil s'attelant normalement à un tracteur, par exemple une ramasseuse-presse ou une faneuse. Les enchères se sont envolées, il a été adjugé à plus de 5 000 dollars. Qui aurait cru que les gens de la campagne avaient des portefeuilles aussi bien garnis ? Ce n'était pas un jour où profiter de bonnes aubaines. Tout était en bon état, les amish connaissaient la valeur des choses et ils avaient les poches bourrées de billets. Après nous être âprement battus, nous avons remporté l'enchère sur un cultivateur, mais la charrue et la lieuse que Mark convoitait ont atteint des sommes mirobolantes, dépassant largement notre budget. Nous nous sommes consolés en nous disant que tout cet argent dépensé là avait été gagné grâce à des chevaux et que si les gens étaient prêts à débourser autant pour des outils hippomobiles, c'est qu'ils pouvaient rapporter gros. Un gars qui avait remarqué que nous étions intéressés par la lieuse nous en a proposé une qu'il avait restaurée. Nous avons conclu un prix et convenu qu'il nous la livrerait, avec le cultivateur que nous avions acheté, qui ne rentrait pas dans notre voiture.

Il restait encore des machines à vendre et malgré toutes les épaisseurs que j'avais sur le dos, j'étais transie. Je me suis trouvé un banc près du poêle, dans la grange où les filles qui vendaient du café ne savaient plus où donner de la tête. J'y suis restée une bonne heure, à discuter chevaux de trait avec des hommes d'un certain âge au dos voûté par le travail. Puis la vente s'est enfin terminée, les amish sont arrivés en masse. Ils avaient presque tous de grosses lunettes à monture métallique dont les verres se teintent au soleil ou à la chaleur, les mêmes que les garçons de mon lycée en filière mécanique automobile. Avec leurs grandes barbes, leurs vêtements sombres et leurs bésicles, on aurait dit un rassemblement de fans de ZZ Top. Le commissaire, sans micro et sans ses acolytes, s'est approché de la table où il restait encore des pâtisseries à vendre. Il a pris un sachet de beignets, l'a élevé au-dessus de sa tête, et s'est mis à crier :

— Un lot de succulents doughnuts maison. Qui pour ces délicieux doughnuts ? 5 dollars à ma droite ? Qui dit mieux ? 5 dollars une fois, 5 dollars deux fois, 5 dollars trois fois. Adjugé !

Tous les gâteaux se sont vendus, et quelques ados amish ont dû rentrer chez eux ivres de sucre.

Delia mettait toute sa bonne volonté à guérir. Elle avait d'épaisses croûtes sur ses moignons d'oreilles et de vilaines pustules tout le long du cou, là où nous lui avions injecté des antibiotiques dans les jours suivant l'incident. Roy y a jeté un œil et nous a dit de ne pas nous inquiéter ; ses vaches avaient eu elles aussi des abcès, parfois de plus de cinq centimètres. Delia les acceptait comme elle avait accepté tout ce qui lui était arrivé depuis que nous l'avions adoptée : patiemment, placidement. Ses pis étaient guéris, heureusement, et elle donnait des quantités de lait phénoménales, une bonne dizaine de litres par jour.

Deux personnes et une vache forment une équation bancale. Le réfrigérateur était bourré de produits laitiers de toutes sortes, on ne pouvait rien y caser d'autre. Un matin, en l'ouvrant, je me suis fait tomber une bouteille de lait sur le pied.

— Ça ne peut plus durer, il faut qu'on trouve quelque chose à faire de tout ce lait, ai-je dit à Mark. Il avait fini son petit déjeuner et consultait le journal hebdomadaire de petites annonces, à la recherche d'outils.

— Il y a une portée de porcelets à vendre à vingt minutes au nord, a-t-il déclaré. Si on les prend, ils en boiront une partie.

J'ai téléphoné, et convenu d'en acheter quatre. La fermière m'a dit qu'elle m'en donnait un cinquième pour le même prix, parce qu'il avait des convulsions et une malformation au cou.

Mark ne pouvait pas m'accompagner, il voulait essayer de réparer le panneau électrique de la grange ouest. Je suis donc partie chercher les cochons toute seule. Ils dormaient en tas dans une écurie. J'imaginais des créatures de la taille d'un chihuahua, ils étaient deux fois plus gros. La caisse que j'avais apportée était beaucoup trop petite. Nous n'avions pas de camion, et la fermière n'avait pas le temps de faire le trajet jusqu'à chez nous. Il fallait que je trouve une solution. Ni une ni deux, j'ai étalé une vieille couverture dans le coffre de ma Honda, j'y ai fait monter les porcelets, non sans peine et sans couinements, et au moyen d'une palette, j'ai bloqué l'accès à la banquette arrière. La couverture s'est instantanément retrouvée chiffonnée dans un coin. La palette a tenu jusqu'à ce que je m'engage dans l'allée de la ferme. Tels des envahisseurs surgissant par-dessus un parapet, les petits gorets ont culbuté sur les coussins. L'odeur de porcherie est demeurée discrète jusqu'aux beaux jours. Avec la chaleur, elle s'est pleinement révélée, et il n'y avait rien à faire pour dissiper les miasmes. Nous avons sorti les cochonnets de la voiture un à un et les avons déposés dans la stalle de Delia, que Mark avait divisée en deux par une palissade en bois. Nous avons baptisé le mal formé Torque.

J'ai été nommée responsable des cochons. La moindre décision engendrait des conflits dont ni Mark ni moi ne voulions sortir vaincu. Afin d'apaiser les tensions, nous avions décidé de nous partager la ferme. Nous étions chacun capitaine d'une moitié des opérations. Cette stratégie de management agricole n'était pas idéale, mais nécessaire à la préservation de notre couple. Lorsqu'il a fallu nous répartir les bêtes, Mark a choisi de s'occuper de notre unique vache laitière. Il me laissait la charge des cochons, une sacrée veine !

Quand nous les avons adoptés, ils avaient déjà franchi le stade de mignonnes petites boules roses à la queue en tire-bouchon pour entrer dans la phase vorace et menaçante. Les porcs sont dotés d'une nature effroyablement gloutonne. Ils ne peuvent pas s'empêcher de se goinfrer. Nous les avons conditionnés pour en faire des mangeurs professionnels, pour qu'ils deviennent aussi vite que possible des paquets de viande sur pattes. Un cochon peut prendre plus d'une livre par jour. Grâce à leur appétit prodigieux, ils engraissent à vue d'œil. En groupe, à l'heure de la pâtée, c'est à qui se montrera le plus vicieux. Ils jouent de leur corps massif pour se frayer un passage dans la mêlée, en se donnant des coups de dents acérées et en poussant des grognements d'intimidation. Le moment le plus horrible de mes journées était celui où je leur apportais un seau de quinze litres de lait écrémé mélangé avec de la farine de maïs. À peine avais-je mis les pieds dans leur parc qu'ils se bousculaient autour de moi au risque de me faire perdre l'équilibre. Plus d'une fois, je me suis retrouvée les quatre fers en l'air dans le fumier, couverte de lait aigre, piétinée par cinq monstres en folie.

Pris séparément, ils étaient moins effrayants, mais tout aussi ingérables. Un matin, j'en ai trouvé un dans la stalle de Delia. Il avait réussi à se faufiler à travers les planches de séparation. Impossible de le faire retourner avec ses frères. Il a fallu que je l'attrape, que je le soulève et le dépose de l'autre côté de la palissade, qui m'arrivait à la poitrine. Pendant un bon moment, j'ai couru après une grosse pastèque visqueuse, incroyablement rapide et d'une obstination effarante, qui poussait des cris à me percer les tympans.

J'ai touché le fond du désespoir durant la semaine la plus sombre de décembre. La température était remontée un peu au-dessus de zéro, la neige se transformait en gadoue glissante. J'étais seule à la ferme. Mark était parti prendre des contacts au marché paysan de Troy.

Outre la traite et les corvées de routine, ma mission du jour consistait à transférer les cochons de la stalle qu'ils partageaient avec Delia, devenue trop petite, dans une porcherie que nous avions aménagée dans la grange est, une centaine de mètres plus loin. Je pensais que ce serait vite fait, que je pourrais ensuite rentrer au village, bourrer le poêle, et savourer le luxe presque inimaginable d'une maison vide et silencieuse, d'un bon bain chaud et d'un bouquin. Je ne m'étais pas posé la question de savoir comment j'allais m'y prendre. Le problème ne m'est apparu que lorsque je m'y suis retrouvée confrontée. Les cochons étaient désormais trop gros pour que je les porte et je savais d'expérience qu'ils ne se laisseraient pas mener docilement. Si j'essayais de les pousser dans un sens, ils me pousseraient dans l'autre. S'ils m'échappaient, je craignais de ne pas pouvoir les rattraper. Bien, me suis-je dit, tu es une fille intelligente, tu vas te débrouiller. Faire parcourir cent mètres à cinq cochons, ce n'était tout de même pas la mer à boire. Construire un couloir, voilà comment il fallait procéder.

Avec une brouette, je me suis rendue dans l'atelier et j'ai regardé autour de moi. De quoi avais-je besoin ? Un marteau, une scie, et – eurêka ! – des plaques de tôle ondulée d'un mètre sur cinq. J'ai apporté tout ça devant la grange et j'ai réfléchi. L'ancienne porcherie avait une porte donnant sur l'allée reliant les deux bâtiments. Or, l'entrée de la nouvelle se trouvait à l'arrière de la grange est. Je n'avais pas assez de tôle pour arriver jusque-là. Comme si je n'étais pas déjà suffisamment dans la mouise, il a commencé à neiger. Le bain et le livre dont j'avais rêvé toute la semaine me paraissaient s'éloigner à vue d'œil. Tu te casses la tête pour rien, me suis-je dit, tu veux trop bien faire alors qu'il y a sûrement une solution toute bête. On ne te demande pas de construire le Taj Mahal ; rappelle-toi qu'il s'agit simplement de déplacer cinq cochons sur une distance de cent mètres. J'ai pris la scie et entrepris de découper une ouverture dans le mur de la grange est, juste en face de la porte de l'ancienne porcherie.

Je progressais lentement, laborieusement ; des gouttes d'eau glacée tombaient de la gouttière dans le col de mon manteau. En entendant un bruit de moteur, je me suis interrompue. Shep Shields, notre voisin, est descendu de son pick-up et s'est approché de moi de sa démarche claudicante. Shep avait pris l'habitude de passer nous voir tous les jours ; il nous apportait des petites choses de chez lui dont il pensait que nous pourrions avoir besoin, parfois un paquet de biscuits. Pour mon anniversaire, il m'avait offert une plante en pot.

Sous la neige, il me regardait en fronçant les sourcils. Je me suis vue telle qu'il devait me voir : trempée, les doigts rougis par le froid, en train de scier un mur en parfait état, sans raison apparente.

— J'ai pas de conseils à vous donner…, m'a-t-il lancé.

Une entrée en matière très courante par ici. Un paysan vous excusera de ne pas lui avoir retourné un coup de fil, de lui avoir posé un lapin ou de vous être saoulé au boulot, mais donner des conseils, ça ne se fait pas. Je me suis préparée au pire.

— J'ai pas de conseils à vous donner, a-t-il répété, mais cette scie que vous avez là… C'est une scie à métaux. Avec une scie à bois, vous ne croyez pas que ça irait mieux ?

Sur quoi, il est remonté dans son pick-up et il est reparti.

Une dure vérité m'a sauté au visage : j'étais instruite, cultivée, j'avais voyagé, je pouvais tenir une conversation de salon presque n'importe où dans le monde, mais quand il s'agissait de me servir de mes mains, j'étais une attardée.

Avec une scie à bois, j'ai réussi à découper dans le mur un trou de la taille d'un cochon. Puis en attachant les panneaux de tôle rouillée avec de la ficelle à foin, j'ai fabriqué le corridor. J'ai ensuite ouvert la porte de l'ancienne porcherie. Je m'attendais à ce que les cochons se ruent dans le couloir. Or, rien. Ils ne bougeaient pas. Tout le long du passage et dans la nouvelle porcherie, j'avais éparpillé des morceaux de pain rassis trempés dans du lait, mais pour une fois, ces maudites bêtes n'avaient pas faim. Elles n'avaient pas envie de quitter leur petit nid sec et douillet. J'avais beau pousser, crier, supplier, jurer, rien n'y faisait. J'étais gelée, mouillée, crevée et la nuit commençait à tomber. L'heure de la traite approchait. La porte de l'ancienne porcherie était bloquée ; pour la refermer, j'aurais été obligée de démonter tout le couloir et je n'étais pas du tout disposée à le faire dans l'immédiat. J'ai trait Delia et je suis partie, en espérant que les cochons se sentiraient plus intrépides dans le noir, qu'ils trouveraient tout seuls le chemin jusqu'à leur nouveau logis.

Je me suis endormie sitôt déshabillée et j'ai rêvé de cochons toute la nuit. Il était plus de minuit lorsque Mark est rentré de Troy, si bien que le lendemain matin, je l'ai laissé dormir et je suis retournée seule à la ferme.

Il faisait encore nuit. Dans la lumière des phares, j'ai vu que mon corridor n'avait pas tenu le choc. Les cochons l'avaient complètement démoli. Je suis descendue de la voiture. Des traces de sabots partout. J'ai regardé autour de moi, l'oreille tendue. Aucun signe des cochons. Je suis allée voir dans l'ancienne porcherie, dans la nouvelle. Vides. J'étais dans le pétrin. À l'heure qu'il était, ils pouvaient être n'importe où, dans les bois, sur la pelouse semi-gelée d'un voisin ou sur la route, où ils risquaient de provoquer un grave accident.

Redoutant le pire, je suis remontée dans ma voiture et je suis retournée au village. Pelotonné sous les couvertures, Mark dormait à poings fermés. Je lui ai raconté une version diplomatique de l'histoire, il a sauté dans ses vêtements, furieux, mais, au moins, prêt à m'aider. Nous sommes repartis à la ferme dans un silence de plomb.

Le jour s'était levé. Dans la neige fondue, on distinguait les traces plus clairement. Je me souviens avoir pensé que le diable était censé avoir des sabots fendus, tout comme ces satanées bestioles. Mark tournait en rond, essayant de déterminer dans quelle direction ils s'étaient enfuis. Les traces semblaient ne mener nulle part. Je suis allée chercher un seau de grain afin de les appâter, si par chance nous les trouvions. Dans la grange, j'ai entendu un grognement familier. J'ai jeté un coup d'œil dans la nouvelle porcherie. L'un des cochons a émergé de sous la paille, puis les quatre autres ont commencé à s'ébrouer. Ils étaient tous là, sains et saufs, exactement où je voulais qu'ils soient. À côté de moi, Mark observait la scène en secouant la tête. Je lui ai décoché un sourire triomphal et lui ai dit que tout allait bien, qu'il pouvait rentrer se recoucher. Je ne voulais pas qu'il voie le trou dans le mur ; il fallait que je trouve comment le reboucher.

Tout en rafistolant la grange avec des planches, hideuses mais au travers desquelles les cochons ne pourraient pas passer, j'ai révisé mes préjugés. J'avais débarqué à la ferme avec le sentiment que les choses concrètes étaient réservées aux idiots, les choses abstraites aux gens intelligents. Je croyais que ceux qui exerçaient des métiers manuels n'avaient pas été suffisamment brillants ni suffisamment ambitieux pour se dégoter une place dans un bureau. Pensais-je sincèrement que quelqu'un capable de réparer des moteurs, construire des maisons, ou s'occuper des vaches, était plus bête que quelqu'un qui écrit des articles ou interprète la loi ? Manifestement, oui, aussi inconcevable que cela me paraisse aujourd'hui. J'ai commandé des livres à la bibliothèque sur la maçonnerie, la plomberie et l'électricité. Leur lecture m'a été aussi difficile que l'apprentissage d'une langue étrangère. Ils étaient truffés de jargon technique, je butais sans cesse sur des mots que je ne connaissais pas et qui me demandaient des recherches à n'en plus finir. Il n'y a pas de meilleur remède au snobisme qu'un bon coup de pied aux fesses.

Peu avant Noël, mon amie Nina est venue de Californie faire la connaissance de mon futur époux. Nina et moi avions partagé une chambre universitaire pendant notre première année de fac. Si notre amitié était née du hasard, elle demeurait indestructible. Foncièrement, Nina et Mark ne sont pas très différents : tous les deux vifs d'esprit, loquaces, pleins de bouillon, battants, ils n'ont pas peur du débat et sont, en général, certains d'avoir raison. J'ai tout de suite perçu des frictions entre eux. Ils avaient beau m'aimer tous les deux, ils ne parvenaient pas à s'entendre.

J'ai négocié une journée hors de la ferme avec Nina et nous avons pris le ferry jusqu'à Burlington. À me balader dans la rue au milieu de gens portant des tenues flatteuses et des chaussures immaculées, je me sentais déboussolée, comme si je revenais brusquement à la civilisation après un trek ardu dans la jungle. Nous avons fait les magasins, j'ai regardé distraitement les vêtements, incapable d'imaginer à quoi ils pourraient bien me servir. Nous sommes entrées dans des boutiques de robes de mariées. Elles étaient si blanches que j'osais à peine les toucher, persuadée d'avoir les mains sales. Nous nous sommes attablées dans un bar et avons commandé des cafés. Nina me dévisageait comme si elle s'apprêtait à me parler de quelque chose de grave. Ce n'était pas Mark qui la chiffonnait. Mais le mariage.

Si Nina et moi avons beaucoup de points communs, par certains côtés, nous sommes aussi très différentes. Lorsque j'étais allée la voir, en Californie, elle avait organisé une semaine d'aventure : spas, camping, restaurants, librairies, domaines viticoles. Elle avait tout réservé à l'avance, imprimé des cartes et un itinéraire, rassemblés dans une chemise en carton qui se trouvait sur le siège passager de sa voiture quand elle était venue me chercher à l'aéroport. J'avais fourré quelques vêtements dans un sac polochon pendant que le taxi m'attendait en bas de chez moi, et j'étais arrivée en tongs, parce que je n'avais pas trouvé la deuxième chaussure de la paire que je voulais mettre. Deux ans plus tôt, Nina avait fait avec David un mariage fabuleux, à la fois chic et décontracté, une fête très réussie. Je n'avais pas eu l'impression que cela leur avait coûté beaucoup d'efforts, mais en fait, il leur avait fallu un an et demi pour tout organiser. La date de notre mariage à nous était à présent fixée, dans neuf mois, et je ne m'étais encore souciée de rien. D'après Nina, j'avais déjà pris un retard presque irrattrapable. Nina est la plus loyale des amies, elle voyait qu'il était urgent d'intervenir. Elle s'y est prise en douceur, en me posant des questions, mais peu à peu, elle a fait monter la pression.

– Tu as engagé un barman ? Et les invitations ? Il faut à tout prix que tu les envoies dès maintenant. Que les gens puissent bloquer la date. Et le traiteur ? Les bons traiteurs se réservent un an à l'avance.

Elle a sorti un stylo de son sac et commencé à faire une liste. Je buvais mon café en sentant ma tension artérielle augmenter. « WC mobiles » a-t-elle noté et souligné. Elle a levé la tête et tapoté la table de son stylo.

— Comment tu vas faire pour les chaises ? Il va falloir que tu en loues.

Je n'avais pas songé une seule seconde à ce détail. De retour à la maison, une fois Nina couchée, j'ai dit à Mark, d'une petite voix angoissée, que nous allions devoir louer des chaises. Auparavant, nous n'avions eu à propos du mariage que de brèves et vagues conversations, au-dessus de Delia pendant la traite, ou en nettoyant les box des chevaux. Nous n'avions pas eu le temps de nous asseoir et d'en discuter tranquillement. Nous prétendions tous deux vouloir quelque chose de simple, à la ferme, début octobre. Nous voulions tous deux éviter la folie et le stress des mariages à grand tralala. Au repas, nous avions l'intention de servir les bons produits que nous aurions cultivés. À partir de là, nos visions divergeaient. Je n'avais pas envie qu'il y ait trop de monde, cinquante personnes au maximum. Mark tablait sur quelque trois cents invités. (Sur sa première liste figuraient son prof d'arts plastiques du collège, une famille qui l'avait hébergé pendant deux semaines en Inde, et son pédiatre.) J'avais en tête une fête campagnarde chic, avec peut-être une touche ironique évoquant mes racines urbaines. Du rustique light. Mark voulait de l'authentique, il souhaitait montrer à nos invités la ferme et le fumier. Et il voulait engager le moins de frais possible, pas par pingrerie, mais parce qu'il détestait le gaspillage, et parce que nous étions en train de monter une exploitation et que notre compte en banque se vidait déjà à une allure vertigineuse, ce en quoi je ne pouvais pas le contredire.

— Je ne vois pas pourquoi les gens ne pourraient pas s'asseoir sur des bottes de foin, a-t-il répliqué.

Je voyais mal ma mère et ses amies perchées sur des meules de foin, la paille leur piquant le derrière à travers leurs belles robes. Ma mère était toujours dans tous ses états parce que j'avais quitté la ville sur un coup de tête et que je m'étais fiancée trop vite. Elle avait vu comment nous vivions à la ferme et se faisait un souci monstre. Ce mariage ne lui disait rien qui vaille mais, tant qu'à faire, elle aurait aimé quelque chose de propre, correct, aussi classique que possible, étant donné les circonstances, avec un grand open bar. Pas de bottes de foin.

À cause de cette histoire de chaises, nous nous sommes disputés comme des chiffonniers et la partie s'est soldée par un match nul. Nous sommes néanmoins tombés d'accord sur deux points. Premièrement, nous n'avions pas de temps à perdre à nous voler dans les plumes. Deuxièmement, à l'avenir, si l'un d'entre nous soulevait une discussion oiseuse, l'autre l'interromprait immédiatement en criant : « Chaises ! » et la question serait reportée à l'heure du coucher, heure à laquelle, en général, nous n'avions plus la force de nous chamailler. Résultat, nous n'avons pas reparlé du mariage jusqu'à ce que l'échéance soit imminente.

Tant que je pouvais faire semblant d'être une sorte de stagiaire, destinée tôt ou tard à retourner à ma terre natale, tout allait bien, plus que bien. La ferme m'inspirait les mêmes émotions que Mark aux premiers jours : fascination, admiration, exaspération et amour. De toute façon, je travaillais si dur, dans un environnement tellement nouveau pour moi, que je ne pouvais que vivre l'instant présent. Si j'essayais de me projeter au-delà du lendemain, je paniquais. Mes rares échappées dans le monde extérieur me remplissaient de doutes. À la fin de l'année, Mark est resté à la ferme pour traire Delia et je suis partie passer quelques jours avec ma famille. Il était convenu que je rentrerais la veille de Noël afin que Mark ne soit pas seul le soir du réveillon. Mes parents avaient loué une maison en Floride, nous nous y sommes tous retrouvés, mon frère, sa femme, ma sœur et moi. Il faisait beau et chaud, la maison était propre et confortable, il y avait une piscine, tout le monde se levait tard, nous préparions des repas vite faits avec des trucs achetés au supermarché. Nous n'avions aucune contrainte, aucune obligation. Le soir, nous sirotions des cocktails, nous faisions des barbecues, jouions à des jeux et bavardions. Au bout de quelques jours, j'étais devenue une autre personne, je ne pensais plus à la ferme et à ses difficultés. Sur la route enneigée, en revenant de l'aéroport, j'ai essayé d'imaginer l'avenir, avec Mark, une fois que nous serions organisés et installés, que nous ne travaillerions plus comme des forcenés. Et, pour la première fois, il m'a semblé que ce vieux fantasme de foyer pouvait peut-être prendre forme. J'ai écouté les chants de Noël à la radio et me suis laissé aller à de douces rêveries.

Je suis arrivée à la maison contaminée par la ferveur de Noël, à la fois euphorique et nostalgique, déterminée à m'investir pleinement, à construire avec Mark ce petit nid douillet que je désirais si ardemment, avec les matériaux qui s'offraient à moi, quels qu'ils soient. Pour commencer, dès ce soir, nous allions célébrer les fêtes dans la tradition. Je nous voyais préparer ensemble un festin gargantuesque, à l'image de tous les repas de Noël à venir. J'ai franchi la porte pleine d'enthousiasme. Pas de lumière, pas de feu dans le poêle, personne. Le seau à lait dans l'évier, des bottes crottées dans le vestibule, le licol de la vache sur la table de la salle à manger. Tout d'un coup, cet endroit et cette vie que j'avais choisis me paraissaient étriqués, sales, sordides, et je n'avais plus du tout envie d'être là. J'ai ouvert la bouteille de whisky que j'avais rapportée à Mark et je m'en suis servi un grand verre, que j'ai bu en mangeant des restes froids, en parka, trop déprimée pour allumer le poêle.

Mark est revenu alors que je m'apprêtais à me coucher, une couverture sur les épaules, attachée à la taille par une ceinture, une peau de mouton mitée dans une main, un bâton de berger dans l'autre. Il avait été recruté, à la dernière minute, pour jouer Joseph dans la crèche vivante de l'église Saint John. Ses yeux brillaient d'exaltation. Ce quart d'heure sous les feux de la rampe l'avait mis dans le même état que les comédiens que j'avais eu l'occasion de rencontrer après leur spectacle, à New York. Ce n'était pas un rôle parlant, m'a-t-il confié, mais il l'avait joué à fond. Avec sa grande barbe et sa tignasse, il pensait faire un Joseph très crédible. Il s'était bien amusé, fait de nouveaux amis, et ne comprenait pas que je sois aussi contrariée juste parce qu'il avait oublié de me laisser un mot. Nous avons bu un verre ensemble au lit, l'horloge du clocher a sonné les douze coups de minuit et j'ai pleuré contre son torse, saisie d'une émotion que j'étais incapable de nommer et qu'il ne pouvait pas comprendre, heureuse néanmoins qu'il soit là pour me serrer dans ses bras.

La nouvelle année a commencé, les oreilles de Delia puaient. Une longue entaille purulente s'était formée à la base de l'un de ses moignons. Quand je m'approchais pour l'examiner, l'odeur me faisait reculer. Tous les matins, j'arrivais à la ferme avec une bouteille d'eau chaude et un flacon d'iode, j'attachais Delia au montant de sa stalle et je tamponnais les croûtes nauséabondes en essayant de les enlever pour que le pus s'écoule. En me voyant, elle secouait la tête, sans autre forme de protestation. Ses plaies se comblaient de bourgeons de chair neuve. Ce n'était pas beau à voir, mais c'était signe de cicatrisation.

La laiterie d'où venait Delia nous a téléphoné pour nous dire qu'ils avaient une autre vache qu'ils étaient disposés à nous vendre à un bon prix. Il s'agissait de la vache favorite de leur fille. Ils ne pouvaient pas l'envoyer à l'abattoir, mais ne pouvaient pas non plus la garder, parce qu'elle avait la mamelle trop pendante et arrivait à la traite avec les pis trop boueux. Elle était coupée Jersey-Holstein, c'était une bonne productrice, elle s'appelait Raye.

À vingt et quelques années, j'ai passé un an au Mexique. Au début, je parlais à peine espagnol. Quand je discutais avec les gens, j'étais complètement larguée, je me raccrochais aux quelques mots que je captais pour en déduire un sens général. Lorsque mon interlocuteur s'interrompait, dans l'attente d'une réaction de ma part, je répondais invariablement : « Si ».

Cette stratégie m'a entraînée dans des situations cocasses, mais elle m'a permis de progresser. C'est la seule façon dont je puisse expliquer l'acquisition de Raye. Nous avions déjà trop de lait, et pas assez de temps, seulement, nous étions un peu paumés, un rien nous excitait. Quand on nous posait une question, par défaut, nous répondions : « Si ».

Puisque Delia allait avoir une compagne, nous devions agrandir l'étable. Une grande extension avait été construite contre l'un des côtés de la grange ouest, avec une porte coulissante. Si l'ossature et les façades étaient en bon état, le revêtement intérieur, en bois comprimé bas de gamme, gondolait et tombait en miettes. Nous avons passé une journée à l'arracher, une autre à retirer les clous des montants dénudés. Dans une prise de courant, nous avons trouvé une chauve-souris momifiée. Elle avait dû essayer de nicher là, à l'époque où l'électricité fonctionnait encore.

Fortement charpentée, noire comme l'encre, obstinée, Raye était l'opposée de Delia. Elle avait un meuglement de tuba. À l'heure de la traite, elle se ruait hors de sa stalle, moi agrippée à son licol, produisant sur elle autant d'effet qu'une puce. Quand je lui lavais les pis, elle essayait de me donner des coups de sabots et, pendant une semaine, elle a systématiquement renversé le seau que je plaçais sous elle, jusqu'à ce que je finisse par comprendre qu'il fallait que je le tienne au-dessus du sol, entre mes genoux. Si Raye avait été là lorsque Delia s'était fait attaquer par les chiens, je suis sûre qu'ils n'auraient pas osé les approcher. Delia la suivait docilement d'un bout à l'autre de l'étable, ravie d'avoir de la compagnie. Chaque soir, je les quittais sur l'image de Delia léchant Raye timidement, sa langue caoutchouteuse laissant des traces baveuses dans son épais manteau d'hiver.

En janvier, nous avons acheté un troupeau de bœufs à un fermier qui liquidait son cheptel, des Scottish Highland, des créatures à l'air féroce, avec des cornes immenses, des longs poils de couleur rousse, noire ou grise, et une grande frange qui leur retombait devant les yeux. Plusieurs personnes se sont arrêtées pour nous demander si nous élevions des yaks. Outre le fait que nous les avons obtenus à un prix intéressant et que nous n'avons pas eu à aller les chercher trop loin, ils présentaient pour nous de nombreux avantages. La Highland est l'une des plus anciennes races bovines, qui s'est développée dans une région au climat rude. Rustique, elle se contente de prairies pauvres et d'herbe à défaut de grain. Les vêlages sont faciles et les mères très maternelles. Leur pelage fourni convient parfaitement à nos hivers rigoureux. Comme la laine des moutons, il est de surcroît imperméable ; nous pourrions les laisser dehors sous les froides pluies de printemps. Toute médaille a cependant son revers : de croissance lente, ils n'atteignent pas leur poids de boucherie avant l'âge de 2 ans. Du reste, les nôtres étaient sauvages. Quand nous les avons déchargés du camion, un veau s'est enfui au trot à travers toute la ferme, pendant que sa mère affolée essayait de démolir une porte en beuglant. Il était blanc et bouclé comme un gros agneau. Nous l'avons baptisé Wiley.

Les graines sont arrivées en février, une ferme entière dans une caisse. De tous les mystères de la campagne, celui-là demeure, à mon sens, le plus impénétrable. Je ne parvenais pas à imaginer comment des tonnes de légumes allaient sortir d'une boîte si petite et si légère que je pouvais la porter d'une main. Mark et moi avions passé nos longues soirées d'hiver à feuilleter les catalogues des graineteries, empilés au pied du lit, les magazines pornos du paysan. Le catalogue Johnny, avec ses pages glacées et ses photos en couleur, s'adressait davantage aux fermiers stimulés par l'aspect visuel. Le catalogue Fredco, sur papier journal, de simples dessins au trait accompagnés de splendides descriptifs, interpellait davantage les gens comme moi, sensibles aux mots. S'il n'avait tenu qu'à moi, nous aurions planté un échantillonnage de tout. Rien qu'à la rubrique des courges, j'avais coché douze intrigantes variétés, dont la Candy Roaster, le Turban turc, la Pink Banana et le Galeux d'Eysines, « brodé de grosses gales liégeuses ». Le chapitre des herbes me faisait tourner la tête. Herbe de Saint Jean, herbe de Saint Paul, herbe de Saint Jacques, herbe de Saint Joseph. Comment résister à la tentation ? Et si on commandait un sachet de scutellaire, ancien remède de grand-mère contre la rage ? Pour un dollar, où était le risque ? Les grainetiers sont malins, ils vous envoient leur catalogue en hiver, quand tout vous paraît possible et que le gros du boulot est encore trop loin pour être jaugé à sa juste mesure. Par chance, Mark avait de l'expérience et il a gentiment refréné mes ardeurs, si bien que le carton que l'on nous a livré ne contenait que des graines de produits comestibles, appréciés par le plus grand nombre, et donc une quantité raisonnable de variétés, et rien de saint. Nous avons trié les paquets : d'un côté ce qui serait semé directement dans le champ ; de l'autre, ce qui nécessitait de démarrer sous serre, dès les semaines à venir. Nous n'avions pas de serre, mais nous allions en construire une.

Mi-février, Mark est parti en Pennsylvanie chercher son matériel pour la fabrication du sirop d'érable, qu'il avait entreposé dans son ancienne ferme à State College. Nous avons installé l'évaporateur dans un petit bâtiment près de la route, dont nous avons percé le toit de tôle afin de faire sortir le conduit de la cheminée. Thomas LaFountain nous prêtait un bac de récolte pouvant contenir jusqu'à sept cent cinquante litres de sève. Il n'en avait plus besoin. Il avait investi dans une tubulure, un système de tuyaux en plastique qui collectent la sève des érables et l'acheminent jusqu'à la cabane à sucre.

La ferme prenait forme, les pièces du puzzle commençaient à se mettre en place. Nous avions les vaches laitières, les vaches à viande, les cochons, les poules, les graines et l'équipement acéricole. Nous étions parés pour assurer notre autonomie alimentaire ainsi que celle de notre réseau encore imaginaire. Il ne nous manquait que le temps de tout faire. La grosse mamelle de Raye était beaucoup plus difficile à traire que les délicats petits pis de Delia. Raye produisait aussi davantage de lait. Peu importe que nous nous levions extrêmement tôt, le soleil était déjà haut avant que le lait ne soit mis au frais et le matériel de traite lavé. Dans la matinée, il fallait encore donner à manger aux chevaux et changer leur litière, préparer la pâtée des cochons, sortir les poules du poulailler, renouveler leur grain et leur eau. Les bœufs étaient logés dans le bâtiment est, leur fourrage stocké dans la grange ouest. Nous n'avions pas encore de chariot ; tous les matins, il fallait descendre des balles de foin du fenil et les apporter à l'étable, une à une. Il nous manquait également des tuyaux, si bien que nous transportions pas mal d'eau. Les jours rallongeaient mais nous n'avions pas un instant de répit. Du matin jusqu'au soir, nous parions au plus pressé. À la fin de la journée, il restait encore autant à faire qu'à l'aube.

Nous n'avions pour toutes ressources financières que nos économies, aucune rentrée d'argent. Et beaucoup de sorties. Nous avons commandé pour des centaines de dollars de clôtures électriques, piquets, chargeurs, grillages, et des milliers de mètres de fil électrique pour les pâturages mobiles des bœufs et des chevaux. Nous avions également besoin d'équipement, pas seulement de chariots et de tuyaux, mais d'outils manuels et de machines, de seaux et de cuves, de râteliers et de mangeoires. Le solde de notre compte bancaire avoisinait zéro. Tous les soirs, nous révisions nos priorités, nous limitant à l'essentiel. Je m'efforçais de ne pas chercher à faire beau et de penser fonctionnel. Je comprenais maintenant pourquoi les exploitations agricoles en activité heurtaient mon sens de l'esthétique. En permanence, nous avions au moins trois chantiers en cours. Toutes les bonnes volontés étaient mises à contribution. Mon amie Alexis est venue nous rendre visite de La Nouvelle-Orléans, où elle venait juste de terminer de retaper une maison. Nous lui avons fait refaire l'installation électrique des granges. Quand elle est repartie, nous avions la lumière. Nous nous sommes remis au grand nettoyage, nous avons rasé encore trois bâtiments. Nous n'avions pas de rythme préétabli, pas de routine. Pas une journée ne se passait sans qu'il ne faille parer à une urgence : une vache qui s'était échappée, des tuyaux gelés. Chaque soir, nous nous couchions avec la perspective d'un lendemain bien rempli.

Les locataires sont partis à la fin de l'hiver, quelques mois avant le terme de leur bail. Nous avons pris nos quartiers dans le corps de logis et découvert qu'il était infesté de rats. En fait, toute la ferme en était envahie, à cause des tonnes de blé qu'on avait laissées dans la réserve à grains. Nous n'avions pas de meubles, nous dormions sur un matelas posé à même le sol dans la chambre de l'appartement du rez-de-chaussée. Toutes les nuits, j'étais réveillée par des galopades dans les cloisons. Nous avons localisé la source des bruits dans le vide sanitaire sous le toit. Mark est monté voir et a trouvé d'innombrables nids dans l'isolation. Quand je me levais pour aller me chercher un verre d'eau dans la cuisine, systématiquement, en allumant la lumière, j'entrevoyais un corps brun effilé et une longue queue sans poil s'engouffrer dans un trou au-dessus du poêle. Le téléphone est tombé en panne. Nous avons cherché à comprendre pourquoi : les rats avaient rongé les fils. Vraisemblablement, un pan de leur tactique d'invasion consistait à nous couper du monde. Je redoutais qu'ils grignotent les câbles électriques et que nous brûlions vifs dans la maison en feu. Dehors, ils avaient copiné avec les cochons. Il n'était pas rare que j'en voie huit ou dix fouiner dans les épluchures, en plein jour, le plus tranquillement du monde. J'ai calculé qu'ils devaient être à peu près cent fois plus nombreux que nous.

Nous avons posé des pièges, genre méga-tapettes à souris, pourvus de ressorts qui vous auraient brisé un doigt. Tous les soirs, nous entendions au moins un « clap ! » Tous les matins, nous ramassions au moins un cadavre. Nico, mon chien des villes, ne montrait aucun intérêt pour la chasse aux rats. Sur un site Internet, j'ai lu qu'on dressait les ratiers en leur montrant que les rongeurs étaient des ennemis. J'ai donc enfilé des gants en caoutchouc et pris un rat mort dans un piège. À l'extérieur, je l'ai jeté par terre et roué de coups de pied, en le traitant de tous les noms. Nico m'a un instant observé d'un œil sceptique, puis il s'est éloigné, la queue entre les jambes, convaincu qu'il était plus prudent de rester à distance de ces sales bestioles. Lesquelles ont fini par apprendre à se méfier des pièges. Nous n'en attrapions plus. Le trafic ne cessait pas pour autant.

Un autre site web recommandait le piège du tonneau. Nous avons mis du grain au fond d'une barrique de deux cents litres, placé un plus petit baril à côté, pour que les rats puissent grimper, un autre dans la barrique, pour qu'ils puissent en ressortir. Quelques jours plus tard, nous avons enlevé le tonneau intérieur, versé de l'eau dans la barrique et jeté du grain à la surface. Les rats pourraient entrer mais pas ressortir. Un matin, nous en avons repêché six. En quinze jours, nous en avons noyé une bonne vingtaine. Mais ces bêtes-là sont futées. Au bout d'un moment, elles ne se sont plus approchées de la barrique.

Finalement, je suis allée au refuge pour animaux et j'ai demandé à voir les plus redoutables des pensionnaires. Je suis rentrée à la maison avec trois chats, un noir et blanc et deux sœurs à la queue tronquée.

Ce n'étaient pas exactement les machines à tuer que j'avais en tête, plutôt des petites choses malingres dont personne n'avait voulu, à peine plus grosses que les plus gros des rats. Quand je les ai lâchés dans la grange, ils se sont frottés contre mes jambes en ronronnant. Quelques jours plus tard, une dame nous a apporté une portée de chatons – le bruit courait que nous en cherchions. Je les ai tous adoptés. Un peu de renfort ne serait pas de refus.

Les cinq chatons étaient à peine sevrés. La nuit, ils dormaient dans la grange, blottis les uns contre les autres. La journée, ils faisaient des parties de tennis avec des boulettes de papier, mettaient en scène des embuscades élaborées et se livraient des batailles amicales. Dès qu'ils me voyaient, ils me réclamaient des caresses à grands cris. Un matin, une semaine après leur arrivée, j'ai allumé la lumière de la grange, ce qui suscitait immanquablement un concert de miaulements. Or, rien. Pas un bruit. J'ai trouvé le premier, le petit gris, froid et inanimé près des stalles des vaches. Puis deux autres cadavres. J'ai ramassé le petit gris. Mort, il paraissait encore plus chétif que vivant, un petit squelette couvert de fourrure soyeuse. Mark me l'a pris des mains et l'a examiné : il avait dans le cou deux traces de dents vampiriques.

– Une belette, a-t-il déclaré. Elles sucent le sang.

La nature n'est-elle qu'un bal cruel entre proies et prédateurs ? J'ai enterré les pauvres créatures dans le compost. Les deux survivants ont attendu quelques jours avant de quitter leur cachette. Nous les avons baptisés Mink et Marten[1]. La belette déjouait tous nos

---

1. Vison et Martre.

pièges. Après les chatons, elle a tué une poule naine et ses poussins. Puis elle est retournée dans son royaume souterrain, sans doute par le même passage ténébreux dont elle avait émergé, et n'est plus jamais revenue nous tourmenter.

Petit à petit, les rats ont néanmoins fini par disparaître, d'abord de la maison, ensuite des dépendances. Je n'ai jamais vu les chats en tuer un, mais ils se sont approprié tous leurs territoires de prédilection, notamment la réserve à grain, où ils faisaient la sieste lascivement lovés au sommet des sacs de blé. Peut-être les rats ont-ils battu en retraite, ou sont-ils devenus moins effrontés. Peut-être les chats mangeaient-ils leurs petits. En tout cas, nous les avions mis en déroute.

TROISIÈME PARTIE

LE PRINTEMPS

C'était une drôle d'histoire d'amour. Dans mon ancienne vie, « fiancé » était presque synonyme d'« intrigant ». Or, ce n'était pas du tout le genre de Mark. À l'école primaire, il écrivait de longues lettres enflammées aux élues de son cœur. Dans la cour de récréation, ses camarades les lui piquaient et les déclamaient du sommet de la cage à poules. Il ne se laissait pas désarçonner pour si peu. À l'âge de 8 ou 9 ans, avec son argent de poche, il avait acheté un poster pour une certaine Claudia – une licorne blanche au premier plan, un château et un arc-en-ciel en toile de fond. En affectant des manières de sainte-nitouche, elle lui avait dit qu'elle ne pouvait l'accepter. Il avait tenté de l'offrir à une autre, qui l'avait également refusé. Qu'à cela ne tienne, il l'avait remporté chez lui et affiché dans sa chambre. À l'époque, déjà, rien ne le démontait et il n'avait pas changé. Il n'avait jamais d'arrière-pensées et il ne lui serait jamais venu à l'esprit de se venger par un coup tordu. Dès l'instant où nous nous étions rencontrés, il s'était montré tel qu'il était. Il ne me cachait rien.

Le romantisme de notre relation tenait au fait que nous étions liés par un but commun ; nous formions une petite équipe de deux, nous nous serrions les coudes. Un peu comme si nous nous étions rapprochés l'un de l'autre dans un camp d'entraînement militaire, ou sur une île déserte, à la différence près que nous avions échoué sur un rivage très fertile. Nous nous réveillions et nous endormions en parlant de nos bêtes, de semences, d'irrigation, d'outils, ou en nous demandant à quel moment de la journée nous allions pouvoir caser telle ou telle corvée. Physiquement, nous étions harassés. Parfois, juste avant de sombrer dans le sommeil, nous nous collions le bout des doigts ensemble, un acte que nous appelions cyniquement « l'amour à la paysanne ». Je me souviens avoir pensé que si nous étions destinés à avoir des enfants, ils seraient conçus au plus fort de l'hiver, durant les plus longues nuits de l'année.

Jamais auparavant je ne m'étais autant négligée. Nous accomplissions en permanence des besognes largement plus salissantes que ce que je qualifiais autrefois de salissant. Se tenir propre aurait demandé une trop grande dépense d'énergie. J'étais en permanence en contact avec la terre, mais également avec le sang, le fumier, le lait, le pus. Je transpirais et me frottais à des créatures tout aussi transpirantes, je mettais les mains dans le cambouis et la graisse animale, je manipulais des entrailles à différents stades de décomposition. Tout doucement, je repoussais les limites du répugnant. Quand je m'étais déjà gelée toute la journée, je n'avais aucune envie de prendre un bain dans une salle de bains non chauffée. Surtout que quelques heures plus tard, il fallait retourner traire les vaches. Certains soirs, je n'enlevais que mon pull et mon pantalon avant de me glisser sous la couette, et je les laissais au pied du lit afin de les avoir à portée de main le lendemain matin, dans le noir. De ma garde-robe citadine, il ne me restait plus grand-chose en bon état. Mes tenues réservées aux sorties hors de la ferme tenaient dans un petit tiroir. De toute façon, je n'avais jamais l'occasion de les porter. Une par une, mes affaires étaient devenues des vêtements de tous les jours. J'ai découvert les propriétés isolantes de la soie ; ma collection de lingerie a acquis une nouvelle utilité. Mon pull col V en cachemire noir que j'appelais mon « pull des premiers rendez-vous » est devenu un pull de travail. Dans sa jeunesse, je le faisais nettoyer au pressing et le rangeais sur un cintre aux épaules renforcées. Il était à présent criblé de paille et troué aux coudes.

Je me laissais pousser les cheveux, non par choix, mais parce que je n'avais pas le temps de prendre rendez-vous ni d'aller chez le coiffeur. Je ne m'épilais plus les sourcils. Je ne me regardais plus dans le miroir et quand, par hasard, je croisais mon reflet, je m'apercevais que le grand air dessinait de nouvelles rides au coin de mes yeux et me donnait un teint rougeaud, constellé de taches de rousseur. Mon front se plissait, des lignes se creusaient entre mon nez et ma bouche. Ma nouvelle vie me marquait. La transformation se produisait à une vitesse effarante. Par intermittence, j'essayais de l'enrayer : je débroussaillais, j'hydratais, je gommais, tout en pleurant mon ancien moi, qui semblait disparaître à l'horizon. Puis j'ai fini par renoncer.

Mars fut une période tendue, limite dangereuse, comme le passage d'une frontière entre deux pays en conflit, la traversée d'un no man's land, encore plus éprouvante que les privations de l'hiver ou l'humidité du printemps. Le temps était tout bonnement imprévisible. La nuit, il pouvait faire aussi bien − 15 °C que + 5, avec des rafales qui arrachaient le toit de tôle des granges et rendaient les chevaux complètement fous. Dans les champs, la neige avait pris un aspect gris et déprimant, cédant chaque jour davantage de terrain à la gadoue. Le long de l'allée, des monticules de ferraille refaisaient surface. Avec le redoux, il y avait parfois tellement de boue devant l'étable que nous n'arrivions pas à soulever nos bottes sans les perdre. Les nids-de-poule devinrent une vraie menace. La fonte des neiges révéla deux petites remises écroulées sous le poids de l'hiver. Nous constations sombrement les dégâts, les pieds glacés dans nos chaussettes trempées.

Les Highland ont attrapé la gale. Elles se grattaient avec leurs cornes, se frottaient contre les arbres et perdaient de grosses touffes de poils. Par endroits, leur peau rose était à nu. Puis vint la dysenterie, qui frappa d'abord le plus gros des mâles, un bœuf blanc avec une corne plus longue que l'autre. Toutes les cinq minutes, il levait la queue et expulsait un jet alarmant de liquide brun et aqueux. Au bout de deux jours, la diarrhée s'est teintée de rouge et mêlée de glaires et de lambeaux de membranes intestinales. Le bœuf dépérissait, ses côtes saillaient sous son pelage terni. Nous avons consulté les Owens : il n'y avait pas grand-chose à faire, si ce n'était attendre une évolution, qui survint cinq jours plus tard. Le bœuf a repris du poil de la bête aussi rapidement qu'il s'était affaibli. Ses yeux ont d'abord retrouvé un peu de vivacité, puis il a recommencé à manger et le torrent de ses intestins s'est réduit à un mince filet. Une autre des Highland était cependant atteinte. Pensant bien faire, nous avons rentré le troupeau à l'abri, dans la grange est. Le premier jour, nous les avons regardées se bousculer à la mangeoire. Le lendemain matin, l'un des veaux grelottait tout seul dans un coin, le dos creusé, le flanc ensanglanté. comme s'il avait reçu une balle de gros calibre. Il s'était fait encorner.

Nous avons appelé les Owens. Neal et son frère Donald sont venus voir. Si les intestins n'avaient pas été percés, la bête s'en remettrait probablement. S'ils l'étaient, en revanche, il n'y avait aucun espoir. Donald et Mark ont plaqué le veau contre un mur, une épreuve de force, celui-ci ayant encore suffisamment de forces pour lutter contre deux grands gaillards. Puis, au moyen d'une seringue, Donald a extrait du fluide de la blessure et l'a senti. Il y a décelé une nette odeur d'excréments : les boyaux étaient perforés, il fallait abattre la bête sur-le-champ. Une fois la carcasse écorchée et pendue, on voyait très nettement la zone infectée autour de la plaie, d'un vert-jaune presque fluorescent. Nous avons pratiqué une ablation, assez large, par précaution. Nico s'est emparé des chairs putréfiées que nous avions jetées par terre et a filé avec. Pendant plusieurs jours, il a gardé un air béat. Nous avons détaillé le reste de la viande et l'avons congelé.

Les vaches n'étaient pas les seules à pâtir du froid et de l'humidité. Les chevaux s'enfonçaient dans la fange jusqu'aux paturons et n'osaient pas s'éloigner de la mangeoire. Les porcs étaient encore plus mal lotis. Nous les avions mis au pré. Mark leur avait construit un abri en fibre de verre, avec un réservoir d'irrigation coupé en deux, qu'il avait surnommé le « pigloo » et garni de balles de foin. Lorsque les cochons y étaient tous entassés, il y faisait bien chaud, de la vapeur s'échappait du trou percé dans le toit. Tout autour, cependant, le sol était saturé d'eau. À force d'y patauger, ils ont eu tôt fait de le transformer en un bourbier dans lequel ils s'enlisaient presque jusqu'au ventre et se mouvaient comme des grosses tortues. Nous avons clôturé un périmètre de terrain adjacent, surélevé. Ils s'y sont aventurés d'un pas mal assuré, tels des marins en proie au mal de terre. Une truie brune tachetée de noir est restée à l'arrière. Habituée à son ancien territoire, elle ne voulait pas en franchir les limites, même lorsque nous avons enlevé le fil électrique. Elle piétinait sur place en grognant nerveusement, tandis que ses compagnons fouillaient le sol du groin, à la recherche de l'herbe de l'année précédente. Nous étions déjà en retard pour la traite, nous l'avons laissée se débrouiller toute seule. Il a fallu deux jours pour que la solitude triomphe de ses craintes.

Alors que je n'y croyais plus, la belle saison a néanmoins fini par arriver. Nous avons eu une autre tempête, trente centimètres de neige, puis les nuages se sont dissipés et après une nuit où il a gelé à pierre fendre, le soleil s'est levé avec une nouvelle énergie. Mark et moi prenions notre déjeuner lorsque nous avons entendu un pan de glace se détacher du toit de la maison, suivi du crépitement de l'eau qui s'écoulait des gouttières. À partir de ce moment, l'ambiance générale s'est nettement améliorée. Nous étions enfin parvenus en territoire ami. La sève montait dans les arbres.

Les seaux de récolte, récurés, n'attendaient que d'être mis en place. Nous comptions atteler le bac prêté par Thomas à un petit chariot. Or, dans les sousbois, il y avait encore trop de neige pour circuler avec un véhicule à roues. Nous avions besoin d'un traîneau – un *jumper*, comme disaient les Owens –, dans les plus brefs délais. Lorsque le père de Neal et Donald était jeune, la ferme familiale tournait à l'énergie chevaline, et tout le monde faisait les sucres. Si quelqu'un savait comment fabriquer un *jumper*, c'était M. Owens.

Neal l'a amené chez nous. Autant le fils était massif, autant le père était frêle. M. Owens avait dans les 70 ans, il ressemblait à une sauterelle avec un gros nez et des yeux bleus comme de la porcelaine de Delft. Contrairement aux autres vieux paysans que nous avions rencontrés, en général vêtus d'un tee-shirt et d'une casquette publicitaire, il était habillé avec style : chapeau de cow-boy, santiags, chemise western, portefeuille dans la poche arrière de son jean, accroché par une chaîne à un passant de sa ceinture. Nous lui avons fait faire le tour du propriétaire, il observait tout dans un silence absolu. Il avait grandi dans une ferme à cinq ou six kilomètres de la nôtre, au bord d'une route qui porte son nom. Probablement avaitil vu notre exploitation des millions de fois et en connaissait-il chaque recoin mieux que nous. La visite terminée, nous nous sommes tous rendus dans la grange ouest. Sam et Silver mâchonnaient du foin dans leurs box. M. Owens a commencé à se dérider. Il s'est écarté de Mark et Neal, qui se demandaient combien de meules pouvaient tenir dans le fenil. Il a examiné un harnais pendu à un crochet, puis il est entré dans la stalle de Silver avec un murmure admiratif. Il lui a caressé l'épaule, tâté chacune des jambes antérieures et, en reculant pour mieux le voir, a hoché la tête.

— Vous les attelez comme ça ? m'a-t-il demandé en désignant tour à tour Sam, le plus grand, à gauche, et Silver, plus petit mais plus trapu, à droite. (J'ai acquiescé.) Ça alors, à la canadienne ! s'est-il exclamé en riant. Nous, on mettait toujours le plus grand à droite.

Une main sur le flanc de Silver, il m'a confié qu'il avait eu son premier attelage à l'âge de 10 ou 11 ans, une paire de Percheron-Morgan, un hongre et une jument, des petits chevaux avec des bons pieds, un grand cœur et de la cervelle.

— Ils tenaient plus du Morgan, a-t-il précisé.

Ils pouvaient travailler une journée entière, en pleine chaleur, à faire les foins aux côtés des chevaux plus grands de son père. La première tâche qu'on lui avait confiée, enfant, consistait à utiliser son attelage pour hisser le fourrage en vrac des charrettes jusqu'en haut de la grange, au moyen d'une griffe montée sur une poulie coulissant le long d'un rail. Ses petits chevaux étaient si intelligents qu'ils enclenchaient eux-mêmes les câbles sur le rail et les orientaient en direction de la grange. Ils savaient où s'arrêter et M. Owens, que l'on appelait alors « le p'tit Donald », déchargeait le foin et l'entreposait dans le fenil. Les chevaux faisaient demi-tour et regagnaient leur point de départ, prêts à recommencer. Pendant qu'il me racontait cette anecdote, son visage s'était éclairé, comme s'il me parlait de son premier amour. Puis il est retombé dans le silence, le visage impassible.

Nous sommes partis dans la forêt à l'ouest de la grange, Neal ouvrant la marche, suivi de Mark portant la tronçonneuse, et de M. Owens, alerte et toujours silencieux, qui avait troqué son stetson contre un bonnet de laine. Nous cherchions du bois de fer, le nom local de l'ostryer de Virginie, une essence dure et dense, le matériau idéal, selon M. Owens, pour construire un *jumper*. Dans la montée de l'érablière, d'une main solennelle, il a désigné deux arbustes, hauts de trois ou quatre mètres, légèrement recourbés à la cime, comme s'ils aspiraient à devenir des patins de traîneau.

J'ai couru à la grange chercher Silver, tandis que Mark mettait en marche la tronçonneuse. Quand je suis revenue, il avait abattu trois arbres – les deux patins en bois de fer, plus un jeune frêne bien droit, destiné à devenir notre timon – et les avait élagués. Nous les avons attachés avec une chaîne et Silver les a tirés dans la neige, avec autant d'effort qu'il m'en aurait fallu pour transporter trois cure-dents.

Dans l'atelier, nous avons assemblé les patins par des traverses de bois, puis nous avons confectionné une plateforme avec des planches en pin d'un mètre quatre-vingts sur deux mètres quarante. Dans la région, personne n'avait construit de *jumper* depuis des années. Le bruit que nous étions en train d'en fabriquer un s'est répandu comme une traînée de poudre. Tous les voisins ont accouru, certains avec leurs outils à bois, d'autres en simples spectateurs. Le traîneau prenait forme. Il était bas, près du sol, rudimentaire mais élégant, ses lignes aussi naturelles que les troncs dont il était fait. M. Owens dirigeait les opérations, indiquant où il fallait ajouter des traverses supplémentaires, comment fixer les patins pour qu'ils restent bien droits. Alors que nous nous apprêtions à monter le timon, un désaccord est survenu à propos d'un détail. M. Owens campait sur ses positions, les autres – ses fils, Mark et un atelier à présent plein de jeunes gaillards – soutenaient que sa solution n'était pas logique. M. Owens est allé bouder dans son camion, où il est resté jusqu'à la fin de la journée, si bien qu'il a loupé l'inauguration du *jumper*, dommage pour lui. J'ai amené Silver devant le nouveau timon de frêne, Mark l'a attelé et je me suis assise sur les planches à l'odeur verte, guides en main. Les premiers mètres sur l'allée ont été laborieux, arrachant l'écorce sous les patins, mais une fois dans la neige, nous sommes partis à fond de train.

J'avais déjà passé de nombreuses heures avec les chevaux, pas toujours faciles. Les harnacher demeurait au-dessus de mes forces. L'ensemble des pièces du harnachement pesait trente-cinq kilos, que je devais hisser sur le dos des chevaux. Je n'arrivais pas à soulever les attelles assez haut. Je m'escrimais néanmoins à essayer. Quand je parvenais à les élever au-dessus de ma tête, le reste du harnais m'étranglait et je devais tout recommencer de zéro. Au bout d'une demi-heure de tentatives infructueuses, les bras tremblants, au bord du malaise, j'étais obligée de faire appel à Mark, ce dont j'avais horreur. Avec sa force, et sa grande taille, il manipulait le harnais aussi facilement que des bouts de ficelle. Il répétait que ce n'était qu'une question de technique.

Après quoi, je n'étais pas sortie de l'auberge pour autant. Encore une fois, mon orgueil me causait du tort. J'avais fait de l'équitation toute ma vie, et passé une grande partie de mon adolescence à parler chevaux, lire des bouquins sur les chevaux, penser aux chevaux. Je me considérais comme une cavalière avertie, j'étais persuadée que mener un attelage ne me serait guère plus difficile que de monter un cheval. Dans mon esprit, Mark connaissait l'agriculture, moi les chevaux ; nous possédions des compétences complémentaires, nous allions démarrer au quart de tour dès la première saison. Lorsque nous avions établi les plans de nos champs de légumes, à la fin de ce premier hiver, nous avions décidé d'espacer les rangs d'un mètre quinze – détail insignifiant, sauf qu'une fois que les cultures seraient semées, nous serions obligés de travailler avec les chevaux jusqu'à la fin de la saison ; un tracteur ne passerait pas entre les plants.

Mark m'avait demandé si je m'en sentais capable. J'avais répondu par l'affirmative, avec un petit frisson d'appréhension. Il m'était déjà arrivé quelques mésaventures. Un jour, j'avais oublié d'accrocher une guide au côté extérieur du mors de Sam. Nous avons traversé la cour comme ça, je ne m'en suis aperçue que lorsque j'ai voulu le faire tourner pour enjamber le timon du chariot. Une autre fois, pendant que j'enfilais mes gants après avoir fait sortir les chevaux de leurs stalles, Silver a exécuté un demi-tour et s'est retrouvé nez à nez avec un Sam affolé, qui s'est mis à reculer vers moi. Dans cette situation, les guides ne pouvaient me servir à rien. Par chance, je suis parvenue à les remettre en ligne avant qu'ils ne se mordent le nez ou ne paniquent en s'empêtrant dans les guides. À la suite de cet incident, nous avons relié les hanches des chevaux avec une chaîne assez lâche, une mesure de sécurité que nous aurions dû prendre dès le début.

Quand Gary me les avait fait conduire, je les avais trouvés un peu mous. Ils me semblaient désormais plus nerveux. Dans la froidure matinale, Sam tirait si fort sur son mors que j'en avais des courbatures aux bras et lorsque nous nous arrêtions pour charger quelque chose dans la charrette, j'avais toutes les peines du monde à les maintenir en place. J'attribuais leur attitude à la méconnaissance de leur nouvel environnement. J'ai conscience aujourd'hui que seule mon inexpérience était en cause. Je commettais des erreurs – parfois de grosses bêtises, mais principalement des petites méprises –, qui leur faisaient perdre confiance en moi, un peu plus à chaque sortie. Ils sentaient que je n'étais pas à la hauteur de mes responsabilités et, franchement, c'était bel et bien le cas. J'aurais dû cesser de m'acharner et me former pendant un an ou deux auprès d'un meneur d'attelage chevronné mais, vu les circonstances, cela me paraissait inenvisageable. Nous n'avions pas d'argent et nous voulions être productifs dès la première saison, qui approchait à grands pas. Je n'avais d'autre choix que d'improviser, en croisant les doigts.

Depuis que les chevaux étaient arrivés, je les attelais tous les jours, pour transporter du bois, du foin ou du fumier. Je saisissais toutes les opportunités, afin de me familiariser avec eux avant le début des travaux des champs. J'observais leur façon de se déplacer, leurs penchants et leurs aversions, leur personnalité. Sam en faisait toujours plus, appuyé sur son mors, tête haute, il s'efforçait de maintenir quelques centimètres d'avance sur Silver. Je l'attelais à une charrette pour apporter nos ordures à la déchetterie. Dès que nous gagnions la route, il levait les antérieurs et arrondissait l'encolure, comme s'il paradait. Je crois qu'il avait de lui-même l'image d'un pur-sang arabe, léger, rapide et fier. En tout cas, il ne se voyait certainement pas comme un vieux cheval de trait au poitrail étroit. Cela dit, il accomplissait son humble travail docilement et de bon gré. Silver était le costaud de la paire, l'opposé de Sam. Il avait des muscles épais, le cou d'un footballeur gonflé aux stéroïdes, et il était un peu flemmard. Si je ne veillais pas à le stimuler et à retenir Sam, il se laissait distancer, ses chaînes prenaient du jeu et Sam tractait toute la charge. Électivement, il marchait avec indolence, mais quand il voulait, il pouvait tirer le poids du monde. La première fois qu'il m'a montré ce dont il était capable, nous rapportions du bois de la forêt. Il faisait humide, la vieille charrette s'est embourbée presque jusqu'aux essieux. Je ne conduisais l'attelage que depuis quelques semaines, j'ignorais quelle force les chevaux pouvaient fournir. J'ai découvert que Silver était fait pour les travaux herculéens. Il a dressé une oreille, à l'écoute. Je lui ai demandé de tirer. Il a bandé ses muscles magnifiques, poussant ses imposantes épaules contre le collier, il s'est concentré, les pieds solidement campés dans le sol à moitié gelé et il s'est exécuté, avec vigueur, jusqu'à ce que la charrette se dégage de l'ornière. Quand Silver était là, jamais nous n'avons eu besoin de décharger.

Le jour qui a suivi la finalisation du *jumper*, il faisait trop froid pour récolter la sève. Le sol était couvert d'une couche de neige fraîche, le ciel dégagé et ensoleillé, les chevaux tenaient une forme olympique. Mark les a attelés à un tombereau que nous avions trouvé dans les broussailles et qu'il avait réparé. Ils piaffaient d'impatience et se sont mis en route avec entrain, direction le milieu du domaine, où de la paille était entreposée depuis des années sous une grande remise en tôle. J'étais assise dans la charrette, qui filait à vive allure. Après avoir contourné la grange ouest, nous sommes montés sur un plateau dominant un champ que nous avions nommé Long Pasture. De là, la route redescendait et longeait un marécage gelé, piétiné par les chevreuils, puis elle traversait un champ de vingt-cinq hectares.

Le hangar où se trouvait la paille était ouvert sur deux côtés, ses parois métalliques claquaient au vent. J'y ai fait entrer Sam et Silver et je suis restée dans la charrette, guides en main, tandis que Mark chargeait les ballots. Le bruit énervait les chevaux. Je ne prêtais pas attention à Mark, qui empilait son cinquième étage de meules dans le tombereau. Je n'étais pas certaine que les chevaux puissent tracter une telle charge en montée.

— Le seul moyen de savoir, c'est d'essayer ! a déclaré Mark en ajoutant encore un étage à la pile.

Avant lui, je n'avais fréquenté que des hommes plus timorés que moi. En général, c'était moi qui poussais le bouchon un peu trop loin, qui ne voulais jamais rentrer, qui commandais toujours une dernière tournée. Celui que je m'apprêtais à épouser était du genre, pour trouver ses limites, à commencer par les franchir : au bord d'un précipice, il avançait jusqu'à perdre l'équilibre, se rattrapait par le bout d'un ongle et remontait à la force des bras.

Nous étions à un kilomètre et demi des granges. Mark est monté au sommet du chargement, à plus de trois mètres du sol. Il m'avait laissé un petit espace, à l'avant, entre les meules. Un mur de paille se dressait dans mon dos. Sur le plat, Sam et Silver ont tiré le tombereau sans encombre. Au bas de la montée, ils ont accéléré. Ils voulaient la prendre au trot, afin de se donner de l'élan. Le sol était glissant, j'aurais dû les ramener au pas. Faute d'expérience, je les ai laissés gagner en vitesse. À mi-pente, nous sommes passés sur un nid-de-poule. J'ai senti le chargement de paille osciller et entendu Mark pousser un « Holà ! ». Je me suis retournée : le chargement de meules tanguait dangereusement. Pendant que je regardais par-dessus mon épaule, les chevaux en ont profité pour augmenter encore l'allure. Sam courait au petit galop, Silver trottait comme un dératé. Une bosse sur le chemin a fait basculer la montagne de paille et Mark avec. J'ai arrêté les chevaux, qui ne comprenaient pas pourquoi ils avaient été subitement soulagés de leur fardeau. Silver a tourné la tête vers moi, Sam a dressé les oreilles, inquiet ; l'attelage s'est immobilisé, dans le silence le plus complet. Je ne savais pas si Mark était sous la paille ou dans le fossé, mort ou grièvement blessé, quand, tout à coup, je l'ai entendu éclater de rire. Il est apparu, couvert de neige, et Silver s'est mis à balancer la tête, comme s'il m'avait fait une bonne blague.

Érablière à sucre, *sugar bush*. Même les mots sont beaux et doux à l'oreille. Du haut de la colline, à travers les arbres dénudés, je voyais chaque champ, chaque pré entouré de sa haie, jusqu'au lac, à plus d'un kilomètre de là. Le domaine, de la riche teinte de la crème des Jersey, se découpait dans le blanc bleuté de la neige, tous ses défauts atténués, telle une beauté vieillissante flattée par la lueur d'une bougie. Dans la forêt, la neige étouffait le crissement des feuilles mortes, le cliquètement des harnais et les voix. Quand les chevaux étaient à l'arrêt, je me sentais comme une intruse dans la chambre de la nature.

Le soleil était chaud mais la neige, profonde et lourde. Sam et Silver peinaient pour s'y ouvrir un passage, tout leur poids sur l'arrière-main, montant haut les antérieurs. Ils avaient encore leur robe d'hiver, perlée de sueur. Lorsque nous traversions des congères, j'étais aspergée d'embruns de neige. Les seaux à sève, aussi appelés chaudières, et leurs couvercles étaient empilés sur le traîneau, aux côtés d'une boîte de chalumeaux, des sortes de petits becs verseurs en métal.

Pour créer une érablière, on procède par élimination. Au fil des ans et des générations, on coupe les frênes, les pins et les bouleaux, afin de laisser aux érables le monopole du soleil et des nutriments. Les arbres se développent ainsi sans entrave. Les plus anciens ont des troncs si gros que vos bras n'arrivent même pas à faire la moitié de leur circonférence ; leur ramage s'élève et se déploie dans le ciel, élégant, de forme conique, pareil aux dessins d'arbres des jeunes enfants. Les Spring, qui avaient été propriétaires de la ferme jusque dans les années 80, étaient les derniers à avoir exploité l'érablière. Ils avaient tracé une bonne piste qui la traversait du nord au sud, en son milieu, ainsi qu'une autre qui montait le long de la colline, d'est en ouest. Un chemin grossier décrivait une boucle dans le quart sud-est de la croix qu'elles formaient, là où la population d'érables était la plus dense et la pente la plus abrupte. Cinq ans auparavant, l'érablière avait été ravagée par une tempête de pluie verglaçante qui avait paralysé le nord-est du pays pendant une semaine. Certains érables avaient été écimés et, sous le poids de la glace, des grosses branches s'étaient cassées. Avec Mark, nous avions passé quelques après-midi à dégager les chemins et à élaguer les arbres qui les bordaient, de façon à ce que les chevaux puissent circuler sans risquer de se crever un œil. Mark aimait tellement les arbres que, lorsqu'il était adolescent, il confectionnait des herbiers, il collectionnait les feuilles et les collait dans des albums, comme d'autres collectionnent les cartes de base-ball. Afin de m'aider à identifier facilement les érables, il y avait fixé des morceaux de ruban rose vif et m'avait montré que chacune de leurs ramifications avait sa sœur jumelle, une caractéristique, m'avait-il précisé, que l'on ne retrouve que chez le frêne et le cornouiller. L'écorce des jeunes érables est lisse et du même gris que la peau des éléphants. Celle des érables adultes est plus épaisse et forme des écailles.

Dans la neige jusqu'aux genoux, Mark entaillait les arbres un à un. À l'aide d'un vilebrequin, il y perçait un trou d'un centimètre de diamètre, légèrement en biais, qui s'humidifiait immédiatement de sève. Avec un marteau, il y enfonçait un chalumeau, auquel il accrochait un seau protégé par un couvercle en métal. Nous avons ainsi parcouru toute la longueur de la piste principale, Mark effectuant des aller-retour en courant au traîneau pour prendre des seaux et des chalumeaux, tandis que les chevaux et moi tracions un passage dans la neige. La boucle de piste dans la partie sud-est de l'érablière était trop enneigée, nous avons décidé de ne pas nous y aventurer.

Les chevaux avaient le dos fumant et soufflaient fort. À mi-parcours, Silver a commencé à renâcler, se fichant pas mal que les humains travaillent au moins aussi dur que lui. En début d'après-midi, nous avions terminé – 170 érables entaillés –, mais Silver s'est mis en grève. Les oreilles plaquées contre sa grosse tête oblongue, il ruait dans les brancards. Même dans la descente, j'ai dû user de ruse et de flatterie pour qu'il ramène le traîneau à la maison.

La sève d'érable, que l'on appelle aussi eau d'érable, ne contient que 4 % de sucre. Il en faut cent cinquante litres pour obtenir un litre de sirop. Les 96 % d'eau doivent être éliminés par évaporation, ce qui nécessite une énorme quantité de bois. Sam et Silver de retour dans leurs stalles, une couverture sur le dos, nous nous sommes attaqués au tas de bois de chauffe, fendant rondin après rondin de frêne sec en petites bûchettes d'allumage, jusqu'à ce que la pile s'effondre sur elle-même. Puis, épuisés, nous sommes allés directement au lit. Avant de sombrer dans les bras de Morphée, j'ai entendu que la météo prévoyait une nuit de gel suivie d'une matinée douce et enso-leillée. Le lendemain matin, nous sommes remontés au pas de course jusqu'au premier arbre de l'érablière. La sève coulait dans la chaudière, non pas goutte à goutte, comme nous nous y attendions, mais en un petit filet régulier.

L'après-midi, les baquets des meilleurs sujets étaient aux trois quarts pleins. Nous avons attelé le bac de récolte derrière le *jumper* et nous sommes repartis à l'érablière. Reposé et repu de maïs, Silver était à présent résigné à travailler, sentant probablement que le jeu en valait la chandelle. Mark suivait ses traces de la veille, d'arbre en arbre, et revenait au traîneau avec un seau de vingt kilos dans chaque main, qu'il vidait dans le bac, au travers d'un filtre. Plus tard dans la saison, quand la température se réchaufferait et connaîtrait moins de variations, la sève serait d'un jaune grisâtre et pleine d'insectes ivres morts ayant succombé à sa fatale douceur. La première coulée était néanmoins aussi claire que de l'eau de roche. Mark a porté un énorme seau à ses lèvres, la sève lui a dégouliné sur les joues, dans le cou et sous son pull. Je lui ai tendu les guides, j'ai sauté du *jumper* et plongé ma bouche directement dans un baquet. Il y aurait des poèmes à écrire sur la saveur de la première coulée de sève, glacée, suave, exhalant un délicieux parfum boisé.

Trois heures plus tard, nous sommes redescendus de la colline avec un plein bac de sève. Seau par seau, nous l'avons transvasée dans un réservoir de 1 000 litres en acier inoxydable récupéré dans une laiterie abandonnée, que nous avions suspendu par des chaînes aux chevrons de la cabane à sucre.

Transformer la sève en sirop n'a rien de compliqué. Il suffit de la faire bouillir. En chauffant, le sucre se concentre. Lorsque son taux atteint 66 %, on obtient le fameux sirop d'érable. Une casserole peut suffire à sa réalisation. Mais quand on a 1 000 litres de sève, mieux vaut être équipé de matériel spécialisé.

L'évaporateur se compose de deux parties principales : le fourneau – le nôtre mesure un mètre quatre-vingts sur soixante centimètres – et la cuve, en acier inoxydable, à fond cannelé, pourvue d'une série de flotteurs et de valves, grâce auxquels le flot de sève est constamment renouvelé, au fur et à mesure que l'eau s'évapore. L'intérieur de la cuve est cloisonné : la sève bouillante s'écoule de l'arrière vers l'avant du dispositif, en s'épaississant et se concentrant. En fin de parcours, elle s'écoule dans la bassine à sirop, où un thermomètre permet de contrôler sa température, qui doit être supérieure de quelques degrés au point d'ébullition de l'eau. On peut vérifier avec un hydromètre, qui mesure la densité du sirop. La marge d'erreur est minime. Si votre sirop est trop liquide, il rancira rapidement. Trop épais, il cristallisera dans les bocaux. Au sortir de l'évaporateur, on le passe au travers d'un épais filtre en feutre, afin d'éliminer ce qu'on appelle le sable de sucre, des substances minérales qui lui donnent un goût infect et une apparence trouble.

Toute la semaine, il a fait un temps parfait pour la récolte de la sève : gel la nuit, dégel le jour. Nous harnachions les chevaux vers midi et partions faire notre tournée de l'érablière. À la fin de la semaine, il n'y avait presque plus de neige, nous avons décroché le bac du traîneau et l'avons attelé derrière un chariot.

J'aimais bien m'occuper de l'évaporateur. Mark avait du boulot : fabriquer des caissettes à semis. Je me rendais donc seule à la cabane à sucre, deux heures avant l'aube. En ville, je n'avais jamais été matinale. À la ferme, j'adorais être dehors avant le lever du jour. J'avais l'impression de partager un secret avec la nature, les oiseaux encore silencieux dans les arbres, la boue figée au sol. J'emportais de quoi me donner des forces : du café, que je préparais dans une cafetière à piston non pas avec de l'eau mais avec de la sève bouillante, un breuvage galvanisant, à consommer avec modération ; ainsi qu'une douzaine d'œufs et une salière. Thomas LaFountain m'avait montré comment les faire cuire dans la bassine à sirop. Leur coquille se craquelait, le sirop pénétrait dans les fissures et leur donnait une teinte brune et une saveur sucrée. On les repêchait avec une longue cuillère et on les mangeait chauds, généreusement salés. J'emportais aussi des cornichons, antidote aux overdoses de sucre.

Un matin, tandis que je réglais les valves, nettoyais les cendres de la veille, mettais du papier journal et des bûchettes dans le foyer, puis me retournais pour chercher une allumette, un oiseau a surgi hors du fourneau, m'effleurant la joue de ses ailes noires avec une stridulation alarmée.

— Toi, tu as du bol, mon coco ! lui ai-je lancé en allumant le feu.

La température montait rapidement. En deux ou trois minutes, des volutes sucrées s'élevaient au-dessus de la cuve, puis la sève commençait à frémir et la colonne de fumée devenait si dense qu'elle ne parvenait pas à s'échapper par le trou du toit. Elle courait le long des poutres, emplissait l'espace sous le plafond, s'amassait en gros nuages qui se condensaient et me gouttaient sur la tête.

Enfin, j'avais trouvé à la ferme une activité pour laquelle je possédais des dispositions naturelles. Mark se plaignait tout le temps que je faisais trop de feu. À juste titre. J'avais fait des trous dans les épaisses parois de fonte du poêle et, un jour, j'avais tellement chauffé la pièce que, sur une étagère, une bougie avait ramolli. Mark n'avait jamais froid, il me reprochait de gaspiller du bois et s'asseyait aussi loin que possible du poêle, ostensiblement, en tee-shirt. Quand j'étais juste bien, il transpirait. Pour lui faire plaisir, je me restreignais à la maison, mais à la cabane à sucre, l'évaporateur nécessitant un feu d'enfer, je m'en donnais à cœur joie. Toutes les cinq minutes, j'y enfournais des bûchettes qui se consumaient en un rien de temps. J'avais les cuisses rouges et cuisantes.

Je me plongeais dans un rythme absorbant. Alimenter le feu. Ôter l'écume à la surface de la cuve. S'il y en avait trop et qu'elle menaçait de déborder, ajouter une tranche de saindoux. Surveiller le niveau de sève dans la cuve. Vérifier le thermomètre dans la bassine à sirop. Alimenter le feu. Ôter l'écume. À partir du moment où vous avez allumé le feu, vous ne pouvez plus quitter l'évaporateur des yeux, même un instant. S'il n'y a plus de sève dans la cuve, ou si une valve se bouche et que la cuve chauffe à blanc, les flammes risquent de dévorer les fines parois métalliques et de ruiner l'onéreux équipement. Cela ne s'est jamais produit, mais j'avais été mise en garde. Juste avant midi, le niveau de sève dans le bassin d'entreposage atteignait son minimum. Je laissais le feu mourir. Quinze litres de sirop en bocaux en une matinée, pas mal !

Début avril, les arbres ont fleuri et l'érablière s'est parée de pourpre. Après l'éclosion des bourgeons, la sève devient âcre, le temps des sucres est terminé. Nous avions fait près de deux cents litres de sirop, une source de douceur 100 % locale, largement suffisante pour nos membres et nous-mêmes. Au lieu d'espérer des nuits froides, nous attendions désormais la chaleur qui ferait pousser les légumes verts. Dans le cellier, le stock que Rob nous avait donné au début de l'hiver se résumait désormais à quelques carottes, patates et oignons ratatinés. Il fallait toutefois patienter encore quelques semaines avant que le sol se réchauffe suffisamment pour qu'en émergent les premières et les plus toniques des plantes potagères. Comment préparer un dîner quand votre garde-manger ne contient rien de plus intéressant qu'un morceau de lard fumé ? Même pas de pain, seulement un demi-paquet de riz acheté à l'épicerie.

— Bien maigre, tout ça, ai-je dit à Mark. Je te mets au défi de concocter un repas décent avec ça.

Il est sorti avec son fusil, une détonation a retenti, une seule, et il est revenu avec quatre pigeons.

J'en ai pris un entre mes mains. Il était encore chaud et souple. Les pigeons sont pléthore, en ville. C'est pour cela, je suppose, que leur beauté me laissait totalement indifférente. S'ils étaient plus rares, nous les peindrions et nous émerveillerions de leurs couleurs, de leur ramage ardoise aux reflets lavande, de ce collier irisé autour de leur cou. Quand j'étais citadine, on m'aurait payé que je n'aurais pas touché un pigeon, et pour tout l'or du monde, je n'en aurais pas mangé. Maintenant que j'avais conscience du travail à fournir pour élever des bêtes à viande, j'étais reconnaissante de ce cadeau de la nature. Du reste, je savais que ces pigeons ne s'étaient pas nourris de détritus ou de pain rassis jeté par une vieille dame. Tout l'hiver, je les avais vus se gaver des très coûteux grains de blé et de maïs bio que nous donnions aux cochons et aux poulets. Ils étaient presque trop gros pour voler, et si nombreux que le toit de la grange était par endroits crépi de fiente. Ils nichaient dans la coupole du bâtiment est, hors de portée des chats, qui les guettaient la queue frémissante.

Mark m'a montré comment arracher les plumes du ventre, coincer celles de la queue sous un pied, enfoncer deux doigts à travers la peau sous le bréchet et tirer. Le blanc se détachait avec un petit bruit de succion, révélant les entrailles. Nous avons réservé les cœurs et les foies dans un bol. Mark a plumé et séparé les cuisses des corps, que nous avons écorchés afin de ne pas avoir à les plumer. Les chats tournaient impatiemment autour de nous, nous leur avons jeté les têtes, les boyaux et les ailes.

Puis nous avons désossé et rincé les magrets charnus, huit au total, de la taille d'une noix, rouge vif. J'ai fait cuire du riz, enlevé les plumes qui restaient sur les cuisses et coupé les pattes. Dans une grande casserole, j'ai mis les cuisses, les cœurs minuscules, les blancs, les foies, une rondelle d'oignon, une demi-carotte, une branche de thym séché, et j'ai recouvert d'eau. Pendant que tout cela mijotait sur le poêle, j'ai caramélisé des oignons tandis que Mark bardait les magrets d'une fine tranche de lard avant de les placer sous le gril. J'ai ensuite préparé un roux, allongé de bouillon de pigeon, dans lequel j'ai fait revenir les abats hachés, avec du sel et du poivre, une poignée de sauge séchée, quelques baies de genièvres moulues, cueillies derrière la grange, un trait de bourbon et une cuillerée de sirop d'érable. Un dîner à la bonne franquette, copieux mais néanmoins raffiné : quatre magrets chacun, sur une montagne de riz, nappée d'oignons caramélisés et d'une onctueuse sauce brune. D'une texture dense, de la couleur du bœuf, avec un goût de gibier prononcé, la viande de pigeon n'a rien à voir avec celle du poulet. Voilà comment nous avons célébré la fin du temps des sucres, autour d'un plat en parfaite harmonie avec la saison, à défaut de l'être avec une bonne bouteille de vin. La touche sucrée du sirop alliée à celle fumée du lard évoquait l'évaporateur et son feu de bois, le bourbon apportait une note festive.

Une ferme est une créature manipulatrice. Vous lui êtes asservi. Entre les choses qu'il faut faire tout de suite et celles qu'il faudra faire plus tard, le travail est incessant. Elle vous menace. *Si tu ne te dépêches pas, un organisme vivant se flétrira, souffrira et dépérira.* Et cédant au chantage, vous courez à ne plus savoir où donner de la tête.

Pendant une semaine, nous nous sommes démenés pour rattraper le retard accumulé durant le temps des sucres. Le week-end, il nous restait encore un bœuf à tuer. À deux doigts de craquer, nous avons décidé de nous accorder ensuite une demi-journée de relâche ; nous prendrions le ferry et nous offririons un restau dans le Vermont. Mettre les pieds sous la table et se faire servir... Je savourais d'avance cette voluptueuse perspective. Si nous en terminions avec le bœuf et partions avant 11 heures, nous serions de retour pour la traite du soir.

Au point du jour, nous avons conduit le troupeau de Highland dans un enclos temporaire. Notre taureau en a fait le tour en inspirant bruyamment. Il o'agis-sait d'une bête massive, nommée Rupert, au pelage tacheté et aux yeux endormis, avec une paire de cornes aussi larges à la base que des petits arbres. Il pleuvait et il avait plu toute la nuit. Les trente vaches ont eu tôt fait de transformer le périmètre en marécage. Mark est parti chercher le fusil à la maison, je suis restée surveiller les vaches sous la pluie. L'une d'elles, Parker, était en période de cha-leurs. Croisée Highland et Dutch Belted, elle avait hérité des gènes névrotiques des deux branches de son pedigree. Elle s'emballait pour un rien et pouvait sauter comme un cheval. Lorsque les autres mar-chaient tranquillement, il lui arrivait de se mettre à regimber et de foncer tête baissée dans une clôture. Un matin, peu après son arrivée, je l'ai trouvée se fouettant les flancs d'une moitié de queue d'où giclaient encore des gouttelettes de sang. J'ai décou-vert l'autre moitié dans l'herbe. Seule explication plausible : une de ses congénères lui avait marché sur la queue pendant qu'elle dormait ; se sentant prise au piège, elle avait paniqué. Que cette vache irascible à l'appendice caudal tronqué ait ses chaleurs dans ce carré de pré boueux ne me disait rien qui vaille. Rupert la suivait en lui reniflant le derrière, les lèvres retroussées, avec cet air à la fois lubrique et comique du mâle détectant l'odeur de la femelle féconde, poussant les vaches et les veaux qui se met-taient en travers de son chemin. Parker n'était pas encore tout à fait disposée à se laisser monter. Elle arpentait nerveusement l'enclos en meuglant, en traî-nant ses phéromones dans son sillage, avec un regard encore plus abruti que d'habitude.

Je suis allée chercher du foin à la grange, dans l'espoir qu'un petit casse-croûte calmerait les esprits. À mi-chemin, j'ai entendu un craquement, suivi d'un concert de beuglements. L'un des piquets d'angle – un pieu en chêne de soixante centimètres de haut et cinq centimètres de diamètre – s'était cassé, tout un pan de clôture électrique gisait dans la gadoue. Parker se tenait devant, Rupert derrière elle. Un bref instant, elle a considéré la situation et, Parker étant Parker, elle a sauté. Rupert l'a imitée, beaucoup plus lourdement. Mus par leur instinct grégaire, deux mères et leurs petits leur ont emboîté le pas. L'un des veaux s'est pris une patte arrière dans la clôture, le fil électrique s'est tendu jusqu'à se rompre. La voie vers l'indépendance était libre, tout le troupeau s'y est engouffré. Pendant quelques secondes, les bêtes n'ont pas vraiment su quoi faire de toute cette latitude et j'ai cru que j'allais pouvoir les ramener dans l'enclos et les y garder jusqu'au retour de Mark. Mais elles se sont enhardies et un raz-de-marée de poils et de cornes a déferlé le long de l'allée, en direction de la route.

Nous avons failli les rattraper devant la maison. En voyant Mark sortir avec le fusil, elles se sont arrêtées net sur la pelouse, dans un grand carambolage. Elles étaient à présent encadrées sur trois côtés, par une robuste barrière, la maison et un ruisseau. La barrière avait un portail, ouvert, qui donnait sur un pré. Restait à les y faire entrer. Nous avions tous les deux en tête une histoire qui avait fait le tour de la région au printemps. Un troupeau s'était échappé et avait erré pendant plusieurs jours aux abords de Westport, une petite ville sur la rive sud du lac. Dans

175

leur affolement grandissant, incontrôlables, les vaches avaient causé des ravages dans les jardins et les massifs de fleurs des riverains. Leur propriétaire avait fini par appeler un chasseur, qui les avait abattues, faisant un tel carnage que le paysan avait dû enterrer tout son cheptel. C'étaient aussi des Highland.

Nous avons donc procédé en douceur, essayant de leur cacher le côté par où elles auraient pu filer, et d'attirer les meneuses vers l'herbe tendre du pâturage. Elles piétinaient sur place en meuglant, indécises, jusqu'à ce que ce bon vieux Rupert franchisse le portail, suivi de Parker, puis de quelques mères et de leurs veaux, et enfin de tout le reste du troupeau. Mark et moi fermions la marche, en nous souriant. Elles se sont calmement dispersées dans le pré, le tour était presque joué, lorsque Parker a de nouveau semé l'anarchie. Elle s'est mise à courir en ruant le long de la clôture, excitant ses congénères. Un petit groupe s'est élancé au galop derrière elle. Si la situation n'avait pas été aussi sérieuse, elle aurait prêté à rire. On aurait dit une bande de grosses bonnes femmes en goguette. Cinq mâles étaient encore devant le portail, en dehors du pré. Leur tendance moutonnière prenant le dessus, ils sont partis aux trousses des vaches, de l'autre côté de la barrière, évidemment, en direction de la route.

Mark et moi nous sommes consultés hâtivement. Il s'occuperait des vaches : elles avaient l'habitude de répondre au son de sa voix lorsqu'il les menait paître ; en principe, elles devraient lui obéir, ce qui inciterait les bœufs à revenir au bercail. Pour ma part, je tenterais d'empêcher ces derniers de gagner la route et de les rediriger vers le portail. Nous n'avions pas le temps de délibérer. J'ai ramassé un gros bâton et je suis partie en courant. Les bœufs ont traversé le ruisseau et se sont engagés sous les arbres, perdant momentanément les vaches de vue, ce qui m'a laissé le temps de les rassembler à quelques mètres de la clôture. Puis ils les ont de nouveau aperçues caracolant dans le pré et ils sont repartis à la charge, droit sur moi.

J'avais appris quelques notions de gardiennage de troupeau. Pour intimider les bêtes, avais-je lu, il faut paraître le plus grand possible, et les regarder au fond des yeux, comme le ferait un prédateur. Ne pas douter un seul instant qu'elles vous obéiront et, en aucune circonstance, ne montrer d'incertitude ni de crainte. Vous pouvez crier « Whoa ! » d'une grosse voix grave, mais devez éviter les hurlements stridents. Face aux bœufs qui se ruaient vers moi, le plus gros en tête, flanqué des autres en formation serrée, j'ai écarté les jambes, écarté les bras, mon bâton tendu à l'horizontale dans une main, et j'ai rugi un « Whoa ! » d'un puissant timbre de baryton. Le meneur a baissé la tête et m'a foncé dessus.

Qui aurait cru que mon expérience de pom-pom girl me serait utile dans ma vie de fermière ? Le bœuf m'a heurtée juste au-dessous des hanches. En relevant la tête, il m'a envoyée valdinguer dans les airs. J'ai rentré le menton dans le cou et amorcé un salto. J'ai dû vriller, j'ai atterri sur les fesses, légèrement sonnée mais totalement indemne. Les autres bœufs se sont immobilisés, décontenancés. Dans le calme soudain revenu, j'entendais Mark appeler le troupeau. Les bœufs l'entendaient, eux aussi. Miraculeusement, les bêtes dans le pré, les bêtes en dehors, tout le monde a répondu à ses ordres. Je me suis relevée, époussetée, et j'ai suivi les bœufs à travers le portail ouvert.

Nous avons passé des heures à planter de nouveaux piquets dans le sol humide, à remonter la clôture, et à ramener ensuite les bêtes dans l'enclos. La journée touchait à sa fin, nous avons trait les vaches laitières, donné à manger aux chevaux et nous nous sommes effondrés sur notre lit. Le bœuf que nous devions tuer ce jour-là a gagné une semaine de sursis et notre déjeuner au restaurant nous a filé sous le nez.

Il ne se passait pas une journée sans qu'un incident ne survienne. Nos dindonneaux sont arrivés et un raton laveur meurtrier a crocheté la porte de leur couveuse. Un cochon a cessé de s'alimenter, il demeurait prostré dans le pigloo, couvert de taches en forme de losange. Il avait attrapé l'érésipèle, une maladie qui, normalement, ne sévit pas dans notre région. Elle lui avait été transmise par les dindonneaux, qui venaient du Midwest. Ces urgences passaient bien sûr avant les petites préoccupations domestiques : la lessive, la poussière, l'organisation du mariage. Si vous n'y faites pas attention, la ferme est capable de vous mettre en tête que vous n'avez même pas le temps de cuisiner les produits que vous cultivez. Certaines semaines, ce printemps-là, Mark et moi terminions nos journées si tard et si fatigués que nous allions au village acheter un paquet de chips et une pizza à la croûte pâteuse badigeonnée de sauce insipide. Porter des vêtements sales ne me dérangeait pas, j'évitais de toute façon d'aborder le sujet du mariage et, pour être honnête, je n'étais pas une grande fée du logis, mais si je ne pouvais même pas manger ce que nous

produisions, alors je ne voyais pas l'intérêt de continuer. Nous avons eu une grande discussion. Nous
étions entièrement d'accord sur un point, il était impé-
ratif que nous nous préparions au moins un bon repas
par jour, ce à quoi nous nous sommes astreints, en
général à midi. Nous avons également instauré une
interdiction de travailler le dimanche. Bien sûr, nous
étions quand même obligés d'accomplir certaines
tâches et de traire les vaches matin et soir ; toutefois,
pendant la journée, nous nous occuperions de nous
et ferions des choses en couple.

Personnellement, j'avais envie de sortir et de me
consacrer à des loisirs reposants. Je n'avais plus guère
l'occasion de m'adonner à mes anciens plaisirs. Il n'y
avait pas de café au village, ni de librairie, ni de petit
bar sympa. En ville, j'allais en moyenne deux fois
par semaine au cinéma. Ici, la salle la plus proche se
trouvait à presque une heure de route, dans un centre
commercial, au fond d'une allée de fast-foods répu-
gnants. La programmation alternait films d'horreur de
série Z, comédies idiotes pour ados et dessins animés.
Il n'empêche que certains dimanches, j'étais en proie
à une telle fringale de divertissement que je décrottais
mes bottes et y traînais Mark de force. Mark déteste
prendre la voiture pour rien. Tout le long du trajet,
il se composait une expression faussement tolérante
et répondait à mes questions par monosyllabes, pour
bien souligner son sacrifice. Mais dès que nous étions
installés dans les fauteuils, il regardait les bandes-
annonces la bouche entrouverte, les yeux rivés à
l'écran, oubliant qu'il avait dérogé à ses principes. Je
me suis rendu compte que, contrairement à la plupart
d'entre nous, il n'avait pas développé d'immunité

contre les images animées. Ses parents n'avaient pas la télé, sa culture cinématographique s'arrêtait à *E.T.* Vous pouviez le coller devant une pub pour du pop-corn et la lui passer en boucle, il était fasciné. J'avais l'impression d'être flouée. Neuf fois sur dix, le film était navrant et, sur le chemin du retour, je me sentais complètement vide.

De toutes mes vieilles habitudes, le shopping a été celle dont j'ai eu le plus de mal à me défaire. Le besoin d'acheter me démangeait toute la semaine. Je ne parle pas d'acheter des vêtements ou des chaussures, ni des futilités par lesquelles on se laisse tenter quand on flâne dans les boutiques. Ce qui me manquait, c'était de ne plus pouvoir longer des étalages de marchandises flambant neuves, et cet étrange réconfort que procure le fait d'ouvrir son porte-monnaie. La majeure partie du paysage urbain est constituée d'objets à vendre, et il est presque impossible de quitter son appartement sans acheter quelque chose : un journal, un café, un bouquet de fleurs. Ne rien acheter du tout pendant plusieurs jours, ne pas faire de lèche-vitrines, ni même faire démarrer la voiture pour consommer de l'essence provoquait chez moi un douloureux sentiment de manque. Dans un rayon de quinze kilomètres autour de la ferme, il n'y avait pour tout magasin qu'une supérette et une quincaillerie. Le dimanche, j'allais me promener dans la première en poussant un chariot dans les rayons baignés de lumière au néon et de musique d'ascenseur. De plus en plus souvent, toutefois, je n'y trouvais rien dont nous avions vraiment besoin, rien qui me fasse vraiment envie, et mon chariot demeurait vide jusqu'à la caisse, où j'achetais *People* et la grosse liasse familière du *New York Times* et de ses suppléments du dimanche. Et de plus en plus souvent, je préférais rester à la ferme avec Mark à me balader dans les prés ou à flemmarder dans notre bon vieux triangle lit-poêle-table.

De la théorie à la pratique, nous avions du pain sur la planche. Notre projet – créer une ferme qui nourrirait un nombre encore inconnu de cotisants annuels et ranimer l'âme de ce vieux bout de terre – était audacieux ; stupide peut-être aux yeux de qui n'a pas le goût du risque. Il impliquait de mettre sur pied une exploitation extrêmement complexe, d'investir dans de multiples types d'infrastructures. Si le maraîchage était le métier de Mark, nos compétences en matière d'élevage s'échelonnaient entre maigres et nulles. Nous étions novices dans le maniement des outils hippomobiles, et nous nous étions condamnés à dépendre de la traction animale. À notre connaissance, ce modèle « alimentation complète » n'avait pas de précédent. Nous ne savions pas à quel prix le facturer, ni même s'il se vendrait. Nous n'avions aucun plan de repli, nous avions épuisé nos économies, il nous restait si peu d'argent que nous pouvions tenir nos comptes de tête. Quand le sol a commencé à se réchauffer, le solde de notre compte bancaire n'avait plus que deux chiffres. Si la ferme que nous étions en train de construire n'était encore qu'un pur produit de notre imagination, nous en étions tous les deux tombés amoureux, comme des parents s'attachant à leur enfant à naître. Je n'étais qu'une apprentie fermière mais jamais rien auparavant ne m'avait autant tenu à cœur.

J'adorais les travaux agricoles, malgré leur surabondance. Le monde m'avait toujours paru chaotique, je me posais, à propos de tout, des cas de conscience insolubles. Concentrée sur la terre, j'étais fondamentalement plus heureuse. Pour la première fois, je voyais clairement le rapport de cause à effet de mes actes. Je savais pourquoi je faisais ce que je faisais, et j'y croyais. Entre ce que je pensais être et la manière dont je me comportais, je sentais le fossé commencer à se combler ; peu à peu, j'approchais de l'authenticité. Je sentais mon corps se transformer afin de s'adapter à ce que je lui demandais. Je pouvais poser le harnais sur le dos de Sam sans m'asphyxier, transporter deux seaux de vingt litres aisément, en trottinant comme un coolie chinois. J'avais toujours été attirée par la pochette-surprise scintillante et vide de la gratification immédiate, je découvrais la paix que procure un challenge infini.

Mais pourquoi, ô pourquoi, la passion engendre-t-elle toujours le conflit ? Tandis que notre projet prenait lentement forme, Mark et moi nous querellions à tout bout de champ. Nous nous apercevions que nous avions pour la ferme des désirs différents, des craintes différentes, des visions différentes. Nous étions tous les deux têtus comme des mulets. Nous gaspillions de précieuses heures à nous disputer au sujet d'une clôture ou pour savoir si les chevaux devaient passer la nuit dehors ou dedans. « L'agriculture, c'est mon art », finissait par conclure Mark quand, de frustration, nous étions tous les deux au bord des larmes. Ce que je trouvais au début ridiculement prétentieux. Qu'y avait-il de moins artistique que de transpirer et de patauger dans la boue ?

Aujourd'hui, après avoir vu toutes sortes d'exploitations agricoles et rencontré toutes sortes d'agriculteurs, je concède qu'une ferme est une forme d'expression, une manifestation physique de la vie intérieure des fermiers. La ferme révèle ce que vous êtes, que cela vous plaise ou non. Et ça, c'est de l'art. La nôtre n'était encore qu'un vaste bric-à-brac, néanmoins, si elle devenait une œuvre d'art, ce serait le fruit d'une collaboration entre égaux.

Du genre passif-agressif, je préfère éviter la confrontation directe mais je garde rancune. Mark est un polémiste tenace, qui ne lâche rien, jusqu'à ce que l'abcès crève. C'est pourquoi je sais que nous nous bagarrions toujours à cause de nos craintes respectives. Pour ma part, je redoutais les problèmes pécuniaires – la pauvreté, l'endettement. Dans le meilleur des cas, notre marge de profit serait mince et je ne tenais pas à m'engager dans des crédits qui nous prendraient à la gorge. Si notre projet avortait, je ne voulais pas me retrouver endettée jusqu'au cou. J'avais déjà eu de gros découverts et l'expérience m'avait vaccinée. Mark, au contraire, entretenait avec l'argent une relation très amicale et très décontractée ; il se fichait d'en avoir ou pas. « Ça ne te gênerait pas de vivre comme un clochard », lui disais-je. Ce qu'il ne réfutait pas. Il n'avait toutefois jamais eu d'ennuis financiers. Pour monter sa ferme en Pennsylvanie, il avait souscrit un prêt qu'il avait rapidement remboursé. Il avait même mis suffisamment de côté, sur ses maigres salaires, pour éponger la dernière partie de mes dettes avant que nous partions à New Paltz. Ce dont il avait peur, lui, c'était du surmenage. Il avait vu plus d'un agriculteur se faire écraser par le rouleau compresseur d'une ferme gagnant en masse et en vitesse. Il redoutait que le travail nous submerge et qu'il ne soit plus un plaisir, ou qu'il ne puisse plus gérer la ferme comme il l'entendait. Cette liberté lui était plus chère, affirmait-il, qu'une « pseudo-sécurité ». Il citait souvent un fermier qui l'avait accueilli en apprentissage, et selon qui la première cause de faillite des fermes bio n'était pas les impayés, mais le *burnout* ou le divorce. Pour le *burnout*, je ne savais pas. En revanche, si nous continuions à nous disputer comme des chiffonniers, nous courions au divorce, c'était certain, avant même d'être mariés.

Au moins, nous étions d'accord sur une chose : il était grand temps de recruter des membres. Nous avons rédigé un prospectus et l'avons punaisé au tableau d'affichage public du village, en face de la mairie. Dès la première semaine d'août, nous offririons des paniers complets, composés de bœuf, porc, poulet, œufs, lait, légumes, farines, céréales, haricots secs et délicieux sirop d'érable. Les personnes qui s'inscriraient avant cette date pourraient venir chaque semaine chercher du lait et de la viande ainsi, au fur et à mesure, que tout autre produit disponible. Dans le bref laps de temps entre la fin de la saison du sucre et le début des travaux des champs, nous nous sommes concentrés sur le marketing.

Sur ce front, un certain nombre de forces jouaient contre nous. Nous étions des étrangers dans une petite bourgade conservatrice, qui avait vu couler bon nombre de fermes au cours des décennies précédentes. Nous lancions un modèle radical du tout ou rien, basé sur une adhésion annuelle, un mode de fonctionnement que personne n'avait jamais testé, même dans les poches agricoles les plus progressistes du pays. Nous demandions aux gens de nous donner des milliers de dollars, en échange de quoi nous ne pouvions rien leur promettre. Dans les alentours, pratiquement personne n'avait les moyens de cotiser à notre système en continuant à faire ses courses ailleurs. Il fallait renoncer, comme moi, à la confortable habitude de pousser un chariot dans les rayons d'un supermarché. Être prêt à se nourrir non plus selon ses envies, mais avec ce que l'on avait sous la main. Et à passer, par conséquent, beaucoup plus de temps dans sa cuisine. De surcroît, dans notre région, la saison de production, c'est-à-dire la période entre le dernier gel printanier et le premier gel automnal, ne dure qu'une centaine de jours. Si vous voulez manger des aliments périssables en hiver, vous devez les congeler ou les mettre en conserve en été. Ce qui peut être amusant si vous avez le temps, mais si vous travaillez et que vous avez des enfants, je conçois que ce genre d'activités puisse paraître fastidieux. Autre élément peut-être encore plus déterminant, les produits fermiers sont totalement différents de ce que la plupart des gens ont aujourd'hui l'habitude de manger : rien n'est présenté dans une jolie boîte ou un sachet coloré, prédécoupé, précuit, prêt à consommer, conditionné pour séduire. Nous vendrions exactement le contraire : des aliments tout nus, tout crus, tout juste sortis de terre.

Je savais d'expérience que si nous parvenions à faire goûter aux gens certains de nos produits, ils se vendraient comme des petits pains. Impossible, quand vous avez eu dans votre assiette une côte de porc nourri à l'herbe de revenir au porc d'élevage. Pareil pour nos œufs au beau jaune orange vif. D'autres choses seraient en revanche plus dures à écouler. Le bœuf nourri à l'herbe est plus goûteux, mais beaucoup plus coriace que le bœuf engraissé au maïs auquel les Américains sont habitués. À titre d'expérimentation, nous laissions les carcasses rancir dans la chambre froide pendant trois, quatre, voire cinq semaines, avant de les dépecer. La viande, plus fondante, avait un goût plus fort, que je trouvais absolument divin mais qui ne ferait pas l'unanimité. Du reste, pour des raisons à la fois éthiques et économiques, nous utilisions tous les morceaux, de la langue aux testicules. Nous demanderions à nos membres de manger des choses qu'ils ne pourraient pas identifier et qu'ils ne sauraient pas cuisiner. Nous nous sommes aperçu, en distribuant des échantillons, que certains palais étaient réfractaires au savoureux lait de Jersey dont je raffolais tant, tout simplement parce qu'il était trop différent du lait industriel écrémé ou demi-écrémé. Nous ne pourrions pas non plus assurer une offre aussi régulière que le supermarché. Pouvions-nous vraiment attendre des gens qu'ils modifient si radicalement leurs habitudes, de surcroît à un prix relativement élevé ?

Comme atout, nous avions Mark, qui était parvenu, par sa seule force de persuasion, à me convaincre de tout quitter pour partir à l'aventure avec lui. Il croyait en notre ferme au moins autant qu'en notre couple et lorsque Mark croit en quelque chose, sa foi est communicative, le talent de tout bon commercial. En Pennsylvanie, il avait développé une méthode de marketing que nous appelons maintenant la technique du dealer de drogue : il appâtait le chaland en lui faisant goûter gratuitement ses produits, sachant qu'il ne tarderait pas à devenir accro. Dès que les salades sortiraient, il se posterait au carrefour du village et en offrirait aux automobilistes.

Nous avons aussi bénéficié d'un heureux concours de circonstances. Nous sommes arrivés à Essex juste au moment où le localisme commençait à faire des adeptes, sous l'impulsion des grands chefs et des critiques gastronomiques, qui attiraient l'attention du public sur la qualité des produits cultivés par les petits producteurs. Le bio s'était déjà banalisé, même dans les régions les plus reculées. Nous avons reçu pas mal de demandes de renseignements, de la part de gens soucieux d'acheter des aliments d'origine traçable, de consommer de la viande sans hormones ni antibiotiques, de voir de leurs propres yeux d'où venait ce qu'ils mangeaient. En outre, nous suscitions l'intérêt des personnes d'un certain âge nées à la campagne, qui se fichaient royalement des modes, mais connaissaient le goût des produits de la ferme, pour avoir été élevées avec, et ne demandaient qu'à le retrouver.

Enfin, si nous avons réussi, c'est surtout grâce aux habitants de notre petit village, qui nous ont accueillis à bras ouverts. Tout au long de l'automne et de l'hiver, ils nous ont observés, afin de voir si nous étions sérieux. Dès le début, ils s'étaient montrés amicaux, mais ils réservaient leur jugement. Au printemps, ils nous ont vus travailler sans compter, et ils ont pu constater que nous n'étions pas des guignols. Ils se considéraient eux-mêmes comme des moins que rien aux yeux de la société. Je crois qu'ils se sont sentis en devoir de nous soutenir, nous qui faisions désormais partie des leurs. Certains sont devenus membres, d'autres nous ont aidés autrement, en nous prêtant des outils, en nous donnant des conseils ou des coups de main. Quelques-uns ont pris l'habitude de nous consacrer régulièrement quelques heures de leur temps. Tous les vendredis, jour de distribution, Liz Wilson lavait les bouteilles de lait et nous préparait le déjeuner. Nos voisins John et Katharine venaient également une fois par semaine, nettoyer la grange, transporter des balles de foin ou nous décharger d'une grosse besogne ou d'une autre. Thomas LaFountain nous aidait à débiter la viande lorsque nous étions en retard, même si sa propre chambre froide était déjà pleine de carcasses attendant son couteau et sa scie. Quand nous avions une bête malade ou blessée, nous appelions les Owens. Don Hollingsworth, l'une des têtes blanches que nous avions rencontrées à la commémoration du centenaire de l'église, était un menuisier hors pair. Il emportait nos objets cassés dans son atelier et nous les rapportait comme neufs. À l'occasion de ses visites, seul ou accompagné de son fils Luke, Shane Sharpe nous dépêtrait de nos problèmes mécaniques. En retour, il ne voulait qu'une bière et quelqu'un avec qui la boire.

Lars a été le premier à adhérer, il a acheté deux parts. Il habitait à quatre heures au sud de chez nous et nous savions tous qu'il faisait œuvre de charité, qu'il n'amortirait jamais son investissement. Puis Barbara Kunzi a frappé à la porte. Elle avait été agricultrice pendant seize ans, à quelques kilomètres de chez nous. Plusieurs années de sécheresse avaient tari son puits. Elle avait vendu son exploitation et déménagé en ville. Elle connaissait bien les risques du métier et avait toutes les raisons de douter du succès de notre entreprise. Néanmoins, elle s'est assise dans notre cuisine et nous a signé un chèque. Quand le sol a enfin dégelé, nous avions sept membres. Notre compte en banque sonnait moins creux lorsque nous y faisions un dépôt.

Ce petit matelas financier, aussi maigre fût-il, semblait apaiser les tensions entre Mark et moi. Nous avions désormais des bouches à nourrir, nous devions assurer. Tous les vendredis, de 16 à 19 heures, nos membres venaient chercher leur panier. Quoi qu'il se soit passé durant la semaine – blessures, saccages, désastres –, il fallait faire bonne figure et les ravitailler.

La première semaine, nous avons installé un comptoir rudimentaire devant la ferme, dans l'un des bâtiments les plus récents, un hangar ouvert sur un côté, au sol cimenté. Nous n'avions à offrir que du lait, de la viande, des œufs, des bocaux de notre premier sirop d'érable, qui sont partis comme des petits pains, et des bocaux de saindoux, que personne n'a touchés. Mark a décrété que le saindoux méritait un coup de pub et il s'est fait l'apôtre du saindoux. La semaine suivante, il a vanté ses mérites pour la santé et ses vertus culinaires, puis il a fait goûter des morceaux de pâte à tarte préparée avec du saindoux et des légumes sautés au saindoux. Avant la fin du printemps, le saindoux comptait parmi les produits les plus demandés.

Je n'ose pas penser au nombre de lois que nous avons enfreintes durant ces premières distributions. Nous n'avions pas de chambre à lait, ni de licence d'exploitation laitière, ni même de réfrigérateur professionnel. Nous n'avions pas de laboratoire de boucherie. Mark découpait des quartiers de bœuf ou de porc à la demande, en plein air, en se référant aux illustrations d'un vieux bouquin. Nos membres ne nous ont néanmoins jamais fait aucune remarque à ce sujet. Ils arrivaient avec des paniers, des cagettes et des sacs vides ; ils repartaient avec le plein. La plupart se connaissaient déjà et ceux qui ne se connaissaient pas se sont rapidement liés d'amitié, en parlant des repas qu'ils avaient préparés pendant la semaine, en s'échangeant des recettes et des conseils de conservation. L'ambiance était conviviale ; toutes les semaines, j'avais l'impression de donner une petite réception dans un décor de marché du tiers-monde.

C'est grâce à nos plus proches voisins, John et Dot Everhart, que nous avons commencé à nous équiper décemment. Agriculteurs à la retraite, mariés depuis soixante ans, John et Dot avaient tenu une laiterie pendant des dizaines d'années, jusqu'à ce que leur exploitation – un magnifique domaine au bord du lac – soit vendue comme résidence secondaire. On racontait au village que les nouveaux propriétaires leur avaient proposé de rester à la ferme, par égard pour les nombreuses années où ils avaient vécu là. Ils avaient cependant posé une condition : que John se sépare de ses armes à feu. Les Everhart étaient partis s'installer dans une villa neuve en préfabriqué, juste en face de chez nous, de l'autre côté de la route.

John passait nous voir plusieurs fois par semaine. Il arrivait parfois à travers champs, sur son quad, Dot à l'arrière. John était un puits de science, il possédait le savoir de toute une vie de paysan. Mark le bombardait de questions, sur le meilleur moment pour planter et labourer, la météo, le sol et les différents types de fourrage, les prédateurs et les nuisibles.

Comme Shep Shields, John avait, dans sa jeunesse, travaillé avec des chevaux, mais contrairement à Shep, ce n'était pas un inconditionnel de la traction animale, et il n'aimait pas voir une femme mener un attelage. Il avait peur qu'il m'arrive un accident. « Des bêtes fougueuses que vous avez là, » me disait-il sur un ton désapprobateur. Il détestait tout particulièrement Sam. « Vous savez ce que vous avez de mieux à faire avec ce canasson ? L'abattre. »

John travaillait à la déchetterie. Presque tous les habitants du village s'y rendent une fois par semaine, elle est ici ce qui se rapproche le plus d'un centre social. John nous mettait de côté tout ce qu'il estimait pouvoir nous être utile. Il nous a ainsi récupéré un grand congélateur et un réfrigérateur de bonne taille, tous deux un peu cabossés et rouillés, mais en parfait état de marche. Il nous a apporté des tables et des étagères, si bien que notre hangar de distribution a fini par ne plus ressembler à un marché du tiers-monde. Désormais, il ressemblait au moins à un marché d'un pays émergent.

Fin avril, nos premières graines ont commencé à germer, en rangs dans des caissettes sous la véranda vitrée et ensoleillée de la maison. Nous avions planté les oignons en mars, entre deux tournées des érables ; nous avions à présent dix mille petites pousses vertes aux feuilles effilées. Sont ensuite venus les poireaux, les herbes aromatiques, les brocolis, les poivrons, les tomates, les fleurs, les salades – cinq variétés – et les choux. Je commençais à prendre la mesure de l'échelle de la ferme. Réaliser les semis avait tout du travail à la chaîne, dans la boue. Un camion nous avait livré un sac de terreau d'une tonne. « Un sac d'une tonne, avait fait remarquer mon amie Alexis en entendant cela, est-ce que ça s'appelle quand même un sac ? » Il a d'abord fallu le diviser, l'humidifier, puis façonner des cubes à l'aide d'une presse à mottes, empruntée à des voisins. Déposer ensuite les semences au centre de chaque cube. Certaines étaient si petites qu'on les voyait à peine. Puis ajouter un peu de terreau dans les caissettes et arroser. J'aimais ce travail miniature dans la pâle lumière du printemps. J'imaginais ce que les graines allaient devenir et, surtout, j'appréciais de ne pas avoir à transporter des choses lourdes.

Les nuits étaient toujours dangereusement froides pour les jeunes pousses. Lorsque la météo annonçait des températures au-dessous de zéro, nous ouvrions les fenêtres entre la maison et la véranda et allumions le poêle. Nous avons acheté des ventilateurs afin de faire circuler l'air chaud. Les cagettes étaient si serrées, sous la véranda, que pour les arroser, il fallait se contorsionner dans tous les sens. Au bout d'un moment, il n'y a plus eu assez de place. Les plants de tomates placés dans les angles manquaient de lumière, ils s'étiolaient. Sur la pelouse devant la maison, nous avons disposé des meules de foin en rectangles, que nous avons surmontés de fenêtres récupérées par John à la déchetterie : les serres du pauvre. Nous y avons transféré nos frêles pieds de tomates, en croisant les doigts.

Mark avait l'habitude de travailler avec du matériel *ad hoc*. En Pennsylvanie, il avait emprunté 20 000 dollars pour démarrer, ce qui lui avait permis de s'équiper correctement et notamment de construire une serre. À cause de ma phobie de l'endettement, et parce que nous nous lancions avec ce modèle « alimentation complète » dans une aventure totalement novatrice, nous avions convenu que, durant cette première année d'essai, nous ne dépenserions pas plus que nos économies. Vu que celles-ci étaient déjà épuisées, nous avions recours au système D, et parfois, nous nous en mordions les doigts. Nous n'avons pas acheté de transporteur avant le milieu de notre deuxième saison – un chariot qui coûte 250 dollars et facilite tellement la manutention des charges lourdes que je me demande aujourd'hui comment nous avons pu nous en passer. Nous n'avions pas suffisamment de tuyaux : nous perdions du temps à les démonter et les traîner d'un endroit à un autre, ou à transporter des seaux d'eau. En mettant les tomates sous nos châssis de fortune, nous avons commis une grave erreur. Alors que les plants avaient atteint une bonne taille, il a fait une nuit un froid que nous n'avions pas anticipé. Le matin, ils piquaient tous du nez et, sous la morsure fatale du gel, leurs tiges et leurs feuilles délicates avaient pris une sinistre coloration noirâtre. Il était trop tard pour réaliser de nouveaux semis et nous n'avions pas les moyens d'acheter de nouveaux plants.

Beth Spaugh nous a tirés de ce mauvais pas. Anciennement conseillère en développement agricole, elle avait quitté son emploi depuis plusieurs années pour devenir agricultrice, sur un conseil de Dieu, disait-elle. Sur le petit terrain autour de sa maison, elle cultivait un potager et élevait des poules. Grâce à sa foi, beaucoup de travail et une volonté de fer, elle avait creusé son trou en vendant des légumes et des œufs sur les marchés paysans de la région. Quand elle a appris que nos tomates avaient gelé, elle est venue chez nous avec l'arrière de son pick-up rempli de vigoureux plants de tomates. Elle en avait trop planté, nous a-t-elle dit. Elle savait que nous n'avions pas d'argent, elle nous donnait son surplus.

Sans de tels gestes de générosité, je ne crois pas que nous aurions franchi le cap de la première année. Les gens nous faisaient des cadeaux sans en avoir l'air, de façon à ne pas nous mettre mal à l'aise. Lorsque Billy Shields est venu inséminer artificiellement notre vache Raye, il a refusé notre chèque. Nous avons insisté.

— Ça me fait plaisir d'aider des jeunes à démarrer, a-t-il répondu pour clore la discussion.

Je savais que Thomas LaFountain gardait notre viande dans sa chambre froide pour un prix dérisoire et je soupçonnais notre vétérinaire, le Dr Goldwasser, de nous sous-facturer ses déplacements. Au printemps suivant, comme nous n'avions toujours pas de serre, nos voisins Mike et Laurie Davis nous ont fait de la place dans la leur, alors qu'ils venaient juste de monter leur propre AMAP, ce qui faisait de nous leurs concurrents directs.

Les plants de tomates de Beth Spaugh se portaient à merveille sous nos fenêtres de récup'. La menace du gel passée, ils se sont couverts de petites fleurs jaunes. Sur le chemin entre la ferme de Beth et la nôtre, ils avaient perdu leurs étiquettes d'identification, si bien que nous avons repiqué pêle-mêle les différentes espèces : les cœurs-de-bœuf mélangées avec les tomates cerises, les tomates à farcir aux côtés d'une variété jaune vif bien joufflue semblable à des pêches. Jamais nous n'avons eu par la suite un aussi beau carré de tomates. Du reste, il donnait extraordinairement bien, à croire que même les plantes étaient disposées à faire de leur mieux pour nous aider.

Qu'on ne me dise pas que cultiver des légumes est un acte non violent. Le bruit sourd de la charrue arrachant les racines a quelque chose d'obscène. Avant de planter, nous devions faire souffrir la terre.

Labourer consiste à travailler le sol avant de l'ensemencer. Cette étape préliminaire est la plus difficile, celle qui demande le plus de force. En gros, il s'agit de creuser un sillon de vingt-cinq centimètres de large et quinze centimètres de profondeur, sur trente-cinq kilomètres pour chaque hectare de champ. La charrue découpe la terre et la retourne, afin d'enfouir la couche de surface. Il en existe différents types, pour les terrains à racines, en pente, argileux, humides et sableux. Le modèle hippomobile de base, la charrue monosoc à pied, se compose d'une lourde pièce en acier pointue, pourvue à l'arrière de deux bras qui permettent au paysan de la guider. Avec une charrue à pied de bonne facture, correctement réglée, et des bêtes en forme qui ont l'habitude de la tracter, labourer est un pur plaisir. La terre se fend sous le soc, la pièce de métal incurvée qui retourne la terre, et le sillon s'ouvre derrière vous en une longue vague brune. Notre première charrue était une vieille relique que Shep Shields avait retrouvée au fond de sa grange. Le corps était rouillé, les mancherons fissurés, et le soc, passablement usé. Il manquait le coutre, la lame de fer normalement placée à l'avant du soc,

195

destinée à découper la motte. Notre premier essai de labour avec ce monstre a été catastrophique.

Sam et Silver n'avaient pas travaillé sérieusement depuis trois semaines, depuis la fin de la récolte de la sève. Durant ces trois semaines, ils s'étaient gavés de grain et d'herbe nouvelle ; ils débordaient de la même énergie que des marmots après un goûter d'anniversaire. Nous avons chargé notre misérable charrue sur notre « bateau » et nous nous sommes mis en route pour le fin fond du domaine, où, l'année précédente, une parcelle de cinq hectares avait été louée à un fermier qui y avait cultivé du maïs. Nous n'avions pas l'intention d'y planter quoi que ce soit, mais comme la terre était meuble, nous voulions nous y faire la main avant de nous attaquer au sol compacté des champs où nous sèmerions nos légumes.

Sur les tableaux représentant des scènes rurales d'antan, le laboureur est seul. Il tient les mancherons de la charrue, un dans chaque main, et dirige les chevaux avec les guides nouées autour des épaules. Vu que nous avions encore bien besoin de nos deux mains pour conduire l'attelage, nous avons décidé de nous y mettre à deux. Je menais les chevaux, Mark la charrue. J'étais légèrement avantagée : au moins, je pouvais me tenir à distance des mancherons ; Mark n'arrêtait pas de se les enfoncer dans le ventre. Sam était attelé à droite, du côté du sillon, chargé de marcher dans la terre meuble de la bande fraîchement creusée, en ligne droite. Il comprenait ce que nous attendions de lui et le faisait correctement. La charrue, en revanche, se comportait moins bien. Elle s'enlisait dans la terre, obligeant les chevaux à s'arc-bouter contre leur collier, puis elle en ressortait complètement, si bien que Sam et Silver, tout à coup libres de leurs mouvements, faisaient de brusques embardées. Le champ n'était pas caillouteux mais quand, par malchance, nous rencontrions une pierre, la charrue se bloquait. Il fallait faire reculer les chevaux, la tirer en arrière, voire parfois la porter pour contourner l'obstacle, et elle pesait très lourd.

Mark était persuadé que tous les incidents étaient ma faute. Les chevaux avançaient trop vite, il voulait que je ralentisse leur allure. Or, boostés au grain, ils n'avaient pas envie de lambiner. Ils tiraient tellement sur leur mors que je voyais mes bras devenir aussi longs que ceux d'un singe. Quand Mark désirait que je fasse dévier l'attelage d'une fraction de centimètre vers la droite, il criait : « Droite ! » Avant que je n'aie eu le temps de réagir, il répétait : « Droite ! » J'étais alors trop à droite et il aboyait : « Gauche ! » Je l'aurais tué. (Si j'avais été médium, voici ce que j'aurais vu dans l'avenir : fin de printemps, après-midi ensoleillé, moi enceinte de sept mois, guidant l'attelage tandis que Mark laboure, non plus parce que nous avons besoin d'être deux mais juste pour le plaisir, les chevaux connaissant leur boulot, la charrue fendant la terre tel un navire fendant les flots, et nous dans le même état de grâce qu'un couple de danseurs. Ce futur était toutefois lointain et, avant de l'atteindre, nous en avons bavé.)

Nous nous sommes acharnés pendant la moitié de la matinée avant d'admettre que nos efforts étaient vains. Nous n'avions qu'une petite fenêtre, en début de printemps, de temps sec propice au labour. À ce rythme, il nous aurait fallu un an pour retourner les deux hectares et demi dont nous avions besoin.

Nous avons fait appel à notre voisin Paul. Avec sa charrue à cinq socs mue par un gros tracteur, nos cinq champs de légumes, en bordure de route, ont été labourés en quelques heures. Je marchais derrière lui dans le sillon, impressionnée par les énormes pneus de son engin et les vibrations du moteur, fascinée par la puissance destructrice de la machine attelée derrière. Au bout de chaque tranchée, il soulevait la charrue, dont les cinq lames, décapées par la terre, brillaient comme des épées. Il faisait demi-tour, elles plongeaient de nouveau dans le sol et la couche supérieure de terre grasse et tendre – tapis de microorganismes végétaux et animaux – disparaissait, vague après vague, sous les mottes de terre brute. Espérant puiser quelque nourriture dans le sol remué, les mouettes tournoyaient autour du tracteur. Les vers de terre cherchaient frénétiquement refuge au fond des sillons.

Nos champs étaient désormais cultivables, nous leur avons donné des noms civilisés : Home Field, le plus près de la maison ; Pine Field, entre deux bosquets de pins ; Mailbox Field, au bout de notre longue allée carrossable, à l'angle duquel trônait la boîte aux lettres ; Monument Field, ainsi nommé en raison du roc en forme d'obélisque qui se dressait sur l'une de ses bordures ; Small Joy, au milieu d'une prairie de fauche où coulait un petit ruisseau. Chacun s'étendait sur une superficie d'environ un demi-hectare. De la fenêtre de l'étage, je voyais les sillons fraîchement tracés, rouges dans la lumière du soir tombant.

Le lendemain matin, nous sommes allés mesurer les tournières, les bandes de terrain aux extrémités des parcelles, où l'on fait tourner les engins de culture. Après le labour, la terre est retournée. Les champs sont striés de sillons irréguliers parsemés de touffes d'herbe. On les nivelle avec la herse.

Il y avait une herse à disques à la ferme, mais il s'agissait d'un outil moderne, gigantesque, qu'on ne pouvait utiliser qu'avec un gros tracteur. Shane Sharpe nous a prêté sa herse hippomobile, une machine simple, constituée d'un châssis d'un mètre quatre-vingts, muni d'une douzaine de dents métalliques légèrement incurvées, divisées en deux séries, réglables l'une par rapport à l'autre. Sur les chemins, les disques roulent en ligne droite. Dans les champs, on les dispose en V. Leur rôle est de mélanger et d'émietter la terre, d'aplanir les sillons et de détruire les mauvaises herbes. Un siège de tracteur avait été monté sur le châssis. À l'arrière, on avait également fixé un bâti de métal, qui permettait de lester la herse avec des pierres.

J'ai immédiatement pris goût à la herse. Herser était beaucoup plus facile que labourer, pour une meneuse d'attelage aussi inexpérimentée que moi. Je n'arrivais pas à faire avancer les chevaux parfaitement droit mais, au moins, je ne compromettais pas toute l'opération. J'étais détendue, les chevaux aussi. Il n'y avait pas un bruit dans Small Joy, à part le chant fêlé d'un goglu des prés et celui d'un coq au loin. Nico nous suivait de sa démarche claudicante. Un pluvier le narguait en voletant au ras du sol, essayant désespérément de se faire prendre en chasse. Sans doute avions-nous détruit son nid la veille avec la charrue. Un instant, j'ai tenté d'imaginer comment nous pourrions nous nourrir sans causer de souffrance. J'ai pensé à Thoreau et à sa cabane au fond des bois. Puis je me suis souvenue qu'il allait manger tous les jours chez sa mère.

Les sillons se lissaient derrière nous. Quand je m'arrêtais pour ôter une branche d'entre les disques, j'avais la sensation de marcher sur un trampoline géant. C'était un bon exercice pour les chevaux, qui avaient perdu la forme après leurs trois semaines d'inactivité. Nous faisions une pause en fin de chaque passage. Ils reprenaient leur souffle, le ventre ruisselant ; la terre absorbait leur sueur, tel un baume ou une bénédiction.

En mai, sous l'influence du soleil, de plus en plus présent, les choses se sont accélérées. Nous n'avions plus le temps d'être sociables, nous ne retournions plus les appels téléphoniques. Notre attention était focalisée sur la terre et son rythme changeant. Tous les soirs, je montais Sam et partais à l'autre bout de la propriété compter les têtes du troupeau de bœufs. Chacune de ces escapades était pour moi l'occasion de découvrir de nouveaux bourgeons, de nouvelles éclosions, de nouvelles naissances. Dans la forêt, d'abord le trille blanc, puis le petit lis jaune, les fraises des bois, les violettes. En une nuit, les pruniers de notre voisin se sont couverts de fleurs blanches. Puis, dans l'érablière, des feuilles vert tendre sont apparues sur les vieux pommiers noueux, vestiges d'un verger jadis planté là.

À peine le hersage a-t-il été terminé que de gros nuages ardoise se sont amassés dans le ciel et qu'il s'est mis à pleuvoir, sans discontinuer. Des petits ruisseaux se sont formés dans les champs, la terre glissait le long du moindre dénivelé et créait des mini-deltas.

Le moment était venu de semer et de transplanter, mais le sol était trop humide. En le piétinant, nous l'aurions tassé et asphyxié ; le lit de semence aurait été trop dur, pas assez aéré. En préparant le petit déjeuner, je regardais par la fenêtre, inquiète, guettant un signe d'éclaircie.

Mon vieux copain James qualifie les jolies filles de *foxy*[1]. C'est à cela que j'ai pensé quand, en observant la pluie de mai à travers les carreaux, j'ai aperçu un renard dans le pré. En effet, il était superbe, gracile, portant sa queue tel un étendard. Sa démarche gracieuse m'a fait penser au fox-trot. On aurait dit que son pelage venait d'être shampouiné et coiffé. J'ai couru jusqu'à l'autre fenêtre pour ne pas le perdre de vue. Et tout d'un coup, je me suis rappelé que les poules n'étaient pas enfermées. Elles étaient au fond du pré, à gratter le sol humide en quête de vers. Pas manqué, le renard était en train de déchiqueter quelque chose dans l'herbe, quelque chose de moitié moins gros que lui, une grosse poule noire, l'une de nos meilleures pondeuses. Sans doute était-ce une femelle qui avait des petits à nourrir. Tout fermier digne de ce nom serait allé chercher son fusil. Je le savais, mais je ne pouvais pas me résoudre à tuer ce magnifique animal. J'ai appelé le chien et je me suis ruée dehors, en pantoufles, en poussant un cri de guerre. Les poils de Nico se sont dressés sur son dos et il a foncé dans le pré, aussi vite que peut courir un chien de 13 ans aux hanches fatiguées. La renarde s'est fondue dans le paysage, me laissant sous la pluie avec les pieds trempés et une poule égorgée.

---

1. Fox : renard, mais aussi jolie fille.

Nous avons passé cette journée pluvieuse autour de la table de la cuisine, une carte de nos champs étalée devant nous, au côté de la liste des variétés que nous désirions planter. Nous avions commandé d'autres graines, notre stock était trois ou quatre fois supérieur à nos besoins. C'était notre assurance, au cas où la météo serait mauvaise, où les semences ne germeraient pas, où notre cercle de membres s'agrandirait, voire les trois à la fois. Nous avions décidé de produire un maximum de légumes parmi les plus consommés, de ne pas faire trop de fantaisie. De plus, nous allions devoir fournir à notre réseau des provisions pour toute la durée de l'hiver, qui était particulièrement long ici ; il ne fallait donc pas lésiner sur les légumes-racines. Si jamais nous en avions trop, nous pourrions toujours les donner aux vaches ou aux cochons.

Sur le plan de Monument Field, nous avons tracé des rangées de pommes de terre, choux divers et variés, oignons, poireaux, carottes et betteraves. Haricots secs, courges et maïs côtoieraient melons et tomates dans Pine Field. Nous réaliserions les premiers semis dans Small Joy : pois, épinards, radis et salades. Nous y planterions ensuite du blé d'hiver. Home Field serait réservé aux fleurs et aux herbes aromatiques.

Voilà qui ressemblait à une vraie exploitation agricole, en tout cas sur le papier. Dehors, dans le monde réel, il faisait encore trop humide pour planter quoi que ce soit. Grâce à la pluie, au moins, les pâturages étaient verts. Les vaches laitières se régalaient de trèfle nouveau. Delia était déjà gestante à son arrivée chez nous, elle avait été inséminée artificiellement à la ferme des Shields, elle devait mettre bas fin mai. Depuis huit semaines, nous ne la trayions plus, afin de lui accorder une trêve. Juste avant que nous la tarissions, elle était effroyablement maigre ; les hanches et les côtes saillantes, elle n'avait plus que la peau sur les os. La dernière fois que je l'avais traite, ma joue contre son flanc, j'avais senti le veau bouger. Delia consacrait toute son énergie au fœtus et à la lactation – davantage, même, que son alimentation ne lui en procurait. En la voyant, Neal Owens nous avait dit qu'elle se « sacrifiait ». Trop généreuses, certaines vaches se font du tort à elles-mêmes. Ces deux mois de repos et l'herbe nouvelle lui avaient fait le plus grand bien. Elle s'était requinquée et, à quelques jours du vêlage, elle avait aussi bonne mine que possible pour une vache sans oreilles. J'avais noté la date présumée de la mise bas en rouge sur le calendrier. Je lisais et relisais le chapitre sur le vêlage dans *The Family Cow* et guettais des signes d'imminence : pis enflés, vulve congestionnée, relâchement des ligaments à la base de la queue, ce qui indique que le veau avance vers la filière pelvienne.

La nuit où elle a mis bas, évidemment, il pleuvait. Le soir, quand j'étais allée traire Raye, Delia était agitée, elle ne broutait pas ; sa mamelle ressemblait à un gant en caoutchouc gonflé, prêt à craquer. Elle semblait trop lourde pour se déplacer, si bien que je l'ai laissée dans le pré au lieu de la faire rentrer à l'étable avec Raye.

À minuit, je suis revenue la voir. Elle était paisiblement allongée en bordure du pré. J'ai réglé le réveil à 3 heures, mais je me suis réveillée avant qu'il sonne. J'ai secoué Mark, qui s'est aussitôt levé et habillé.

(Aujourd'hui, nous ne sommes plus aussi vigilants. Le sommeil est trop précieux, nos vaches ont toujours mis bas sans difficultés et préfèrent vêler dans la solitude. Seulement, il s'agissait de notre première naissance, nous étions excités et un peu anxieux.) Il tombait des cordes, mais il n'y avait pas de vent et il ne faisait pas froid. Deux des chats nous ont rejoints à la grange, deux farfadets que nous avons suivis jusqu'au pâturage.

De l'enclos s'élevait un mugissement profond et grave, ce son désormais familier qu'émettent les vaches qui viennent de vêler, l'expression de la tendresse bovine. Les yeux des chats luisaient dans le faisceau de ma lampe frontale. Je l'ai dirigé vers l'endroit d'où provenait le bruit. Une autre paire d'yeux est apparue – Raye –, puis une autre – Delia – et enfin, au ras du sol, une troisième. Nous nous sommes approchés. Delia léchait son nouveau-né avec application. Le petit veau a essayé de se mettre debout, encouragé par les meuglements de sa mère, et ceux de Raye aussi. Possible réminiscence, dans sa conscience bovine fonctionnant au ralenti, de son dernier petit. Le veau s'est maladroitement dressé sur ses pattes chancelantes, qui refusaient de lui obéir. Delia semblait savoir qu'elle était censée intervenir, mais sans doute espérait-elle que son rejeton n'avait pas besoin du très douloureux ballon de lait qui pendait sous son ventre. Chaque fois que le veau tentait d'avancer vers sa mamelle, elle s'éloignait de lui. Ils se tournaient autour en titubant, dans une ronde d'ivrognes. Raye les observait, intéressée, à une distance polie. Je me suis accroupie afin de regarder sous la queue du veau, et j'ai vu la minuscule fente de la vulve. C'était donc une génisse. Dans le noir, Mark et moi avons échangé un sourire.

La culture paysanne n'est pas de celles, cruelles, où l'on se réjouit de la naissance d'un mâle et se lamente de celle d'une femelle. Dans une ferme, le sperme d'un seul individu de sexe masculin suffit à satisfaire les besoins d'une vingtaine de représentantes de la gent féminine. L'abus de testostérone est néfaste. Il n'engendre que des problèmes : combats, animaux blessés, humains blessés, clôtures cassées, accouplements non désirés. Dans les troupeaux bovins, la règle est stricte. Les veaux sont en général abattus autour de cinq ou six mois, direction la boucherie. Les mâles des races laitières sont imprévisibles, aussi dangereux qu'une arme à feu chargée. Passé un certain âge, la viande des taurillons est maigre et filandreuse ; la plupart des fermiers estiment que ça ne vaut pas le coup de les engraisser. Dans une exploitation laitière, la naissance d'un veau est toujours teintée de tristesse.

En revanche, on fête l'arrivée d'une génisse. Si tout se passe bien, elle sera des vôtres pendant des années, deviendra une intime, presque un membre de la famille. Elle aura droit au meilleur foin, à la meilleure herbe, aux meilleurs quartiers d'hiver. En contrepartie, lorsqu'elle sera mère à son tour, elle ne pourra pas garder sa progéniture qu'elle aura tendrement léchée.

Notre nouvelle venue n'avait besoin que de quatre litres de lait par jour, or Delia en produisait bien davantage. Si nous les laissions ensemble, la génisse en prendrait trop, à notre détriment. Dans certaines fermes, mères et enfants ne sont séparés que durant les heures précédant les traites et passent le reste du temps ensemble. Malheureusement, nous n'avions ni le temps ni l'infrastructure pour procéder de la sorte. Nous avons décidé de remettre Delia au pré avec Raye et de nourrir la génisse au biberon. Puisque nous devions l'enlever à sa mère, autant le faire sans tarder, avant qu'elles ne s'attachent l'une à l'autre.

Mark a enveloppé la génisse d'une serviette éponge, il l'a hissée sur ses épaules, pattes de devant dans la main gauche, pattes de derrière dans la droite, et il a pris le chemin de la grange. Nous nous attendions à ce que Delia nous suive, mais elle ne comprenait pas où son petit était passé. Elle reniflait le sol à l'endroit où elle avait enfanté, se demandant si son bébé était toujours là, invisible. Elle demeurait sur place, à pousser des beuglements désespérés. Raye a dû croire, quant à elle, que c'était l'heure de la traite, elle s'est joyeusement dirigée vers l'étable. Au bout d'un moment, Delia a fini par se joindre à notre drôle de petite parade cheminant dans la nuit sous la pluie. Gênée par sa mamelle enflée, elle avançait les pattes arrière écartées, traînant derrière elle un cordon sanguinolent.

Dès qu'elle s'est mise en marche, elle a cessé de meugler. À partir de cet instant, ce fut comme si la naissance n'avait été qu'un rêve.

Les vaches sont entrées dans leurs stalles. Mark avait mis du foin frais et tendre dans les mangeoires, ainsi qu'un seau d'eau tiède et salée à côté de celle de Delia. Elle l'a lapé goulûment. À la lumière, je voyais sa mamelle plus clairement. Des gouttes de lait perlaient au bout de ses trayons. Elle dégageait une odeur de chair et de fer, l'odeur de la naissance, plus riche que celle du sang. Les chats sont venus jeter un œil concupiscent et sont aussitôt repartis. Delia a pris un peu de paille, puis elle s'est immobilisée, le regard tourné en dedans. La membrane sanglante qui pendait derrière elle s'est allongée, puis rétractée. La délivrance, l'expulsion du placenta, se produit normalement dans les deux heures suivant la parturition.

Mark a installé la génisse dans une remise près de la maison, que nous avions tapissée d'une épaisse litière. Elle s'est rapidement endormie. J'ai lavé la mamelle de Delia, et pressé ses pis. Ils étaient tellement enflés que je ne pouvais qu'en attraper le bout entre deux doigts. Il en a jailli un liquide de la couleur et de la consistance du lait de poule, le colostrum, le premier lait, d'une teneur élevée en anticorps indispensables à l'immunisation du nouveau-né. Par curiosité, j'y ai trempé les lèvres. Il avait un goût salé et légèrement amer, très différent de celui du lait, que je n'ai pas apprécié du tout. Dès que j'en ai eu un quart de seau, Mark a rempli un biberon à veau et l'a apporté à la génisse. L'organisme d'un veau ne peut absorber cette substance que pendant les vingt-quatre heures suivant la naissance. Il doit en recevoir un maximum, dans les plus brefs délais, sous peine de mourir.

La mamelle tendue à craquer de Delia s'est un peu dégonflée. Elle semblait m'être reconnaissante de l'avoir soulagée. Elle me couvait d'un œil patient, comme si j'étais la fille qu'on lui avait arrachée. Je l'ai sentie faire un effort, le placenta est sorti davantage. Je voyais les cotylédons charnus par lesquels il adhérait à l'utérus, ainsi que les différentes pellicules de l'enveloppe fœtale. Delia a encore forcé et éjecté le délivre, un tas de membranes de sept ou huit kilos. Elle a essayé de se retourner pour l'attraper. Je l'ai poussé vers sa tête. Elle en a aspiré une partie, qu'elle a bruyamment mastiquée, puis, petit à petit, elle l'a entièrement englouti. Sa bouche d'herbivore était toute tachée de sang. Je ne sais pas pourquoi la boussole interne des nouvelles mères leur dicte de manger cette chose immonde. Pour limiter le risque d'attirer les prédateurs ? Par besoin de remplir leur ventre soudain vide ? Toujours est-il que la scène est digne d'un film d'horreur.

Il faisait jour lorsque nous avons ramené les deux vaches au pré. Mark est retourné se coucher, histoire de se reposer un moment avant que la journée ne commence vraiment. Je suis allée voir la génisse, lovée dans la paille. Elle avait une robe couleur fauve, avec une socquette blanche sur l'une des pattes arrière. Consciencieusement lavés par la mère, ses sabots noirs ressemblaient à des chaussures toutes neuves à semelles de crêpe. Comme sa mère, elle avait aussi des taches blanches sur les flancs, les continents replacés dans l'ordre : l'Australie à droite, le Groenland à gauche. Deux oreilles translucides couronnaient sa jolie petite tête. Elle s'est soulevée sur ses membres postérieurs, puis elle est restée un instant dans cette position, me montrant les quatre boutons roses qui deviendraient ses pis. Avec précaution, elle a ensuite déplié ses pattes de devant, l'une après l'autre. Vacillante, elle semblait à moitié présente à ce monde, et à moitié à son paisible univers intérieur. Seul un lien ténu la maintenait de notre côté, du côté de la lumière et du temps, de l'air et de la gravité. Pour moi, c'est là que réside le mystère de la naissance, bien plus que dans les effusions de sang de l'accouchement. Les créatures tout juste venues au monde portent en elle le grand calme de l'Avant, pendant quelques minutes ou quelques heures, et quand vous êtes proche d'elles, vous pouvez le sentir vous aussi.

Je l'ai nommée June. Depuis plusieurs semaines, lorsque je m'écroulais au lit, exténuée, Mark me disait : « Tu trouves qu'on a trop de boulot ? Attends donc juin. » Quand j'étais trop fatiguée pour finir mon dîner, il poussait gentiment mon assiette devant moi en me disant : « Mange, prends des forces pour le mois de juin. » J'en ai déduit que juin se trouverait à l'intersection de tout. Il y aurait encore des semis à faire, la récolte battrait son plein et, gorgées de soleil, les mauvaises herbes pousseraient à foison. Il faudrait également penser à faucher, les pâturages seraient luxuriants. Peut-être ai-je baptisé la petite vache June pour apprivoiser l'idée de juin, pour me la rendre moins effrayante, ou peut-être souhaitais-je lui transmettre ainsi la vigueur et l'énergie vitale du solstice.

À la traite du matin, Delia était somnolente, comme droguée. J'ai consulté Mark : le vêlage l'avait probablement épuisée, il fallait la surveiller. Dans la matinée, quand je suis allée déplacer la clôture du pâturage, son état avait empiré. J'ai voulu la ramener à l'étable. Elle a trébuché, elle est tombée et n'a pas pu se relever. Elle était terriblement froide, comme si elle était déjà presque morte. J'ai couru à la maison téléphoner au Dr Goldwasser. Il était chez d'autres fermiers, il viendrait dès que possible.

Je suis retournée m'asseoir près de Delia. Elle était couchée en rond, dans la même position que la génisse, les pattes de devant ramenées sous elle, la tête tournée vers le flanc, le mufle reposant par terre. Elle semblait prête pour le grand voyage dans les ténèbres. Elle respirait très faiblement. J'avais des millions de choses à faire, mais je ne voulais pas la laisser seule. Je suis allée à la maison chercher le dernier numéro du *New Yorker* et je lui ai lu des articles à voix haute.

Le Dr Goldwasser est arrivé une heure plus tard avec sa sacoche miracle.

— Fièvre du lait, a-t-il diagnostiqué. (Il lui a touché le globe oculaire, sa paupière a à peine frémi.) Elle est dans le coma.

La fièvre du lait, ou fièvre vitulaire, n'est pas une fièvre à proprement parler, mais un déséquilibre métabolique mortel qui affecte parfois les vaches laitières après le vêlage. Les Jersey y sont particulièrement sujettes. L'abondante production de lait entraîne une baisse du taux de calcium sanguin, que la vache ne parvient pas à compenser en puisant dans ses réserves osseuses. Les muscles s'affaiblissent et se paralysent un à un : les membres, les poumons, le cœur.

Avec son calme et sa douceur habituels, le Dr Goldwasser a fait basculer le poids de Delia sur ses genoux pliés, de façon à pouvoir lui soulever la tête et lui passer un licol. Puis il lui a tâté l'encolure et y a trouvé une grosse veine où le sang circulait encore, bien que difficilement, dans laquelle il a piqué une aiguille qu'il a ensuite raccordée à un flacon de calcium. Il le tenait assez bas.

— La solution doit passer tout doucement, m'a-t-il expliqué. Si on l'injecte trop vite, on risque de provoquer un arrêt cardiaque.

Un tressaillement a parcouru Delia, j'ai cru qu'elle rendait l'âme. Le Dr Goldwasser m'a rassurée :

— Non, c'est bon signe, ça signifie que tout se remet en marche.

Le flacon s'est lentement vidé, il l'a changé. Delia était à présent agitée de violents tremblements. La perfusion terminée, elle s'est laborieusement redressée avec un air ahuri. Lazare ressuscité. Elle a tremblé pendant encore une heure, ses muscles se réchauffaient. Elle s'est cependant remise à brouter avant que les frissons ne se calment, sa sérénité bovine retrouvée. Quoi qu'elle ait vu aux frontières de la mort, ça ne lui avait pas coupé l'appétit.

Le vent du sud a soufflé toute la nuit. Le lendemain matin, un soleil éclatant s'est levé dans un ciel rose et limpide. Gagnant en vigueur au fil des heures, il a fait remonter l'humidité à la surface des champs, les raffermissant, les réchauffant. Le temps s'est maintenu au beau fixe. Deux jours plus tard, Mark et moi avons fait le tour de nos deux hectares et demi de terres labourées. Là où le terrain était surélevé, le sol était sec, mais dans les parties les plus basses, il y avait toujours des flaques et nos pieds s'enfonçaient dans la boue. La météo annonçait de nouvelles averses pour la fin de semaine et les plantes qui attendaient sous la véranda et sous nos pauvres serres jaunissaient et s'étiolaient, prisonnières de leurs cellules poussiéreuses. Nous avons décidé de passer la herse à dents souples, ultime étape avant la mise en terre.

Le sentiment que l'on éprouve en sortant de la grange avec des chevaux par une matinée aussi radieuse est tellement particulier et tellement fort qu'il mériterait de porter un nom. J'ai attelé Sam et Silver à la herse, un simple châssis muni de dents souples en forme de S qui raclent la terre en surface, la nivellent et émiettent les mottes. Il n'y a pas de siège sur une herse à dents. Il faut marcher derrière.

Nous avons longé Home Field et Mailbox Field. Les champs laissaient déjà entrevoir leur personnalité. Home Field, bien drainé, avait une belle texture limoneuse, seulement, contigu à un bosquet, il ne jouissait pas d'un emplacement idéal ; en bout de rangée, il était difficile de faire tourner les chevaux. Mailbox offrait une meilleure marge de manœuvre mais contenait une large bande d'argile. Après la pluie, la terre se collerait aux sabots des chevaux, et elle resterait lourde et saturée d'humidité, puis tout d'un coup, elle se craquellerait comme de la vieille porcelaine, deviendrait trop friable.

Nous nous sommes arrêtés dans Monument Field, où nous avions prévu de planter les pommes de terre. Notre voisin Ron nous avait dit qu'une maison se dressait autrefois au bord de ce champ. La charrue avait en effet déterré des morceaux de briques. Ce lopin de terre était déjà exploité avant la révolution américaine. Troupeaux, cultures, clôtures, bâtiments et fermiers s'y étaient succédé telles les ombres au fil de la journée. On ne possède jamais vraiment une ferme, quoi que stipulent les actes notariés. Une ferme a sa vie propre. Vous pouvez l'aimer au-delà de toute mesure, et en être responsable, elle ne vous appartient pas plus que deux époux s'appartiennent. J'ai abaissé les dents de la herse. Sam et Silver se sont énergiquement élancés de l'avant. Derrière eux, je savourais le parfum printanier de la terre humide et l'odeur des chevaux.

Au milieu du champ, les dents de la herse ont heurté du métal. J'ai fait stopper l'attelage. Il s'agissait d'un fer à cheval rouillé, couvert d'une croûte de terre. Un clou tordu y était encore planté. Forgé à la main, il était exactement de la taille de ma main, doigts tendus. Si Sam et Silver avaient été ferrés, il leur aurait fallu des fers de la dimension d'une assiette. Les chevaux de trait d'autrefois étaient plus petits, robustes et compacts, ils avoisinaient davantage les cinq cents kilos que la tonne de nos géants. Je me suis demandé à quoi ce vieux cheval était occupé le jour où il avait perdu son fer. Peut-être était-ce une journée comme celle-ci, où la partie basse du champ était encore trop humide pour travailler, mais où on l'avait quand même attelé, parce qu'il fallait planter, ou parce que les mauvaises herbes menaçaient d'envahir le terrain. J'ai pensé au paysan qui guidait ce cheval, un homme adulte ou un jeune garçon qui avait dû, comme moi, apprécier ce sol sans cailloux, d'une qualité rare, dont rêvent bien des agriculteurs. Je l'ai imaginé cherchant ce fer à cheval, sombre bande de métal dont la couleur se confondait avec celle de la terre. Puis abandonnant, rentrant dîner, laissant derrière lui ce porte-bonheur qui resterait là toutes ces années, enseveli, caché aux yeux de tous les fermiers qui entre lui et moi avaient arpenté ce champ, pour finalement me trouver : moi.

Mark me faisait toujours la cour. Son amour ne vacillait jamais, quand bien même le mien semblait aussi fluctuant qu'un électrocardiogramme. Il m'a offert ce printemps-là d'humbles cadeaux absolument merveilleux. La rudesse de nos vies contrastait de façon singulière avec la tendresse de ces petits gestes. Un modeste bouquet de fleurs, déposé dans l'après-midi sur mon oreiller. Un dessin représentant le faucon que nous avions vu planer au-dessus du champ marécageux derrière la maison. Après les semailles, une forte fièvre m'a clouée au lit. Mark m'a apporté une soucoupe de fraises des bois dont il avait décoré le pourtour de fleurs et de feuilles. Pendant que je les dégustais, il s'est assis à côté de moi et nous avons bavardé et plaisanté. Il n'a même pas voulu en goûter une. Elles étaient toutes pour moi, rien que pour moi.

La fièvre retombée, un appétit d'ogre s'est emparé de moi. Il n'y avait pas encore de légumes dans les champs, mais mon corps commençait à réclamer de la verdure. Poliment, d'abord, puis de manière plus insistante. L'hiver n'est pas la période la plus indigente, chez nous. Le printemps est bien pire. Nous sommes partis en balade avec un panier et une paire de ciseaux de cuisine. Les plantes sauvages avaient une longueur d'avance sur la saison. Dans le riche sol aux abords de la maison, Mark a coupé de jeunes pousses d'orties. Puis nous avons cueilli des pissenlits, aux feuilles amères et tonifiantes ; il y en avait partout. Je les aurais presque dévorées crues.

Chaque saison a ses délices, même la plus chiche. Notre beurre de fin de printemps est le meilleur de l'année. Les vaches se repaissent à cette époque d'une herbe de qualité supérieure, les mouches ne sont pas encore là pour les tourmenter, l'air est vif et frais, elles sont aux anges. Elles donnent alors un beurre tendre et délicieux, de la couleur profonde et flamboyante de l'or ancien.

Mark en a fait fondre une grosse noisette dans une casserole, puis il y a fait revenir un oignon émincé, et une brassée de feuilles d'orties. Elles se sont immédiatement flétries sous l'effet de la chaleur, qui anéantit leur côté urticant. Une odeur très verte s'en exhalait, semblable à celle des épinards, sans l'âcreté, avec une note sauvage de noisette. Mark a ajouté de l'ail, du bouillon de poule, quelques poignées de riz et il a laissé mijoter à feu doux. En fin de cuisson, il a salé, poivré, râpé de la noix de muscade, passé le tout au mixeur et servi le potage avec une cuillerée de crème aigre et une tranche de pain maison. Puis il a mis les pissenlits dans la casserole encore chaude et les a assaisonnés d'un peu d'huile et d'un trait de vinaigre balsamique. Une salade craquante et légèrement amère, en accompagnement du nourrissant potage d'orties.

Les membres de notre AMAP avaient faim de verdure, eux aussi, même si, pour l'instant, nous devions nous contenter de mauvaises herbes. Nous avons repéré les meilleurs coins à orties et à chénopodes de la ferme et en avons cueilli des boisseaux.

Je me suis par ailleurs lancée dans une campagne publicitaire pour le *scrapple*, un mets que Mark m'avait fait découvrir chez ses amis amish de Pennsylvanie. Épatant au petit déjeuner. La dernière fois que nous avions tué un cochon, j'en avais fait cinquante kilos, que j'avais toutes les peines du monde à écouler. Pensant que nos membres ne savaient peut-être pas ce que c'était, j'ai rédigé la recette, ma façon de promouvoir le produit.

Dans le cochon, tout est bon ! Une fois les pièces nobles et les morceaux pour la charcuterie découpés, prenez les os ainsi que toutes les chutes et faites chauffer à feu doux jusqu'à ce que la viande se détache des os. Retirez ces derniers. Passez le bouillon et la viande à la moulinette. Portez à ébullition, ajoutez de la farine (de maïs, de blé ou de sarrasin), du poivre noir, du sel et de la sauge. Versez dans des terrines et laissez refroidir. La préparation se transformera en briques gélatineuses d'une belle couleur marron.

Découpez de fines tranches, saupoudrez-les de farine et passez-les à la poêle, à feu moyen, dans un peu de beurre ou de saindoux fondu, quelques minutes de plus que vous ne l'estimez nécessaire, de chaque côté. Le scrapple doit être doré et croustillant. À déguster au petit déjeuner avec des œufs ou à toute heure, en sandwich, comme les amish de Pennsylvanie !

Par un excès de zèle, à moins que ce ne soit l'effet de mon délire printanier, je trouvais que « briques gélatineuses d'une belle couleur marron » sonnait bien. Voilà pourquoi Mark est responsable des ventes.

Nous apprenions, doucement, mais tout devait être fait vite. Nous avons eu un moment de triomphe durant la semaine où nous avons planté les pommes de terre. Nous en avions au préalable coupé cinq cents kilos en morceaux de la taille d'une balle de golf, comportant chacun au moins un œil d'où émergeaient des germes blancs. C'était un vendredi, nous avions passé la matinée et l'heure du déjeuner à cueillir des orties, mettre du lait en bouteilles et découper des quartiers de bœuf pour la distribution. Dans l'après-midi, pendant que je terminais de préparer les parts des membres, Mark a attelé les chevaux au cultivateur, au milieu duquel il a fixé un sillonneur. Et il est parti creuser des tranchées, parfaitement parallèles, espacées d'un mètre. S'il déviait de sa trajectoire, il serait par la suite impossible de passer dans le champ avec d'autres instruments, tout du moins pas sans arracher les patates. Dès le début, Mark s'est révélé doué pour tracer des lignes droites, ce que j'ai interprété comme un signe révélateur de son caractère droit.

En fin de journée, je suis allée chercher les chevaux et je les ai ramenés à l'écurie, où je les ai laissés harnachés, puis je suis retournée aider Mark à déposer les plants dans les sillons, à vingt-cinq centimètres d'intervalle. Le soleil s'est couché avant que nous ayons fini et il nous restait encore à recouvrir les tubercules. À partir du lendemain, il devait pleuvoir et nous approchions de la fin de la période propice pour planter les pommes de terre. Nous en avions plein le dos, mais si nous voulions des patates pour l'année, c'était maintenant ou jamais.

Pendant que Mark terminait de semer, au pas de course, je suis repartie vers la grange chercher le cultivateur. Conformément à ses instructions, j'ai démonté le sillonneur et je l'ai remplacé par une paire de disques, disposés en V, pointe vers l'intérieur, qui ramèneraient la terre meuble sur les patates. Dans leurs stalles, les chevaux étaient à moitié endormis. Je les ai réattelés. Comme nous, ils avaient déjà une longue journée dans les jambes. Sans doute espéraient-ils que j'allais les mener au pré pour la nuit. Je n'avais pas envie de leur demander de se remettre au travail, mais nous n'avions pas le choix. Sam a repris du collier avec un certain sens du devoir, ce soir-là, traînant presque de force ce vieux fainéant de Silver.

Je n'avais encore jamais utilisé le cultivateur, mais comme Mark semait les pommes de terre plus vite que moi, il valait mieux qu'il continue. Les roues et les disques s'actionnent au moyen d'une pédale. Il faut par conséquent surveiller où va l'attelage tout en regardant le sol sous le siège. La tranchée doit être parfaitement centrée entre les chevaux, de sorte que les plants soient bien enfouis. Je me suis aperçu que je n'étais pas très douée pour les lignes droites, et me suis demandé quelle conclusion en tirer quant à mon caractère.

Sam était le chouchou du prof dans notre petite classe de deux et soit il maîtrisait déjà le cultivateur, soit il apprenait vite. Au bout de chaque rangée, je faisais stopper l'attelage afin de débrayer les disques. Sam tendait une oreille, dans l'attente du signal de départ. Au pâturage, Silver était le roi incontesté. Sous le joug, quand il connaissait les réponses, Sam n'avait toutefois pas peur de s'affirmer. C'était lui qui faisait faire demi-tour à Silver, les oreilles rabattues, en y mettant tout son poids, avec une attitude autoritaire.

La lune est apparue, mais elle ne nous était pas d'une grande utilité, pâle croissant flanqué de l'étoile du berger. Il me restait un quart du champ à parcourir et je ne distinguais plus où commençaient les sillons. Mark courait toujours le long des dernières tranchées. Je m'apprêtais à lui crier que nous allions être obligés de nous arrêter quand je me suis rendu compte que Sam savait exactement ce que nous faisions et que, dans l'obscurité, il y voyait beaucoup mieux que moi. Tandis que nous exécutions un virage, je lui ai lâché la bride. Il s'est placé au début de la rangée suivante et s'est arrêté. Silver s'est rangé à côté de lui. Lorsque je leur ai ordonné d'avancer, les pommes de terre étaient exactement là où elles devaient être, entre mes pieds, vagues globes blancs dans la nuit noire, et je n'y étais pour rien. Nous avons terminé ainsi, le dos des chevaux fumant dans l'air glacé. Aujourd'hui encore, je ne saurais expliquer pourquoi les chevaux travaillent pour nous de si bon gré. Ils sont suffisamment grands pour dire non, mais ils disent toujours oui, même à la fin d'une longue journée, même après la tombée de la nuit.

QUATRIÈME PARTIE

L'ÉTÉ

Les premières chaleurs sont arrivées, les mouches avec. Les grosses mouches vertes qui agaçaient les chevaux ; les mouches noires et les taons, qui nous excédaient ; les mouches faciales, qui s'agglutinaient au coin des yeux des vaches ; les mouches bleues, omniprésentes, attirées par les émanations de sang. Nous avons tué la Highland que nous avions nommée Kathleen, un matin à la première heure, avant que la nuée ne soit trop épaisse. Nous avions fait pratiquer des tests de dépistage de gestation parmi les femelles du troupeau à viande. Kathleen n'était pas pleine, en dépit de tous les efforts du taureau. Le Dr Goldwasser pensait qu'elle avait un problème aux ovaires. Nous l'avions donc marquée pour la boucherie. Kathleen avait une physionomie particulière : une jolie mèche blanche dans sa longue frange brune.

Mark et moi étions passés maîtres dans l'art de l'abattage, nous formions une petite équipe parfaitement coordonnée. Kathleen broutait paisiblement. Mark lui a tiré une balle au centre du X entre les yeux et les oreilles. Elle s'est écroulée. Les vaches tombent d'un coup, brutalement. Les moutons aussi. Les poules, à l'inverse, battent frénétiquement des ailes avant de rendre l'âme. Les porcs crient tant qu'ils peuvent et se débattent avec fougue. Je me suis longtemps demandé s'il fallait voir dans ces différentes façons de mourir le trait de caractère dominant de chaque animal : le cochon récalcitrant, la vache docile, le poulet aux mouvements saccadés. Je pense aujourd'hui qu'il s'agit plutôt d'une question d'anatomie, de grosseur du cou ou de carte neuropsychologique du cerveau.

Mark m'a tendu le fusil, je lui ai tendu le couteau. D'un geste sûr, il a tranché la gorge. Un flot de sang chaud s'est déversé sur l'herbe. Les pattes de Kathleen remuaient toujours, ses yeux étaient vides, inconscients. Dès que les spasmes réflexifs ont commencé à se calmer, j'ai attaché une chaîne autour de l'un de ses membres postérieurs. Elle s'est remise à ruer, au ralenti, mais avec détermination, comme si ses muscles savaient ce que j'étais en train de faire et m'opposaient une ultime résistance, quand bien même ils n'étaient plus connectés au cerveau. J'ai tenu la patte pendant un moment. Je sentais la force l'abandonner. La vie met du temps à quitter les êtres. C'est une substance plus visqueuse que le sang, aussi lente à s'écouler que le sablier de la sorcière dans *Le Magicien d'Oz*.

Vous ne pouvez pas assister à la mort d'une créature sans penser à la vôtre. Je me suis interrogée à voix haute :

– Tu crois qu'elle a souffert ? Tu crois qu'elle a eu peur ?

D'après Mark, non, les animaux n'avaient pas peur de la mort. Mais il n'était pas sûr que ma question soit la bonne. Le passage dans l'au-delà n'est qu'une infime partie du grand tout. Quant à lui, comparé au vide infini du néant, il préférait ressentir quelque chose, n'importe quoi. Je lui ai dit que si nous étions encore ensemble quand je mourrais, je voulais qu'il me dépose sur le compost.

— Et j'espère que quelque chose mangera mon cœur et mon foie, ai-je ajouté. Après avoir mangé tant de cœurs et de foies, c'est le moins que je puisse faire.

Nous étions dans un champ au bord de la route. Un couple de joggers matinaux approchait. La femme portait une brassière de sport bleu électrique et un caleçon noir moulant. Des gens de la ville en vacances à la campagne. Ils nous ont regardés hisser la carcasse sur le tracteur, par la patte. La tête à moitié tranchée pendait mollement dans le vide. Sur leurs visages, la curiosité a laissé place à l'horreur.

— Ça, c'est un truc à mettre dans ton bouquin, m'a dit Mark.

Les entrailles animales m'étaient devenues si familières que j'avais presque vaincu ma répugnance à les consommer. Ce que certains jettent à la poubelle représente un vrai régal aux yeux des autres. Au début, nos clients n'étaient pas friands d'abats, si bien que Mark et moi en consommions plus que notre part. Aujourd'hui, les choses ont changé, et nous nous estimons heureux lorsque nous parvenons à nous garder un morceau de foie. Mais à cette époque, notre cuisine était un terrain de jeu gastronomique. À force d'essais, Mark a mis au point une recette de tourte aux rognons à la crème et au lard, à se damner. Ma spécialité à moi, c'est le cœur, le symbole de l'amour. En été, je le sers en fines tranches poêlées, avec le jus de cuisson. En hiver, quand j'ai plus de temps pour cuisiner et que personne ne rouspète si le four reste allumé toute la journée, je farcis les cœurs entiers d'herbes, de champignons séchés, de chapelure revenue dans du beurre, et je les fais braiser. Je retombais sans cesse amoureuse du foie, avec lequel je confectionnais divers pâtés et terrines. Je me suis procuré des bouquins sur la fabrication de la charcuterie : le classique *Charcuterie and French Pork Cooking*[1], de Jane Grigson, très bien écrit, dans lequel j'ai appris à accommoder les oreilles et les pieds de porc ; *Charcuterie*, de Michael Ruhlman et Brian Polcyn, un traité culinaire d'une précision de chimiste. Et puis j'ai découvert ma bible, *River Cottage Meat Book*[2], du célèbre gourmet anglais Hugh Fearnley-Whittingstall, journaliste, écrivain et animateur télé. Avec lui, apprêter de la queue ou du museau devient un jeu d'enfant.

C'est vers Hugh que je me suis tournée la première fois que nous avons tué un taureau et que ses testicules sont apparus dans le réfrigérateur, de la taille de balles de base-ball, oblongs, flasques, couverts d'une membrane blanchâtre marbrée de petits vaisseaux violets. « Crues, les animelles ne sont pas très appétissantes, disait Hugh sur un ton rassurant, mais une fois préparées, elles n'ont plus cet aspect repoussant et, comme la cervelle, beaucoup de gens les apprécieraient s'ils ignoraient ce que c'était. » Suivant ses directives, je les ai fait blanchir deux minutes dans l'eau bouillante, puis j'ai enlevé la peau, et je les ai mises à mariner dans de l'huile d'olive et du

---

1. Littéralement : Charcuteries et cochonnailles françaises.
2. Littéralement : Les plats de viande de River Cottage.

vinaigre, avec de la ciboulette et des herbes. Ôter la peau m'a donné du fil à retordre, parce que je ne savais pas ce qui en était et ce qui était... autre chose. Sous une couche, il y avait une autre couche et ainsi de suite. Peut-être que les testicules sont comme les oignons. À force de retirer les épaisseurs, il va finir par ne plus rien rester. J'ai donc cessé de peler et, en les coupant, j'ai découvert que l'intérieur était marron clair, d'une fine texture granuleuse. J'ai fariné les rondelles, je les ai passées à la poêle, et je les ai servies au petit déjeuner, avec des œufs brouillés et du pain grillé. Le goût, intéressant, rappelle un peu celui des pétoncles géants très frais, dont les tranches avaient d'ailleurs la même taille et la même forme. J'ai bien aimé, Mark a adoré. « En Espagne, précisait Hugh, les testicules de taureau sont considérés comme un mets de choix, qui renforce la virilité. » Je lui ai envoyé un petit mot pour lui témoigner mon admiration.

Et puis il y avait le sang. Les parties solides sont une chose, les fluides en sont une autre, et je n'étais pas sûre d'avoir le courage de surmonter cette dernière étape. J'ai consulté Hugh, qui proposait une recette de boudin noir. « Dans le cochon, il n'y a rien à jeter », affirmait-il.

Nous en avons tué un, j'ai recueilli tout son sang dans une casserole, presque deux litres. Suivant les conseils de Hugh, je l'ai bien remué pendant qu'il était encore chaud et j'ai retiré les filaments qui se coagulaient autour de la cuillère. Le liquide restant était d'un rouge intense, beaucoup trop rouge à mon goût pour entrer dans la catégorie des choses mangeables. J'ai fait revenir un oignon, ajouté du xérès, de la crème, des herbes, de la chapelure, des petits morceaux de gras de porc, et mélangé le tout avec le sang. Mark tenait les boyaux, j'y ai versé la préparation à l'aide d'un entonnoir. J'avais à présent un chapelet de longues bombes à eau grenat, toujours aussi peu ragoûtantes. Je les ai pochées. Certaines ont explosé, mais celles qui sont demeurées intactes ont rapidement pris une consistance ferme et une teinte bordeaux. Voilà qui paraissait déjà plus comestible. Nous avons attendu que les boudins refroidissent pour en déguster quelques tranches. Le boudin est un mets très riche, donc à consommer avec modération, mais son goût n'a rien d'insurmontable. La saveur était même assez subtile pour que l'on y retrouve le parfum des herbes et du xérès. Sa texture délicate, mousseuse, m'a paru agréable.

L'été avançait, les champs commençaient à produire de belles quantités de légumes. Les vendredis matin, nous nous levions avant l'aube et ramassions des montagnes de laitues, épinards, bettes, roquette, pois gourmands, betteraves, carottes, petits pois. Je n'avais jamais mangé de petits pois frais. Je ne me lassais pas de leur saveur sucrée et croquante. Thomas LaFountain m'a fait découvrir une recette régionale. On commence par faire cuire les petits pois écossés à feu doux dans du lait, jusqu'à ce qu'ils deviennent vert vif, en veillant à ne pas les faire trop cuire, pour éviter qu'ils ne s'écrasent. On ajoute ensuite du sel, du poivre, une noisette de beurre et, à la dernière minute, un ou deux brins de menthe. Une assiette de petits pois au lait vaut largement tout le temps passé en désherbage et en cueillette.

Nous avons récolté les premières pommes de terre nouvelles, à la peau rosée, fine et luisante. Pendant une semaine, tous les midis, nous nous sommes délectés de pommes de terre en robe des champs et d'énormes bols de légumes verts. Nous déjeunions sur le banc de pierre devant la maison, face à nos terres. La ferme commençait à ressembler à une vraie ferme. Les bâtiments étaient toujours branlants, la fenêtre au-dessus de la porte de la maison toujours cassée, mais on voyait maintenant que l'exploitation était en activité. Les lieux étaient animés d'une étincelle de vie. Ils avaient retrouvé leur âme.

Les membres, qui étaient déjà contents d'avoir de la viande, du lait et des orties, ont été ravis de commencer à recevoir des légumes. Au fil de l'été, grâce au bouche à oreille, notre réseau a doublé, puis triplé.

Mon existence, du point du jour jusqu'à la tombée de la nuit, était vouée à l'extermination des mauvaises herbes. Avant de devenir fermière, j'assimilais « agriculture » et « nature ». Grossière erreur, encore une fois. La culture maraîchère est une guerre sans merci et sans relâche. Les paysans mènent un combat perpétuel pour maintenir la nature derrière les haies. S'ils baissent la garde, c'est l'invasion assurée. À l'intérieur des remparts, il y a les plantes cultivées, fragiles et vulnérables, trop bien élevées et trop civilisées pour se battre. Tout autour, il y a les mauvaises herbes, des fantassins aguerris. À l'approche du solstice, dans les deux camps, les troupes étaient au meilleur de leur forme, gorgées de pluie et de soleil. Tous les matins, quand le jour se levait sur les champs, nous découvrions une nouvelle nuée verte. Pour chacune des nôtres, il y en avait une centaine, un millier, une dizaine de milliers des leurs.

Si vous vous demandez pourquoi les légumes bio coûtent si cher, sachez que c'est à cause des mauvaises herbes. Dans une exploitation conventionnelle, le désherbage s'effectue d'un coup de pulvérisateur. Dans une ferme bio, c'est un travail de longue haleine, une lutte physique qui débute au moment de la germination et ne s'achève qu'à la fin des récoltes. Quand elles sont jeunes et qu'elles n'ont que de minuscules racines, les mauvaises herbes sont faciles à anéantir. Il suffit de les arracher, d'exposer leurs radicelles à l'air, qui les desséchera, ou de les enterrer, afin de les priver de soleil. Plus elles se développent, plus leurs racines s'étoffent, plus leurs tiges et leurs feuilles s'épaississent, plus il est dur de s'en débarrasser. Jusqu'à un certain stade, la binette est une arme efficace. Mais si on attend trop, il faut sarcler à la main.

Heureusement, autrefois, tous les agriculteurs étaient bio, et ils ont inventé des outils de lutte hippomobiles précis et performants, dont le cultivateur. Bien qu'archaïque et rouillé, celui que nous avions acheté à la vente aux enchères amish constituait le meilleur élément de notre arsenal. Mark lui a fabriqué un nouveau timon en frêne vert et a changé les pièces défectueuses. Comme bien des instruments dont nous avons dû nous contenter la première année, il avait ses faiblesses – les roulements étaient abîmés ; dans les montées et les tournants, les roues partaient dans tous les sens –, mais il était néanmoins fonctionnel. Il ressemblait aux sulkys utilisés dans les courses de trot attelé, avec en plus tout un tas de leviers, de manettes et d'engrenages. Le genre de machine qu'aurait eu Willy Wonka s'il avait été fermier et non chocolatier.

J'adorais ce bel engin. Je m'installais à son bord sitôt les corvées du matin terminées, les chevaux pansés, nourris et harnachés. Le soleil se levait juste, la rosée s'évaporait. Dans le champ, je réglais les manettes chargées de déterminer l'angle et la profondeur de pénétration des socs dans la terre. Le but est de retourner le sol le plus près possible des cultures, sans les détruire. Les chevaux marchaient de part et d'autre du rang, si bien que j'étais assise juste au-dessus, actionnant les socs avec mes pieds. Quand les mauvaises herbes n'avaient que de toutes petites racines, c'était magique. Je tuais des centaines de milliers de minuscules pousses de moutarde sauvage et de chénopode. Au bout de chaque rangée, je contemplais avec satisfaction toutes ces petites feuilles en train de se flétrir à la chaleur.

De cette perspective, j'ai appris à connaître nos ennemis, leurs forces et leurs faiblesses : la renouée, perfide, ainsi nommée à cause de ses cordons noueux ; le pourpier, cheval de Troie qui galopait dans nos champs et défiait nos outils, un redoutable adversaire ; le chardon, grosse brute cuirassée et armée jusqu'aux dents, pas très vif ni très discret, mais rusé, qui lance son offensive en plein milieu de la saison, quand le paysan est trop occupé sur d'autres fronts et ne peut que regarder, impuissant, ses fleurs violettes se changer en duvet blanc et se disperser dans le vent ; sans oublier le liseron à la beauté trompeuse, l'étrangleur, la Mata Hari de la nature, mon cauchemar.

Dans la première phase de sa croissance, le liseron paraît inoffensif avec ses tiges pâles et fines, ses petites feuilles en forme de cœur. Il se développe d'abord lentement, puis il explose. Chaque jour, il gagne du terrain, étend ses tentacules autour des cultures, avec l'intention de les étouffer. Le cultivateur n'avait pas de prise sur lui, ni sur les mauvaises herbes à larges feuilles. Ses lianes s'entortillaient autour des lames et si elles étaient aussi nouées autour d'une plante potagère, le cultivateur arrachait tout. Le légume mourait, tandis que le liseron replongeait ses racines dans la terre et continuait à proliférer. Rapidement, il s'en est formé un tapis si épais que les chevaux ne parvenaient plus à tirer le cultivateur. Le seul moyen de s'en débarrasser était de l'arracher à la main, accroupi entre les rangs, et d'aller le jeter loin des champs. Chaque fois que j'en déversais un seau sur le tas de compost, je crachais dessus. Nous pouvions passer une journée entière à désherber la parcelle que nous avions baptisée Small Joy. Le soir, une nouvelle vague de petites feuilles refaisait surface.

La saison des foins a démarré. Toutes les oreilles étaient à l'écoute de radio-météo, tous les yeux tournés vers les prairies. Comme convenu, nous avons embauché les Owens, cette année-là, le vieux M. Owens et ses grands fils, Neal et Donald. Tous les soirs, dans l'atelier, ils se prenaient le bec autour de la ramasseuse-presse. Le système de bottelage ne fonctionnait pas correctement. Les meilleurs mécanos du coin n'avaient pas réussi à le réparer.

Nous avions besoin de cinq mille balles de foin pour nourrir nos bêtes tout au long de l'hiver. La météo joue un rôle capital dans la fenaison. Il faut qu'il fasse sec pendant plusieurs jours d'affilée, afin que l'on ait le temps de faucher, laisser l'herbe sécher, faner, c'est-à-dire la retourner, la faire sécher de l'autre côté, puis la mettre en meules et la rentrer à l'abri. S'il pleut, la qualité du fourrage en pâtit. Si le foin est engrangé trop humide, il fermente et moisit. Le pire qui puisse arriver, c'est qu'il s'échauffe au point de s'enflammer et de provoquer un incendie.

Durant les périodes de beau temps, les Owens s'activaient pour avancer un maximum. Mark et moi délaissions toute autre activité afin de les aider. Il a fallu que j'apprenne à conduire le tracteur, ce que j'avais soigneusement évité jusque-là. Ce n'était pas que je n'aimais pas les tracteurs, j'en avais peur. Je redoutais que mon pied dérape de l'embrayage et que j'écrase quelqu'un. Mais la saison des foins n'est pas le moment de s'écouter. En fin d'après-midi, je grimpais dans la cabine du gigantesque Same orange, une machine italienne qui semblait capable de raser des villes entières. Je pilotais, les hommes chargeaient les balles dans le chariot derrière moi. Avec l'habitude, ma phobie a fait place à un plaisir malsain. Manier le volant du tracteur me procurait la même sensation que de tenir un fusil. Neal, le plus baraqué des Owens, pouvait soulever une meule de vingt-cinq kilos par la ficelle et la déposer d'un geste gracieux dans le chariot. Il n'avait pas l'air de fournir plus d'effort qu'une jeune fille jetant des pétales de rose devant elle. Les champs étaient baignés d'une lueur dorée. Tout le monde avait le teint hâlé.

Parfois, nous travaillions jusque tard dans la nuit. Les Owens apportaient les balles de foin jusqu'à la grange, Mark et moi les entreposions dans le fenil. Un soir, je m'y suis retrouvée seule. Une grosse lune brillait dans un ciel clair, mais en haut de la grange, avec une faible ampoule pour tout éclairage, je n'y voyais pas grand-chose. Mark était dehors, il plaçait les balles une à une sur l'élévateur qui les montait par la fenêtre. Elles atterrissaient sur le plancher avec un bruit sourd, je les prenais et les empilais méthodiquement. Le fenil était à moitié plein. Toute la soirée, des brins de paille étaient tombés sous l'élévateur ; les sons étaient étouffés, comme lorsqu'il neige. Soudain, tout près de moi, j'ai entendu un grognement et des grattements. Mon esprit fatigué s'est emballé.

— UN OURS ! ai-je crié, de la voix stridente que je n'emploie qu'en cas d'extrême urgence.

L'écho s'est répercuté sur les murs de la grange. Mark a arrêté l'élévateur. Un éclat de rire a retenti. C'était Neal, qui était monté me rejoindre par l'échelle afin de me donner un coup de main.

Pendant des semaines, tout le monde s'est moqué de moi. Au lieu de me parler du prix du lait, en passant à la ferme, les voisins me lançaient par la vitre de leur camion :

— Alors, il paraît que t'as pris Neal pour un ours ?

Le pic de l'été a bel et bien été cette course effrénée promise par Mark, un véritable marathon de l'urgence. Les foins ! Les clôtures ! La récolte ! Les mauvaises herbes ! Nous avons planté les dernières carottes et betteraves à toute vitesse. Transplanté les choux à fond de train : nous trottions le long des rangs, un plateau sur le bras, et les jetions au fond des tranchées, sans ménagement, pour ensuite nous mettre à quatre pattes et les recouvrir de terre. Nos journées commençaient à 3 h 45. Les corvées de routine étaient expédiées avant l'aube. Nous étions dans les champs quand le soleil se levait et nous travaillions, travaillions, travaillions, pour essayer de prendre de vitesse la météo, les mauvaises herbes, la saison. Un après-midi, je me suis endormie sur le cultivateur et j'ai rêvé que j'étais sur un bateau. La traite du soir commençait à 16 h 30, le nettoyage était terminé à 19 heures, mais les poules ne se couchaient pas avant 21 heures, heure à laquelle il fallait les enfermer afin qu'elles ne se fassent pas manger par les rapaces. Trop peu de temps plus tard, c'était reparti pour une nouvelle journée.

Mark semblait puiser son énergie à une source mystérieuse, et peut-être bien diabolique. Jamais je ne l'avais vu aussi exubérant, il débordait d'une joie presque excessive. Il faisait la vaisselle et ramassait les petits pois en chantant en espagnol. Quand nous travaillions ensemble aux champs, il me posait des tas de questions sur des sujets auxquels il ne s'était jamais intéressé auparavant : la pop culture, la vie sentimentale de stars dont je doute qu'il sache seulement à quoi elles ressemblent. Il voulait savoir ce qu'était exactement un bobo et si j'en étais une lorsque nous nous étions rencontrés. Ces semaines-là ont été un grand moment de bonheur. Dans ma lettre hebdomadaire aux membres, je m'enthousiasmais : « Avez-vous vu le soleil se lever, ce matin ? Dans Home Field, les zinnias nous offrent un festival de couleurs. »

Le soir, nous retournions faire un tour aux champs, afin de voir comment se portaient les

nouveaux plants, quels secteurs devaient être désher-
bés en premier. Nous faisions des listes, par ordre
d'urgence. La chrysomèle rayée du concombre s'est
abattue en masse sur les cucurbitacées de Mailbox
Field et a grignoté toutes les courges que nous
venions de repiquer. Le vent était chargé d'une odeur
d'insecte, âcre, nauséabonde, entre celle du dissolvant
et celle de la transpiration des aisselles. Tuer les nuisibles est passé en tête de nos priorités. Le lendemain
matin, alors que les bestioles étaient encore à moitié
endormies, nous les avons piégées dans des seaux
d'eau savonneuse et en avons écrasé de gros tas sous
nos talons.

Le fermier trime. La nature rit. Le fermier pleure.
Voilà en gros à quoi se résume l'agriculture. En plein
milieu de l'été, au moment où nous avions le plus
besoin de lui, Silver s'est blessé. Un matin, alors que
je m'apprêtais à atteler les chevaux à la herse à dents
souples, j'ai remarqué qu'il faisait un drôle de mouvement de la tête chaque fois que son sabot gauche
touchait le sol. Je les ai ramenés à la grange, j'ai laissé
Sam dans sa stalle et j'ai ressorti Silver dans l'allée.
En le tenant par la bride, je l'ai fait trotter en courant
à côté de lui. Il boitillait. L'après-midi, quand le
Dr Goldwasser est venu, il traînait misérablement la
patte et pouvait à peine poser le pied. Il s'était coupé
la sole, la plaque de corne qui protège les parties sensibles de la voûte plantaire. Nous avions démoli un
vieux bâtiment ; il avait dû marcher sur un clou, un
morceau de métal ou un éclat de verre. La plaie était
profonde, longue de trois centimètres. Heureusement,
le tendon fléchisseur n'était pas sectionné. Il s'en

remettrait mais il avait besoin de repos, d'un traitement antibiotique, de bandages et de bains quotidiens aux sels d'Epsom. Ces soins m'épuisaient. Silver prenait un malin plaisir à poser le pied sur le seau, au lieu de le mettre dedans. Et quand il en avait marre, il le sortait de l'eau et refusait de l'y retremper. Quant au repos ? S'il avait été un cheval de selle, l'immobilisation forcée n'aurait été qu'une petite contrariété. Or, sans lui, au plus fort de la saison, nous étions privés de la moitié de notre source d'énergie animale, une catastrophe.

Nous avons fait avec les moyens du bord. Je me souviens avoir éprouvé une sorte de nostalgie inversée : il me tardait de parvenir dans le futur, quand nous saurions à quoi nous attendre et serions équipés pour parer à ce genre d'impondérables.

La canicule nous est tombée dessus comme une masse solide, brutale compensation pour la rudesse de l'hiver. Le rythme de croissance a redoublé. Dans notre région, les plantes n'ont guère de temps pour s'épanouir. On les entend presque pousser. J'imaginais leurs cellules se diviser et se rediviser comme des folles avec des petits « pop », leur métabolisme accéléré par l'abondance de lumière, de chaleur et de pluie.

Le chiendent menaçait de prendre les carottes et les betteraves au piège de sa toile de racines. Nous avions un deuxième cultivateur au fond d'une grange, qui ne s'attelait qu'à un seul cheval. À côté de l'autre, c'était un outil grossier, un simple V réglable aux branches munies de dents, avec des bras à chaque extrémité pour le guider. Comme pour diriger la charrue, il fallait s'attacher les guides autour des épaules. La première fois que je l'ai utilisé, avec Sam, j'ai détruit plus de carottes que de mauvaises herbes. Mark s'y est essayé, mais ne s'est pas révélé plus habile que moi. En temps de crise, on se débrouille comme on peut. J'ai décroché les guides de la bride de Sam, Mark m'a aidée à sauter sur son dos et je me suis accrochée aux sangles qui passaient sous ses joues, en guise de rênes. Mark marchait derrière et manœuvrait le cultivateur. Nous avons dû passer deux fois dans chaque rang, au lieu d'une seule avec le cultivateur à deux chevaux, et nous étions obligés d'être deux, ce qui représentait quatre fois plus de travail, mais, au moins, nous avions trouvé une solution. Je devais paraître minuscule, à califourchon sur Sam. Le soir, un voisin s'est arrêté à la maison pour demander qui était cet enfant qui montait le cheval attelé au cultivateur.

– C'était mon boulot, quand j'étais gamin, nous a-t-il dit.

Sans Silver, le cours de la bataille s'est inversé. Il pleuvait toujours au mauvais moment, nous ne pouvions pas travailler aux champs, l'ennemi a pris l'avantage. Les mauvaises herbes ont étendu leurs racines à des parcelles entières de cultures. Sous la pluie, nous avons procédé à une estimation des dégâts, et décidé de sacrifier les jeunes panais et les derniers plants de choux. Ils étaient envahis, les préserver nous aurait pris trop de temps et les nuisibles n'étaient pas loin de disperser leurs graines. Un seul pied d'amarante peut en produire deux cent mille, capables d'attendre des dizaines d'années dans le sol avant de germer. Si nous n'agissions pas, nous n'aurions par la suite que nos yeux pour pleurer. Dès que les averses ont cessé, j'ai hersé les rangs sinistrés, déterrant sans distinction plantes potagères et mauvaises herbes. Après quoi, j'ai éprouvé le même soulagement qu'un traître ayant accompli sa sale besogne.

Nos voisins et amis nous ont aidés. Ils nous ont sauvés. Mike et Laurie Davis sont venus à la rescousse avec leurs trois fils, alors qu'eux aussi avaient tout un tas de choses urgentes à faire dans leur ferme. À leurs côtés, nous avons passé un samedi entier à sarcler les oignons à la main. Lars nous a rendu visite, curieux de voir ce que devenait son domaine. Le grenier était jonché de vieux épis de blé et de rats morts. Nous l'avons enrôlé pour le nettoyer afin que nous puissions y stocker nos céréales. Tout au long de la saison, il est revenu presque chaque semaine. Nous avions toujours des tâches à lui confier ; il se faisait une joie de nous rendre service. Matt, le meilleur ami de Mark, lui aussi agriculteur, dans le New Jersey, est venu nous voir avec son fils. Matt et Mark avaient travaillé ensemble à Genesis, une exploitation maraîchère biodynamique fondée par des nonnes radicales. Dans le temps qu'il me fallait pour cueillir les pois d'une rangée, ils en ramassaient chacun deux doubles rangs. Belle leçon d'humilité. Pendant que j'aspergeais les pois d'eau froide, afin de rafraîchir le champ, Matt a aidé Mark à tuer un bœuf. (Son fils Jack n'avait que 6 ans, je redoutais que le spectacle le traumatise, mais il avait l'habitude de voir des carcasses éventrées. « C'est aussi dur qu'un ballon de basket », a-t-il murmuré en tâtant le premier estomac de la bête.) La sœur de Mark, Linda Brook, avait, elle aussi, été agricultrice à son compte jusqu'à la naissance de son premier enfant. Sitôt ses bagages posés à la maison, nous les avons collés, elle et sa famille, à l'arrachage de la moutarde sauvage dans le champ de pommes de terre. Mon père passait souvent deux ou trois jours chez nous et me secondait au cultivateur, à la place de Mark. Il raconte encore combien nous lui avons fait de la peine, cet été-là, à nous échiner pour quelque chose d'aussi clairement voué à l'échec. Un après-midi, un car de jeunes touristes du Maine s'est arrêté pour prendre des photos du cheval attelé au cultivateur. Mark est allé leur parler, à toute vitesse, et avant qu'ils aient compris ce qui leur arrivait, ils se sont retrouvés avec des binettes dans les mains, à désherber les carottes.

La liste des légumes à récolter s'allongeait de soir en soir. Au coucher du soleil, quand nous faisions le tour des champs, nous mangions des poignées de petits pois si mûrs qu'ils paraissaient sur le point d'éclater. À côté, les chevreuils s'étaient attaqués aux laitues. Ils en avaient goûté une centaine mais n'en avaient terminé aucune. Mark aimait les déguster, en fin de journée, de la même manière qu'eux : au couteau, il coupait une salade à la base, plongeait le visage dedans, en arrachait le cœur d'un coup de dents et jetait le reste. Le privilège du fermier, une forme de décadence ; nous nous sentions riches.

Question : quel est le point commun entre l'agriculture et une relation de couple ?

Réponse : on ne récolte que ce que l'on sème. Pas tout à fait vrai. On ne récolte que ce que l'on sème, laboure, désherbe et fertilise.

Silver a guéri. Une averse de grêle est tombée juste à côté de chez nous. Le pire de la crise était passé. Les pieds de tomates ployaient sous le poids des fruits mûrs. Le maïs approchait le sommet de sa gloire ; certains plants atteignaient trois mètres de haut. Maïs ! me criaient-ils quand je les regardais, le point d'exclamation aussi vert dans mon esprit que leurs tiges. Les oignons piquaient du nez, leurs feuilles traînaient par terre.

— Qu'est-ce qui leur arrive ? ai-je demandé à Mark.

— Rien, c'est la sénescence, la phase qui suit la maturité.

L'herbe qui n'avait pas été fauchée m'arrivait à la poitrine. Lorsque nous longions les champs, le soir, une nuée de criquets bondissait devant nous à chaque pas, tels des dauphins précédant un navire. L'étang derrière la maison avait réduit de moitié et grouillait de grenouilles. Tous les après-midi, un grand héron bleu venait se poster au bord, la patience faite oiseau. Immobile, pendant de longues minutes, et, soudain, un mouvement rapide comme l'éclair. Il avait attrapé une grenouille. Elle se débattait au bout de son long bec. Il levait sa tête pointue vers le ciel, l'engloutissait et reprenait sa pose parfaitement figée de danseuse de cabaret aux gambettes maigrelettes, debout sur une patte, l'autre fléchie.

Un temps lourd et humide s'est installé. La ferme était tellement fertile que c'en était presque oppressant. En une nuit, les courgettes ont pris des proportions monstrueuses. Dans l'herbe chaude, les mouches ont recouvert de leurs œufs un os de jarret oublié. De la maturité à la pourriture, il n'y a qu'un tout petit pas.

Le sphinx de la tomate a sonné le glas de la saison. Qui connaît l'existence de ces créatures ? Des chenilles grosses comme le pouce de Mark et au moins aussi longues, à la peau lisse et soyeuse de la couleur des pommes Granny Smith, ornée en filigrane de fins motifs blancs. D'un côté, elles étaient magnifiques, des œuvres d'art vivantes ; de l'autre, elles étaient horribles, des aliens voraces. Toujours est-il que leur tenue de camouflage forçait l'admiration. Je pouvais regarder une plante endommagée pendant des heures avant d'apercevoir les coupables. Leur présence était néanmoins évidente : feuilles manquantes, tiges entièrement dévorées, gros tas de chiure noire et humide. Parfois, les chenilles se trahissaient par un bruit faible mais néanmoins menaçant. Mark m'avait dit qu'elles mordaient. Je les attrapais sur mon couteau et les écrasais sous le talon de ma botte. Elles étaient remplies d'une gelée vert fluo. Leur cœur à sept compartiments continuait de battre dans la terre. Je n'osais pas m'éloigner tant qu'il ne s'était pas arrêté.

En juillet, les récoltes étaient presque assurées. En août, à l'approche des premières gelées, nous avons commencé à moins nous soucier des mauvaises herbes. Le gel les détruirait à notre place avant qu'elles se reproduisent. Nous avons passé une soirée, jusqu'à minuit, à mettre les invitations de mariage sous enveloppe. Dès l'instant où nous les avons postées, j'ai été saisie d'une terrible appréhension.

Cet homme que j'étais censée épouser me rendait folle. Et je le rendais fou. Ensemble, nous générions une énergie féroce. Je me souviens, à l'âge de 20 et quelques années, avoir eu avec ma sœur, de dix ans mon aînée, une grande discussion sur le mariage. Elle venait juste de divorcer, elle savait de quoi elle parlait. D'après elle, il y avait deux types de mariage : le mariage confortable, et le mariage explosif. Entre Mark et moi, la moindre petite étincelle aurait mis le feu aux poudres.

Ce que j'admirais le plus chez lui dans l'absolu était ce qui m'exaspérait le plus dans la vie de tous les jours. Il avait la foi. À 15 ans, un jour où il était seul chez lui après l'école, les Témoins de Jéhovah ont frappé à la porte. Il leur a ouvert et les a invités à entrer. Lorsque ses parents sont arrivés, quelques heures plus tard, ils l'ont trouvé en train de leur faire l'exégèse de son propre credo, qu'il avait tapé à l'ordinateur, un document de cinq pages. Les Témoins l'écoutaient sans broncher à l'autre bout du canapé.

Jusqu'à ce que je le rencontre, au fil de ses études et de ses nombreux voyages dans des pays en voie de développement, son dogme avait évolué. Avec sa famille, il avait séjourné dans des villes et villages du Kenya, d'Équateur et du Mexique. Puis, après la fac, il avait vécu et travaillé pendant de longues périodes au Venezuela et en Inde. Il était convaincu que la pauvreté, la perte de la culture rurale et la dégradation de l'environnement dans ces régions du globe étaient liées à l'accélération du cycle mondial de production et de consommation. Il avait vu de ses propres yeux que, pour certains, les marchandises bon marché représentent un coût énorme. Or, lorsqu'elles arrivent dans les magasins, des milliers de kilomètres plus loin, ces mêmes coûts deviennent invisibles. Il éprouvait un malaise vis-à-vis de ces processus qu'il ne pouvait voir, ces impacts qu'il ne pouvait pas mesurer.

Ces conclusions n'ont rien d'extraordinaire, beaucoup de gens dans le monde y sont parvenus et continuent néanmoins à mener la vie qu'ils ont toujours menée. Pas Mark. Il s'efforçait, dans la mesure du possible, de nager à contre-courant du fleuve de la consommation par lequel l'Américain moyen se laisse porter. Des sous-vêtements aux appareils électroménagers, il préférait acheter des articles d'occasion. Ou, mieux encore, des choses faites à la main. Il rêvait tout haut qu'un jour, il fabriquerait lui-même ses brosses à dents avec des soies de sanglier. Il haïssait le plastique. Que l'on ne cesse d'en balancer partout sur la planète le mettait hors de lui. Il détestait le gaspillage. Lorsque nous nous sommes rencontrés, il avait une grosse pelote de fil dentaire usagé, qu'il gardait, disait-il, parce qu'elle pourrait lui resservir. Quand on lui demandait à quoi, il répondait qu'il en aurait peut-être besoin un jour pour recoudre son pantalon.

Il réfléchissait aux conséquences du moindre de ses actes. À l'époque où nous habitions à New Paltz, nous avons eu un grand débat, en allant faire les courses, pour savoir s'il valait mieux acheter des aliments bio non locaux ou des produits locaux non bio. Un débat unilatéral ; à vrai dire, un long monologue. Ma vieille Honda avait fini par rendre l'âme, il n'avait pas voulu que je la remplace, et nous nous rendions au supermarché en tandem – le moyen de locomotion qu'il utilisait avec son ancienne petite amie, et qu'elle lui avait laissé. Au supermarché, j'ai pris une boîte d'une espèce d'ersatz de café amer que je voulais goûter. Je buvais des quantités de café délirantes, j'avais décidé d'essayer de me sevrer. Non seulement ce truc n'était pas bio, mais il n'était pas non plus local, m'a signalé Mark en me suggérant de le rapporter dans le rayon. J'ai trouvé sa remarque choquante et ridicule, je l'ai quand même acheté.

Mes amis et moi ne croyions pas à grand-chose. Nous étions plutôt des cyniques. Si nous avions foi en quelque chose, c'était dans le bar mexicain du Lower East Side qui nous vendait illégalement des margaritas dans des gobelets à emporter. À mes yeux, les lois étaient un peu comme des accessoires de mode, des jolies choses dont on pouvait très bien se passer. « C'est quoi, alors, ton éthique ? » me demandait Mark quand nous nous prenions la tête à propos de la façon de faire les choses à la ferme. Je répondais : « Je n'ai *pas* d'éthique. Je suis une New-Yorkaise. Je suis une hédoniste. »

Ses croyances n'étaient ni pieuses ni austères et n'avaient rien de pesant. Il croyait en la bonté et la générosité fondamentales de l'être humain. La plupart du temps, il n'avait affaire qu'à des gens bons et généreux. Les autres, il les ignorait. Pour ma part, je voulais bien croire à la bonté et à la générosité humaines, à condition que le feedback soit constant. Autrement dit, j'avais des doutes.

Sa foi lui conférait une force à toute épreuve, sans laquelle nous n'aurions jamais franchi le cap de la première saison. Jamais nous n'aurions appris, en dépit de toutes les difficultés, à travailler avec des chevaux. C'est ce qui lui a permis de convaincre d'autres personnes de s'embarquer dans notre aventure. Pour moi, qui étais détachée des valeurs que l'on m'avait inculquées et pas encore en pleine possession des miennes propres, voilà qui me paraissait terriblement séduisant. Mais au cours des semaines qui ont précédé le mariage, j'interprétais cette force sans faille comme un aveuglement. Je trouvais que Mark avait des œillères, qu'il était trop rigide et manquait d'indulgence envers les gens comme moi, qui n'étaient ni aussi sûrs d'eux ni aussi tenaces que lui.

Son courage obstiné le poussait parfois à prendre des risques inconsidérés, pour ne pas dire idiots. Depuis quelques années, nous avons des employés. Un jour, Mark a envoyé deux d'entre eux, James et Paige, castrer un veau du troupeau à viande. Ils sont revenus blêmes, le veau toujours en possession de ses testicules. En voyant James attraper son petit par une patte, la mère s'était énervée ; par mesure de sécurité, ils préféraient donc s'y mettre à trois. Mark avait déjà châtré plein de veaux tout seul, sans se préoccuper des protestations de la mère.

– Bah ! il suffit de faire vite et de ne pas montrer que vous avez peur, a-t-il déclaré.

James et Paige travaillaient chez nous depuis suffisamment longtemps pour savoir que le patron avait toujours raison.

– O.K., on te laisse faire, alors, a conclu James.

La mère en question s'appelait Sinestra, c'était une jeune vache noire à la corne gauche cassée. L'année précédente, elle avait perdu son premier veau durant une période froide et humide. Mark et moi l'avions trouvé mort dans le pré, Sinestra beuglant pitoyablement au-dessus de lui. Au début, chaque fois que je voyais une bête dormir, j'avais peur qu'elle soit morte et je faisais un boucan de tous les diables pour la réveiller. Avec le temps, j'ai appris à distinguer un animal mort d'un animal endormi : les premiers sont plus plats, totalement inertes et puis il y a quelque chose d'autre, quelque chose de subtil mais néanmoins incontestable, comme une certaine rigidité. Une fois que vous avez vu un animal mort, vous ne pouvez plus vous méprendre, même de loin, et ce veau était mort, archi-mort, aussi mort qu'un tas de feuilles mortes.

Sinestra ne comprenait pas, pourtant. Tout ce qu'elle savait, c'est que sa mamelle était douloureuse et que son rejeton ne bougeait pas. Elle l'avait abondamment léché, le pelage du veau était hérissé de touffes humides. Nous étions venus apporter du fourrage au troupeau. Une fois le chariot vide, nous y avons chargé la carcasse, afin d'éviter qu'elle n'attire les charognards. Sinestra est restée au même endroit pendant des jours, à chercher son petit en meuglant. Je suis presque sûre qu'elle nous en voulait, et je crois que c'est à ce deuil qu'elle pensait quand elle a vu Mark arriver avec la pince à castrer.

Le plus dur, en général, est d'attraper le veau. Les veaux sont rapides, presque dès la naissance, et assez malins pour feinter. C'est pourquoi il est préférable de les castrer avant l'âge de deux semaines. Un bon sprint ou deux et vous le tenez. Vous le faites ensuite tomber sur le dos, lui palpez l'entrejambe afin de vous assurer que les deux testicules sont bien descendus et, à l'aide de l'élasteur, vous fixez un gros anneau élastique à la base. Après quoi, vous pouvez le relâcher.

En général, sa mère vous tourne autour en vous regardant d'un sale œil, mais tout va si vite qu'elle n'a pas le temps de rassembler ses idées bovines et de passer à l'offensive.

Sinestra avait dû calculer son coup à l'avance. Je n'ai pas assisté à la scène mais James et Paige me l'ont racontée. Mark avait tenu à ce qu'ils l'accompagnent, pour leur montrer comment il procédait. À peine a-t-il touché le veau que Sinestra a chargé. Sceptique, Mark ne s'est pas soucié d'elle. Elle l'a renversé, puis a essayé de l'encorner. James et Paige qui se tenaient à distance ont accouru en battant des bras pour effrayer la vache. Sinestra a foncé vers un abri en métal où le reste du troupeau broutait du foin tranquillement. Le veau l'a suivie.

N'importe qui, dans pareilles circonstances, se serait estimé heureux de s'en sortir indemne et serait rentré chez lui réfléchir à une autre manière de s'y prendre. Mark étant Mark, il s'est relevé, épousseté, et a décidé de refaire une tentative. Cette fois, Sinestra s'est ruée sur lui avant même qu'il n'ait attrapé le veau et, cette fois, elle était bien déterminée à ne pas le louper. Mark a filé se cacher derrière un pilier du hangar. Sinestra est rentrée droit dedans, avec une force spectaculaire, à faire trembler toute la structure métallique. Mark s'est finalement résigné à remettre l'opération à plus tard.

L'histoire a toutefois une fin et, pour rendre justice à Mark et à son cercle magique, je me dois de vous la raconter. Quelques jours plus tard, alors que tout le monde riait encore de l'incident, aux dépens de Mark, nous avons reçu un coup de fil d'un couple à la recherche d'un jeune reproducteur Highland noir. Le noir n'est pas une couleur courante chez les

Highland, le fils de Sinestra était le seul individu noir de notre troupeau. Ils étaient prêts à le payer au prix fort. Voilà comment le petit veau noir a gardé ses testicules et nous a rapporté une coquette somme.

Le mariage devait avoir lieu à la ferme. Plein de gens tout droit sortis de mon passé allaient découvrir le mode de vie que je m'étais choisi. Quand j'avais quitté ma ville natale, les nombreux amis de mes parents avaient fondé de grands espoirs sur moi. J'avais eu la chance inouïe de faire mes études dans l'une des universités de l'Ivy League. Après quoi, je m'étais installée à New York la mystérieuse, l'étincelante. Et maintenant ça. Je concevais leur déception. La vue d'un rat et l'odeur du fumier allaient probablement anéantir toutes leurs grandes espérances. J'étais très anxieuse.

Nous avons choisi le site où se déroulerait la cérémonie, une prairie ondulée de dix-sept hectares au milieu du domaine, sur un petit plateau dominant les environs, l'un de nos meilleurs champs, bien drainé, couvert de trèfle. Nous y avons fait paître les bêtes toute la saison, puis nous l'avons fauché, si bien que ce vaste pré ressemblait à une immense pelouse tondue au cordeau. Sur trois côtés, il était bordé de grands arbres et des restes d'une vieille murette en pierre, élégants vestiges de l'œuvre d'un autre fermier. Le quatrième côté était délimité par une jeune haie de buissons et d'arbustes, au milieu desquels se dressait un vieux chêne noueux, symbole de longévité et de stabilité. Un cinéaste n'aurait pu rêver décor plus bucolique pour un mariage. Le pré se trouvait à huit cents mètres de la maison. Pour les personnes qui ne désiraient pas – ou ne pouvaient pas – marcher autant, nous ferions des navettes avec les chevaux et une longue carriole verte dans laquelle seraient installés des bancs prêtés par Shane Sharpe. En fin de journée, nous reviendrions dîner et danser dans le fenil de la grange ouest. Il était vide, mais colonisé par les pigeons, il n'y avait pas de lumière et l'on y accédait par une échelle. Au préalable, il y avait donc quelques aménagements à faire.

J'essayais de voir la maison comme la verraient nos invités. Elle avait ses qualités. Elle était carrée et solide comme un roc. 1902, l'année de sa construction, était gravée dans le mortier ; elle avait résisté à tous les hivers et les étés du siècle dernier. Le père de Mark, charpentier de profession, assurait qu'il s'agissait d'une belle bâtisse, bien construite. Elle avait de grandes fenêtres à meneaux et deux cheminées. D'époque, en pierre, l'intérieur de celle de la cuisine tombait en ruine. Afin de déterminer dans quel état se trouvait vraiment le conduit, nous avions cassé le mur au-dessus du poêle et n'avions jamais rebouché le trou, dissimulé derrière un moule à tarte en aluminium. Plus récente, la cheminée de l'aile est était en brique, hideuses certes, mais saines.

J'avais vu des vieilles photos de la maison. Elle avait été magnifique. Une allée pavée menait à la porte d'entrée, abritée par un porche à colonnade. Celui-ci avait été grossièrement muré, les colonnes étaient cachées et l'auvent penchait sur un côté. Les grandes fenêtres de l'étage avaient été remplacées par des cadres bon marché plus petits, insérées de travers dans les ouvertures. Nous n'avions toujours pas changé la vitre cassée. Victime de la désastreuse rénovation du porche, la jolie porte d'entrée principale était inutilisable. Nous passions par un cagibi attenant à la cuisine, dont le toit fuyait. Ses cloisons en aggloméré étaient rongées et tachées par l'humidité ; une odeur de moisi y régnait en permanence. Il était impossible de réparer les fuites, le toit était mal jointé. Nous avons arraché les panneaux qui pendaient du plafond, pour éviter que nos invités ne s'y cognent la tête.

L'intérieur de la maison était complètement dénaturé, tous les beaux détails architecturaux d'époque – les murs en plâtre à linteaux, les planchers en bois – dissimulés sous du linoléum, des moquettes vertes, du papier peint qui se décollait, des lambris en contre-plaqué (marron au rez-de-chaussée, blancs et vert pisseux à l'étage). La cuisine était revêtue d'un ornement de fausses briques qui n'avait jamais dû tromper personne, même neuf. Tous ces éléments dataient manifestement de la dernière rénovation, qui remontait à trente ans. Depuis, ils avaient eu le temps de se détériorer. Nous avions entendu dire, au village, que la maison avait été occupée momentanément par seize personnes, pour la plupart des gamins à peine sortis du lycée. Ils avaient laissé des trous gros comme le poing dans les murs, des autocollants sur les portes et des numéros de téléphone marqués au feutre sur les lambris blancs et verts.

J'avais des rêves pour la maison. Je croyais en sa bonne ossature. Mais dans le chaos de la première année, je la maltraitais, encore plus que tous les précédents locataires qui, au moins, devaient passer le balai ou l'aspirateur de temps en temps. Les sols du rez-de-chaussée étaient toujours pleins de terre, car nous ne prenions pas la peine d'enlever nos bottes en revenant des champs. Un après-midi d'orage, pendant l'été, mon pauvre vieux Nico s'est fait enfermer dans le cagibi d'entrée. Nico a une peur bleue du tonnerre. Il a paniqué et essayé de creuser un tunnel sous la porte de métal, qu'il a sérieusement abîmée. Nous n'avions pas eu le temps de la changer depuis.

Dans la cuisine, nous avions installé un évier en acier inoxydable à trois bacs, de dimensions industrielles. Au-dessus duquel nous avions fixé un égouttoir fabriqué par nos soins avec des tuyaux et du grillage, où nous rangions les bouteilles de lait et les seaux en fer en attendant d'avoir une laiterie. Au plafond, nous avions vissé un gros crochet où nous suspendions les quartiers de bœuf en attendant d'avoir un laboratoire de boucherie. Notre cuisine ressemblait plus à un local professionnel ou à une salle de torture sadomaso qu'à une cuisine. Il n'y avait pas de rideaux aux fenêtres, nous étions meublés sommairement, avec des vieilleries récupérées chez les uns et les autres, auxquelles s'ajoutaient quelques affaires de mon appartement new-yorkais. Nous n'avions pas de canapé, seulement des chaises de cuisine inconfortables autour d'une grande table en pin. *On ne s'assoit pas, ici,* semblait dire la maison. *Soit on bosse, soit on dort.*

Nous étions les seuls habitants du coin à ne pas entretenir nos pelouses. À Essex, tout le monde tond son gazon, même les alcoolos et les chômeurs, même ceux qui battent leur femme ou qui enfreignent la loi sans vergogne. À l'extérieur du village, il peut y avoir des voitures sur cales dans les cours, du provisoire qui dure, mais tout autour, l'herbe est coupée une fois par semaine. Devant leur villa, nos voisins les

Everhart avaient des nains de jardin et des vasques pour les oiseaux entourées de pensées et d'impatiens. Le soir, un projecteur envoyait une image sur la façade, différente selon la saison, un drapeau pour la fête nationale, un bonhomme de neige à Noël.

Notre gazon à nous était hirsute. Chaque fois que j'y jetais un œil, en passant en vitesse les bras chargés de cageots, d'outils ou de piquets de clôture, j'en avais honte, et c'était même de pire en pire au fil des semaines. Je savais que dans l'esprit collectif de la communauté, il représentait une marque noire contre nous, un manquement civique. Un soir, au début de l'été, j'ai sorti la petite tondeuse que mes parents nous avaient donnée, mais il était déjà trop tard ; autant essayer de tondre un mouton avec une pince à épiler. J'ai quand même écrasé et déchiqueté une bande à la périphérie de la pelouse avant de jeter l'éponge. En août, l'herbe était si haute qu'un enfant ou un chien aurait pu s'y cacher. Notre communauté tolère les marginaux, et en compte plus que sa part, mais je sentais que notre gazon dérangeait les voisins, parce qu'ils ne nous charriaient jamais à ce sujet, alors qu'ils plaisantaient sans cesse à propos de nos autres excentricités – par exemple la paire de cornes de Highland que Mark et Shane Sharpe avaient fixée sur le capot de notre Honda. Sur la pelouse, jamais un mot, juste un silence lourd de sens.

Mark se fiche royalement de ce genre de pression sociale, et encore plus de l'aspect des pelouses. Dans son esprit, l'herbe est faite pour être broutée. C'est à cette solution que nous avons fini par avoir recours. Quelques semaines avant le mariage, nous avons posé des clôtures électriques tout autour de notre pelouse et y avons amené le troupeau de bœufs. L'herbe était appétissante, ils allaient faire, à notre place, le boulot que nous n'aurions certainement jamais pris le temps de faire. Les vaches laitières ont été recrutées pour ratiboiser le petit parterre de l'autre côté de l'allée.

Il leur a fallu trois jours pour mener leur mission à bien. Nous nous endormions au son de Rupert appelant les vaches laitières : une série de notes graves et sombres, traduisant un désir ardent, impérieux. Puis un barrissement montant dans les aigus, celui du désir contrarié par la clôture électrique. Nous nous réveillions au doux bruit de leurs mâchoires broutant juste sous la fenêtre de notre chambre, et prenions notre petit déjeuner en écoutant les mères corner dans la brume de l'aurore, à la recherche de leurs veaux endormis. En me brossant les dents, je les regardais par la fenêtre de la salle de bains, à l'étage. Elles avaient fait fuir le colvert qui nichait près de l'étang mais les hirondelles étaient ravies de ce nouvel afflux de mouches. J'ouvrais la fenêtre et lançais un bonjour aux vaches. Elles levaient la tête vers moi et me répondaient en chœur. Quand nous les avons remises au pâturage, notre gazon était à la hauteur réglementaire, trois centimètres. Les voisins ont hoché la tête avec un air approbateur et j'ai rayé « Tondre pelouses » de la liste des choses à faire avant le mariage.

À la fin de l'été, mon amie Alexis est revenue nous rendre visite avant de partir en Grèce. À l'époque où nous étions étudiantes, nous avions rédigé ensemble un guide touristique de Rome. Pour cela, nous y avions séjourné un été, durant lequel notre passe-temps favori consistait à déguster des glaces sur les marches du Panthéon en regardant passer les beaux bruns en Vespa.

Je l'ai emmenée à la foire du comté, qui se terminait le lendemain. Des relents d'huile rance montaient des bacs à friture, les forains avaient la voix lasse et éraillée. Les charrettes à cheval et les pick-up venaient chercher les animaux et le matériel des projets 4-H à destination des groupes de jeunes : les oies, les lapins et les poules, les veaux, les poneys et les moutons, plus les matelas et les sacs de couchage, les glacières, les brosses à étriller et les tondeuses électriques. Les animaux avaient l'air fatigués. Les enfants avaient l'air fatigués. Les parents avaient l'air fatigué. Sous la halle couverte, les adolescents avaient décoré les stalles de leurs chevaux de fleurs artificielles et de banderoles, de photos, de rubans de parade et d'affiches sur lesquelles ils avaient inscrit des pensées du genre : « Merci, Seigneur, de nous avoir donné les chevaux et de nous avoir donné Jésus, notre rédempteur. » Quelqu'un avait réalisé un poster en souvenir d'un oncle mort en Russie, noyé accidentellement dans la mer Noire. Il faisait un temps splendide. La grande roue tournait dans un ciel sans nuage. Dans le hall d'exposition suivant, les membres d'une ligue anti-avortement étaient assis derrière une table bordée de fœtus en plastique rose. Sur le stand des républicains, notre voisin Ron distribuait des tracts aux couleurs du drapeau américain. Je lui ai adressé un signe de la main. En face, un barbu vendait des articles en cuir, des porte-monnaie et des ceintures avec des boucles en forme de tête de bélier à cornes immenses.

Dehors, les gamins tentaient leur chance à la pêche aux canards ou se baladaient à dos de poney. Le montreur d'animaux exotiques remballait ses serpents. Nous avons fait la queue devant une camionnette pour acheter des saucisses chaudes et des granizados. Il y avait une pub pour des gobelets de boisson gazeuse de la taille d'une patte de poney ; je me suis demandé qui pouvait acheter un truc pareil. Les trois personnes devant nous en ont commandé un chacun, le type derrière nous aussi. La foule se dirigeait vers le circuit de stock-car, le poignet cassé sous le poids des sodas géants. L'entrée à la foire coûtait 10 dollars, même pour les enfants. Pour assister au stock-car, il fallait débourser 5 dollars de plus. Une famille de quatre en avait déjà pour 60 dollars avant même de s'être payé le moindre hot-dog ou autre tonnelet de boisson sucrée. Pour ce prix, les gens voulaient de l'action.

Des jeunes filles filiformes et des grosses dondons en shorts effrangés se bousculaient sur les stands de tatouage et de tee-shirts aux logos des huiles de vidange et des fabricants de voitures. Les marmots rebondissaient comme des balles de ping-pong entre les jambes patientes de la famille au grand complet.

On avait apporté des blocs de béton tout autour de la piste de course équestre, formant un rectangle d'une cinquantaine de mètres de long. Un camion-citerne du ministère des Transports arrosait le sol, de façon à le rendre bien boueux. Les voitures de stock-car étaient alignées derrière les barrières. Soir et week-end, depuis plusieurs semaines, les hommes se réunissaient pour bricoler leurs vieilles bagnoles, une tradition intergénérationnelle, aussi sacrée que Noël. Ils avaient gonflé les moteurs, enlevé les pare-brise, boulonné les portières et les coffres, remplacé les réservoirs d'origine par des jerricans de trois ou quatre litres. Quelques-uns avaient capitonné l'habitacle de mousse. Certains bolides étaient décorés de damiers et de bandes de couleurs peints sur les carrosseries, d'autres de slogans guerriers : « Ça va faire mal », ou de formules plus humoristiques, du type : « J'aime la bière » ou encore de clins d'œil aux membres de la famille et aux amis « Dad + Samantha », « Salut, ma belle », « Jessica notre anje », la faute s'étalant en lettres majuscules soigneusement tracées sur le capot vert pomme d'une Oldsmobile des années 80. Il y avait douze voitures par manche. Douze taureaux motorisés sont arrivés sur la piste dans des relents de testostérone mécanique, prêts pour la corrida américaine.

La première épreuve était réservée aux quatre-cylindres, les petites voitures. Elles se sont placées sur la ligne de départ en quatre rangs de trois. J'ai demandé à la famille assise à côté de nous dans les gradins de nous expliquer les règles. La dernière voiture roulante l'emportait. Les pilotes avertis percutaient leurs adversaires uniquement par l'arrière, afin de préserver leur moteur, et pas trop fort s'ils voulaient finir la course bien classés. Les autres – ceux qui avaient moins d'expérience, ou ceux qui ne pouvaient pas s'en empêcher – fonçaient pied au plancher et emboutissaient leurs concurrents de tous les côtés, bousillant leur véhicule par la même occasion.

Le drapeau vert a donné le signal du départ. Un bruit assourdissant est monté de la piste. Je n'entendais même pas les cris d'horreur qui m'échappaient.

Le fracas métallique résonnait davantage dans mes os que dans mes oreilles. Les conducteurs étaient secoués dans tous les sens, leurs casques heurtaient sans cesse les montants des portières sans vitres. Au bout de quelques secondes, des flammes ont jailli du capot d'une voiture et une fumée noire a envahi les gradins. Le commissaire a interrompu la course. Les pompiers sont arrivés avec leurs extincteurs.

En dix minutes, toutes les voitures ont été immobilisées, sauf une, qui cahotait encore poussivement. Le survivant en est sorti en boitant et a été déclaré vainqueur. La piste était jonchée d'épaves fumantes et fuyantes. Deux camions 4×4 sont venus remorquer les perdants, conduits par deux jeunes garçons en jean et casquette de base-ball, torse nu, qui manœuvraient habilement et crânement entre les carcasses. Des jeunes filles aux cheveux longs et aux épaules bronzées étaient assises sur le siège passager et à l'arrière, dans la remorque, où des sièges de voiture avaient été installés contre la cabine. Elles portaient toutes des débardeurs à fines bretelles, des shorts ras les fesses, des grosses créoles aux oreilles et des lunettes de soleil qui leur mangeaient la moitié du visage. Pas une ne souriait. Elles faisaient comme si personne ne les regardait.

Se sont ensuite affrontées les grosses cylindrées, puis les « muscle cars » au moteur surdimensionné, le plus souvent un V8. Des femmes devaient ensuite concourir en monospace mais nous n'en pouvions plus. La fumée, le vacarme, la tension. Plus le brouhaha de la foire. Nous étions lessivées. Les épreuves éliminatoires allaient durer des heures, puis les vainqueurs de chaque manche se livreraient un dernier combat et un chèque de 1000 dollars serait remis au grand gagnant. Alexis et moi avons enjambé les genoux des spectateurs jusqu'à la sortie, encadrée de marchands de barbe à papa et de peluches géantes. Les lumières commençaient à briller. Des couples d'adolescents, formés pendant la foire, se promenaient en se tenant par la taille et en parlant très fort, comme pour démentir l'intimité qu'ils venaient de nouer, comme si leurs voix couvraient leur désir.

CINQUIÈME PARTIE

L'AUTOMNE

Les champs sont une horloge donnant l'heure en couleur. L'été touchant à sa fin, la palette de notre univers a viré des verts éclatants aux verts sombres, puis à l'ocre, au brun, toutes les nuances de l'or. Les jours ont raccourci, la lumière a pris une teinte ambrée. Les arbres se sont bigarrés de tons rouges, orange, jaunes. Sur le sol terne, les citrouilles jetaient des signaux lumineux. Les tournesols ont fleuri ; à trois mètres de haut, leurs têtes bourdonnaient d'abeilles. Dans la haie, les gerbes d'or brillaient du même éclat que les alliances attendant depuis plus d'un an dans un écrin. Je les avais achetées en Birmanie, où j'étais partie faire un reportage juste après nos fiançailles. Je ne connaissais pas la taille de Mark, mais il était clair qu'il avait les doigts plus gros que le Birman moyen. J'avais écumé toutes les échoppes du marché aux bijoux, à la recherche de la bague la plus grande que je puisse trouver. J'avais déniché mon bonheur sur un étal tendu de soie rouge où brûlait du bois de santal : deux anneaux tout simples de vingt-quatre carats, à l'aspect mat, aussi sobres que peut l'être l'or. Le mien était trop large pour mon doigt et il me semblait que celui de Mark serrerait trop le sien. J'avais dit à la marchande que je les ferais ajuster. Elle avait poussé des hauts cris : « Pas couper ! Couper alliances porte malheur. Pas casser amour. »

En septembre, au plus fort de la saison des récoltes, nous avons passé des journées à arracher carottes et betteraves et à en empiler des sacs de cinquante kilos dans le cellier. Mark a fauché les plants de haricots noirs et rouges, secs et durs dans leurs cosses luisantes. À la fourche, je les chargeais dans un chariot que les chevaux tiraient doucement le long des rangs. Dans le hangar de distribution, nous en avons déversé un tas de deux mètres de haut, que nous avons étalé sur le sol de ciment. Puis nous avons séparé les haricots des tiges et des feuilles en les battant avec des fléaux constitués de morceaux de manches à balai reliés par de la ficelle à foin.

Tandis que nous terminions de récolter, nous répandions du compost dans les champs, afin d'apporter au sol les nutriments dont il aurait besoin l'année suivante. Dans la cour, nous en avions un tas de deux mètres de haut, quatre mètres de large et dix-huit mètres de long, composé en son cœur de onze tonnes de maïs gâté qu'un cultivateur de céréales nous avait donné l'hiver précédent. Nous avions rajouté par-dessus tous nos déchets organiques : fumier, mauvaises herbes, litière imbibée d'urine, foin moisi, légumes pourris dont même les cochons et les poules ne voulaient pas, plus toutes les parties des animaux de boucherie que nous ne mangions pas – la peau, les intestins, l'estomac, la rate, le pancréas, les poumons, les sabots et les cornes.

À condition qu'il ait une teneur appropriée en carbone et en azote, un volume suffisant, et qu'il soit maintenu à un taux d'humidité adéquat, un tas de compost digère n'importe quel organisme vivant. Tout au long de l'hiver, comme une machine à fumigène de discothèque, il avait dégagé de délicats nuages de vapeur. Il en émanait une odeur pas désagréable de tortilla légèrement moisie posée sur une plaque chauffante. Au sommet, il avait la température idéale pour faire éclore les œufs de mouche. À trente centimètres de profondeur, il chauffait suffisamment pour brûler les mauvaises herbes et la main curieuse que j'y avais enfoncée. De toutes les choses étonnantes que j'ai rencontrées durant cette première année, la chaleur de la décomposition – son intensité, sa durée – est sans conteste la plus stupéfiante. Cette chaleur provient de l'action d'une horde de micro-organismes, certains si minuscules qu'une cuillerée à soupe de terre peut en contenir jusqu'à six millions. Dans le tas de compost, ils se nourrissent, se multiplient et meurent, absorbant puis relâchant l'énergie stockée en leur temps par les plus gros organismes – les plantes et les animaux –, de l'énergie fournie à l'origine par le soleil. Plongez la main dans un tas de compost en hiver. Vous serez surpris d'y retrouver les feux de l'été.

Nous avions retourné le tas régulièrement avec la pelle du tracteur, afin de pousser vers le centre les matériaux froids qui se trouvaient en surface et sur les bords. Ce brassage faisait remonter la température. Mélangé, réchauffé, refroidi, remélangé, etc., le compost avait peu à peu diminué de volume. À la fin de l'été, il avait réduit de moitié. Ses différents composants s'étaient fondus en une substance homogène riche en azote, noire et friable, prête à fertiliser les champs.

Mark avait passé quelques soirées dans l'atelier à réparer l'épandeur que nous avions acheté, une vieille machine à cheval de conception rudimentaire, essentiellement constituée d'une remorque avec une caisse en bois munie d'un système d'entraînement par chaînes et, à l'arrière, de trois disques hérissés de piques, les hérissons. Le mouvement du système de distribution était donné par les roues de la remorque. J'actionnais des engrenages ; quand les chevaux avançaient, les chaînes entraînaient le compost vers les hérissons, qui le déchiquetaient et le projetaient derrière la remorque en un ample arc-de-cercle. Nous avons fait un test avec l'épandeur rempli au quart. Il fonctionnait. Nous avons applaudi. Au milieu du rang, toutefois, les rouleaux ont envoyé une motte de fumier vers l'avant. Elle est passée au-dessus de ma tête et a atterri sur la croupe de Silver. Surpris, il a couché les oreilles et accéléré le pas. Les chaînes et les hérissons tournaient trop vite, dans un vacarme de tous les diables qui énervait les chevaux. Ils ont essayé de partir au galop, il m'a fallu user de toutes mes forces pour les retenir. Résultat : Silver a perdu confiance dans l'épandeur. Chaque fois que j'embrayais, il donnait un coup de tête vers le haut.
En moins de trois minutes, le temps que mettait l'attelage pour parcourir la longueur du champ, nous répandions une tonne de compost. Le plus pénible était de le charger dans l'épandeur. À la fourche, à deux, l'opération prenait une vingtaine de minutes.

Au bout d'un moment, nous avons commencé à fatiguer et à ralentir la cadence. Dans l'après-midi, nous avons envisagé d'avoir recours au tracteur, dont la chargeuse-pelleteuse pouvait effectuer la tâche en deux temps trois mouvements. Le seul problème, c'est que Silver détestait le tracteur. Quand il était garé dans la cour et que nous passions devant, il le regardait comme il aurait regardé un loup prêt à bondir. Le tracteur serait placé derrière lui, il ne le verrait pas ; je redoutais toutefois que le bruit du moteur ne l'affole. Mais nous étions épuisés et il se faisait tard. Mark a mis en marche le tracteur, en me promettant de l'arrêter si Silver montrait des signes d'affolement. Je suis descendue du siège de l'épandeur et me suis placée près de la tête des chevaux, comme j'avais l'habitude de le faire pour rassurer les chevaux de selle.

Je revois la suite des événements comme s'il s'agissait d'un film. Plan large de moi près de la tête des chevaux, une bride dans chaque main, surveillant les oreilles de Silver. Puis gros plan sur la pelle bleue du tracteur, remplie à ras bord de compost. En bande-son, le ronflement d'un moteur Diesel. Fondu sur Silver piaffant légèrement mais gardant son calme. La pelle se déverse dans l'épandeur, Silver creuse le dos et se raidit, la pelle heurte une paroi métallique de la remorque et Silver explose. Tout son poids sur l'arrière-main, il se cabre, m'arrachant la bride des doigts. Image suivante : deux croupes s'éloignant au galop, l'épandeur brinquebalant derrière elles le long de l'allée, en direction de la route, les longues guides traînant entre les roues de la machine, aussi lointaines que la lune.

J'ai eu plus d'une opportunité de me demander, depuis, ce qui se trame dans la tête d'un cheval prenant la fuite. Je sais qu'il a peur, mais je crois aussi qu'il éprouve une certaine joie, ou tout du moins une espèce d'ivresse, d'abandon. Un cheval dressé oscille toujours entre ses pulsions naturelles et ce qu'on lui a appris. En se sauvant, il cède à ses pulsions naturelles, un puissant élan qui le pousse à courir pour se soustraire au danger. C'est pourquoi on ne peut plus faire entièrement confiance à un cheval qui s'est déjà échappé.

Je ne me rappelle pas m'être délibérément écartée de Silver quand il a reculé. Toujours est-il que j'ai dû faire un bond de côté. Le fracas de l'épandeur entraîné dans la course alimentait la frayeur des chevaux. Ce n'était plus tant le tracteur qu'ils fuyaient, mais cette chose bruyante qui les poursuivait. Ils filaient au grand galop, le cou tendu, les mors ballottant dans leur bouche. Bêtement, je me suis lancée à leurs trousses. Je me souviens avoir enlevé et jeté ma veste par terre, comme si je croyais pouvoir courir plus vite sans elle. La distance entre les chevaux et moi se creusait de seconde en seconde. Ils sont parvenus au bout de l'allée avec une centaine de mètres d'avance sur moi. Je leur ai hurlé de s'arrêter. Ils ne m'ont pas écoutée. Ils ont tourné et continué à cavaler sur le chemin entre la route et le champ. J'ai coupé à travers le champ, espérant contre toute logique que j'arriverais à les rattraper et… et quoi ? Leur barrer le passage ? Du coin de l'œil, j'ai vu Mark sauter du tracteur, enfourcher son vélo et foncer dans l'allée, courbé sur le guidon, dans la position du coureur cycliste, pédalant comme un dératé.

Des décharges d'adrénaline fusaient de mon cerveau échafaudant des scénarios plus catastrophiques les uns que les autres. Au bout du champ, il y avait la forêt. Entre le champ et la route, il y avait un fossé. Les chevaux s'arrêteraient-ils à la lisière du bois ? Trébucheraient-ils dans le fossé ? Tourneraient-ils autour du domaine jusqu'à ce qu'ils se heurtent à un obstacle ? Rien de tout cela. Presque à l'extrémité du champ, il y avait une rigole couverte au-dessus du fossé, d'environ trois mètres de large. Ils ont légèrement ralenti pour la franchir et sont repartis à la course sur la route, vers le village.

Au moins, ils étaient sur la bonne voie, dans le sens de la circulation. Je les ai perdus de vue mais j'entendais toujours le bruit des roues en fer sur le bitume. Mark a également disparu derrière une petite montée. Nico courait derrière moi en boitillant sur ses pattes arthritiques. Les chevaux étaient à moins d'un kilomètre du village quand je les ai aperçus de nouveau. S'ils continuaient jusqu'au carrefour, le pire était à craindre.

Je me suis campée au milieu de la chaussée et j'ai fait signe à la première voiture de s'arrêter. Un quinquagénaire barbu m'a gentiment prise à son bord. Hors d'haleine, échevelée, couverte de fumier, je lui ai expliqué que mes chevaux s'étaient enfuis. Pouvait-il me conduire jusqu'au village, en ne roulant pas trop vite ? Il m'a demandé depuis combien de temps ils étaient partis. Je lui ai répondu à peu près un quart d'heure, alors que cela ne devait pas faire plus de trois minutes. Il n'a pas fait de commentaire, je ne lui ai pas donné davantage de détails. Comment l'histoire allait-elle se terminer ? Je préférais ne pas y penser. La route n'était pas très fréquentée, mais les gens roulaient vite. Une collision aurait des conséquences dramatiques. Mark me paraissait effroyablement vulnérable sur sa bicyclette. Les chevaux ne pourraient pas continuer de galoper à ce rythme sans que l'un d'eux ne finisse par faire un faux pas. Je me rappelle avoir calculé combien de temps il me faudrait pour retourner à la ferme au cas où nous aurions besoin d'un fusil.

Le kilomètre que j'ai parcouru avec cet homme m'a paru interminable.

En haut de la petite montée, j'ai vu les chevaux revenir en sens inverse, au pas, du bon côté de la route, auréolés de la lumière dorée de fin d'après-midi, un cliché de film hollywoodien. Mark était assis sur le siège de l'épandeur, guides en main, sourire aux lèvres. Nico trottait derrière l'attelage, la langue pendante. Ni Silver ni Sam n'avaient l'air blessés.

Je suis rentrée à la maison dans la caisse de l'épandeur. Mark m'a raconté la fin de l'épisode. Il avait fini par rattraper les chevaux, il les avait dépassés et forcés à ralentir, avant de leur donner l'ordre de stopper. Ils étaient sur la voie de droite mais, en le voyant en face d'eux, ils s'étaient déportés sur la gauche. Mark les avait imités et ils s'étaient remis sur la voie de droite. Une voiture arrivait derrière eux. Miraculeusement, le conducteur a compris ce qui se passait. Il les a doublés et une fois devant eux, a freiné. Les chevaux ont un peu ralenti. L'automobiliste les a toutefois abandonnés là ; il a réaccéléré avant de disparaître au loin. Mark s'est efforcé de maintenir une légère avance sur les chevaux, tout en restant près d'eux à leur gauche. Ils déviaient de plus en plus vers la droite, jusqu'à ce que Sam, attelé à droite, se retrouve sur l'accotement. Ils approchaient dangereusement du début d'une glissière de sécurité, un poteau en métal d'où partaient trois gros câbles. Ils l'ont atteint en deux foulées. Sam est passé d'un côté, Silver de l'autre. Encore une foulée et, à cette allure, l'épandeur aurait été réduit en miettes, les deux chevaux se seraient estropiés ou tués.

Or, ils se sont arrêtés net, la remorque à trente centimètres du pylône. D'après Mark, ils avaient l'air plus penauds que paniqués. Il a pris les guides, s'est installé sur le siège de l'épandeur, les a fait reculer, avant d'entamer un demi-tour et de reprendre tranquillement le chemin de la maison.

La pluie est revenue, il était temps de faire des réserves pour l'hiver. Ma voisine Beth est venue m'aider à mettre des tomates en conserve. Paresseuses, nous ne prenions pas la peine de les peler ni de les épépiner. Nous les coupions juste en gros dés que nous jetions dans une marmite et laissions mijoter plusieurs heures. Nous avons rempli des centaines de bocaux de coulis. La grande table en bois de la cuisine croulait sous les tomates et dégoulinait de jus. La nuit, j'ai rêvé de tomates.

Nous avons acheté un congélateur, que nous avons installé au sous-sol et bourré de blettes blanchies, choux frisés, brocolis, épinards, haricots verts et soja. Notre réseau comptait désormais plus de trente membres. Les champs avaient suffisamment donné pour que tout le monde puisse faire autant de provisions qu'il le désirait.

Quand il n'a plus été possible de ranger quoi que ce soit dans le congélateur et que j'en ai eu marre de faire des conserves, nous nous sommes essayés à la fermentation. *Wild Fermentation*[1], le bouquin de l'activiste Sandor Katz, a été un précieux allié. Suivant ses instructions, j'ai déposé au fond d'une jarre en faïence de quinze litres une couche d'ail et d'aneth, plus une poignée de feuilles de vigne, afin d'ajouter du tanin, pour le craquant. Par-dessus, j'ai vidé un plein seau de cornichons, que j'ai recouverts de saumure. Selon Sandor, ce n'était pas plus compliqué que ça. J'étais sceptique, mais il avait raison. Deux semaines plus tard, nous avions des cornichons aussi bons que ceux de chez Guss, l'enseigne new-yorkaise de référence, dans le Lower East Side.

Les feuilles des pommes de terre se sont fanées, signe de maturité. Sous terre, elles étaient aussi grosses que le poing de Mark, dix pour chacun des tubercules que nous avions plantés, soit cinq mille kilos au total. J'étais fatiguée, ce chiffre m'effrayait. Mark a compulsé l'annuaire et téléphoné à tous les gens du coin que nous connaissions, nos clients, nos amis, des personnes que nous n'avions rencontrées qu'une ou deux fois. Nous ne savions pas combien viendraient le jour de la récolte, mais toutes les bonnes volontés seraient les bienvenues.

Le jour dit, un samedi, nous avons empilé des cageots dans le chariot, puis attelé Sam et Silver à l'arracheuse de pommes de terre. Nous l'avions achetée à une autre vente aux enchères, pas encore testée, et n'étions pas certains qu'elle fonctionnait. L'instru-

---

1. Littéralement : fermentation lactique.

ment s'accroche à l'avant-train. En avançant, son soc passe sous les tubercules, les soulève et les ramène à la surface. Il est muni d'un siège, d'où l'on règle la profondeur de travail. À l'arrière, une courroie métallique rejette les patates dans le champ en les séparant des fanes et de la terre. Il n'y a plus qu'à les ramasser. Mark était assis sur l'arracheuse. Installée sur l'avant-train, je guidais l'attelage.

Au premier passage, nous avons réglé le soc à une trop grande profondeur. Les chevaux étaient obligés de tirer si fort qu'une sangle en cuir du harnais de Silver s'est cassée. Le palonnier s'est détaché et lui a cogné les jambes. Mark est parti en courant à la grange réparer les dégâts. Pendant ce temps, j'ai réconforté Silver, qui avait eu plus de peur que de mal. Mark a bricolé le harnais comme il a pu, avec du fil de fer et du ruban isolant, et nous nous sommes remis au travail. Cette fois, nous avons réglé le soc à la bonne profondeur, les patates sortaient du sol comme par magie. Mark poussait des cris de joie. En bout de chaque rangée, je m'arrêtais pour regarder le tapis de pommes de terre déterrées. Et puis les voitures et les camions ont commencé à arriver, des familles entières venues nous prêter main-forte. En fin de matinée, nous étions trente dans le champ, des amis et des gens que je n'avais jamais vus, de 7 à 77 ans, courbés au-dessus de seaux qu'ils remplissaient de pommes de terre, s'interpellant et riant entre les rangs. Les plus costauds se sont organisés en brigade afin de charger les cageots dans le chariot.

J'ai ramené les chevaux dans leurs stalles et je suis retournée au champ avec une marmite et des pots de beurre. L'automne était bien installé ; à midi, il faisait encore froid, en dépit d'un beau soleil. Les rangs de maïs avaient perdu toute trace de vie, leurs feuilles brunes et sèches claquaient au vent tels des drapeaux de papier kraft. En plein air, nous avons fait bouillir des patates, avec la peau, et les avons dégustées fumantes dans des serviettes en papier, agrémentées de beurre et de sel. Elles nous ont réchauffé les doigts. S'il existe plus parfaite manière de rendre hommage à la nourrissante pomme de terre, je ne l'ai pas encore découverte.

Tous les jours, nous recevions des réponses à nos faire-part de mariage, tantôt de nos nouveaux amis et voisins, tantôt de vieux copains et de membres de la famille qui viendraient d'Europe, de Californie, et de la côte Est. Chaque fois que Mark faisait la connaissance de quelqu'un, il lui proposait de se joindre à nous, si bien que nous avions une liste de près de trois cents invités. Je voyais le mariage approcher comme une grosse vague à l'horizon, inexorable et menaçante. Mais la ferme ne nous laissait pas le temps de penser à autre chose. Nous écoutions les prévisions météorologiques avec inquiétude. Si les courges et les dernières tomates ne sortaient pas avant les premières gelées, elles seraient foutues. Raye a mis bas, alors que nous ne nous y attendions pas. Nous avons découvert le veau un matin dans le pré, un gros mâle noir et blanc, trois quarts Holstein. La mamelle de Raye avait doublé de volume. Elle n'était déjà pas facile à traire en temps normal, mais là il nous fallait deux heures, deux fois par jour, pour la vider de ses quinze litres de lait.

Une par une, j'ai renoncé à toutes mes bonnes réso-
lutions. La maison ne serait pas repeinte avant le
mariage, pas plus que la fenêtre cassée ne serait chan-
gée, et j'assumerais les fausses briques et les lambris
verts et blancs. Avec un peu de chance, le gazon serait
peut-être fraîchement brouté. Durant nos pauses
déjeuner, nous composions des menus et listions les
préparatifs : nettoyer le fenil, y installer la lumière,
construire un escalier ; trouver des tables et des
chaises ; tuer un bœuf ; tuer des poulets pour le dîner
de la veille du mariage ; rédiger nos vœux.

Les légumes récoltés à maturité sont tellement goûteux qu'ils se suffisent quasiment à eux-mêmes. Nos
repas du dimanche étaient d'une simplicité enfantine.
Salade verte, pratiquement nature. Haricots verts à
la vapeur, avec une noix de beurre. Betteraves rôties
au four, coupées en tranches, assaisonnées d'un filet
d'huile, de quelques gouttes de vinaigre et d'un brin
d'aneth. Voilà ce que nous dégustions quand le sujet
des noms est venu sur le tapis, le dernier dimanche
avant l'arrivée des invités. Pas une seule seconde je
n'avais envisagé de changer de nom. Nina avait gardé
son nom de jeune fille quand elle s'était mariée, de
même que presque toutes mes amies. J'aimais mon
nom, ses allitérations, la solidité de ces quatre syllabes
trochaïques. Je n'avais rien contre celui de Mark, mais
le mien était le mien, il me représentait, aussi indis-
cutablement que le mot « fourchette » représentait
l'objet que je tenais dans ma main. J'avais déjà abandonné beaucoup de choses, je tenais à conserver au
moins celle-ci. Bien que nous n'en ayons jamais parlé,
je pensais que Mark s'en doutait. J'ai été choquée

d'apprendre que cela le contrariait. Si nous avions des enfants, il ne voulait pas qu'ils portent un nom composé, surtout dans une communauté comme la nôtre, où ce n'était pas chose courante, et où il faudrait expliquer le pourquoi de ces deux noms accolés. D'autre part, prendre le nom de son mari traduisait un engagement et établissait linguistiquement le fait que vous formiez une famille. Ce discours m'a hérissée. Tout en l'écoutant, je préparais ma riposte.

— Mais bon, si tu ne veux pas changer de nom, je prendrai le tien, a-t-il conclu.

Une solution aussi simple et généreuse que le repas que nous avions préparé.

Nos parents sont arrivés une semaine avant le mariage. Tous quatre ont fait de leur mieux pour dissimuler leur effroi en découvrant que, hormis des listes, nous n'avions rien préparé. Nous leur avons assigné des tâches en fonction de leurs compétences et de leurs préférences. Ma mère a écopé du ménage. Nous avons envoyé mon père acheter des fûts de bière et de cidre dans le Vermont, de l'autre côté du lac. Le père de Mark construirait un escalier pour monter au fenil et y installerait la lumière. Sa mère s'occuperait de la déco, de trouver du papier kraft pour faire des nappes et trois cents bandanas rouges qui serviraient de serviettes de table. La sœur de Mark, qui était venue avec son fils, Olin, un adorable petit rouquin au visage de chérubin, se chargeait des fleurs.

Comme nous n'avions rien anticipé, tout prenait des proportions considérables. Le fenil était crépi de fiente de pigeon, ancienne et poudreuse, ou fraîche et humide. Au fur et à mesure que ma mère récurait le plancher de bois, les pigeons le resalissaient. En catastrophe, Mark et moi avons couru à la quincaillerie acheter du grillage pour tenir à distance les insolents volatiles. Ils n'étaient pas les seuls, toutefois, à nous mettre des bâtons dans les roues. Nous élevions nos poules en liberté ; les plus téméraires avaient découvert le fenil et persistaient à venir y pondre un œuf ou gratter le sol à peine sec. Ma mère a les poules en horreur. Nous avons donc décidé de déplacer leur camp de base, à la fois pour préserver sa santé mentale et pour éviter que les invités ne leur marchent dessus en montant l'escalier – encore inexistant.

Trois jours avant le mariage, j'ai rassemblé nos cent gallinacés dans le poulailler où ils passaient leurs nuits et, avec le tracteur, je les ai remorqués jusque dans un champ à cinquante mètres de la grange. Le lendemain matin, ils étaient de retour dans la cour et le soir, au lieu de regagner leur abri, ils ont préféré rester en terrain connu et sont allés se coucher sous la haie ou sur les poutres du fenil. Même nous, bien que légèrement déphasés, avons dû convenir que ce n'était pas acceptable. Outre la gêne qu'elles occasionneraient pendant le mariage, nos poules couraient le risque, en dormant dehors, de se faire croquer par les rapaces ou les ratons laveurs. Nous avons essayé de les attraper avec des filets improvisés, mais elles n'arrêtaient pas de nous échapper. En voyant ma mère avec des gants de travail, tenant bravement un côté du filet, j'ai compris combien elle m'aimait. Finalement, nous avons abandonné le filet et les avons délogées de leurs perchoirs à la lampe torche, puis

277

ramenées dans le poulailler, une par une ou deux par deux, ce qui nous a occupés jusqu'à minuit.

Ensuite tout s'est précipité. Les amis proches sont arrivés, ainsi que les nombreux cousins de Mark. Nina et son mari David de Californie, mon frère et Dani de Virginia Beach. Tous semblaient débarquer d'une autre planète, dans leurs vêtements de ville impeccables, ma belle-sœur, visiteuse médicale, très élégante dans une tenue multicolore sans un pli. Seuls ma copine Cydni et son mari Steve avaient l'air à leur place. Cyd a grandi dans un ranch, aux abords d'un village de quarante âmes, en Idaho. À son mariage, en tant que demoiselle d'honneur, j'avais été réquisitionnée pour le ramassage des oignons destinés à la salade de pommes de terre, avant de faire le tour de la vallée en pick-up. Le long du chemin, les voisins nous avaient offert des fleurs et des œufs. Steve est éleveur de chevaux et maréchal-ferrant. Nous l'avons nommé responsable des navettes en carriole. Nina nous a aidés à tuer les poulets. J'ai une photo d'elle en tenant un par la patte, un couteau dans l'autre main. Elle avait cessé de me poser les sempiternelles questions laissées sur mon répondeur pendant près d'un an : « Tu as résolu le problème des chaises ? Tu ne crois pas que tu devrais embaucher un barman ? Comment allez-vous faire au cas où il se mettrait à pleuvoir ? » Comme à l'époque où nous étions étudiantes, par amour pour moi, elle avait mis son jugement de côté et se tenait prête à ramasser tout ce qui pourrait tomber de mon train lancé à grande vitesse.

Mon amie Isabel est arrivée de Londres. Jusqu'à la dernière minute, elle ignorait si elle pourrait se libérer. Je lui ai indiqué un *bed and breakfast* du village, le seul où il restait encore de la place. L'endroit était charmant, si vous passiez devant en voiture sans regarder de trop près. Il était tenu par une dame très aimable mais un peu toquée. Pour commencer, elle avait oublié qu'Isabel devait venir et lui a donné une chambre poussiéreuse, couverte de toiles d'araignée, qui empestait le tabac froid. Il n'y avait pas d'autres clients, Isabel ne se sentait pas très à l'aise, seule dans la maison avec cette femme à l'allure fantomatique. En fin d'après-midi, pendant que mon amie prenait sa douche, elle est entrée dans la salle de bains en appelant sa mère et s'est installée sur la cuvette des WC. Isabel est aventurière et elle adore les situations cocasses, mais même pour elle, c'était trop. Nous l'avons casée dans une chambre adjacente à celle de mes parents dans les bungalows que nous avions loués au bord du lac.

La veille du mariage, nous étions encore en train de déblayer les gravats d'un bâtiment que nous avions démoli à la dernière minute, de brûler des vieilles planches et de ramasser des clous à l'aide d'un aimant. Le père de Mark fixait les dernières marches de l'escalier qu'il avait construit dans la grange. Les planchers de la maison étaient couverts de traces de pas boueuses. Il y avait encore des légumes à cueillir, laver et éplucher, des quartiers de bœuf et de porc à préparer et faire rôtir, les tables à installer et décorer. Certaines avaient été louées, d'autres empruntées à l'église. Les lèvres pincées, l'air épouvantée, ma mère ne savait plus où donner de la tête. Dans une BD, il y aurait eu une bulle au-dessus d'elle : « S'il vous plaît, ne restez pas dans mes pattes. »

Le soir, au dîner, j'ai commencé à avoir mal à la gorge et à me sentir fiévreuse. Nous avions réservé le seul restaurant encore ouvert début octobre, une auberge au bord du lac au décor nautique kitsch. Le chef, notre ami Andy, avait accepté de préparer un repas pour trente avec nos ingrédients : coquelets rôtis, pommes de terre rouges et légumes d'automne braisés. Le vin coulait à flots, il m'a un peu adouci la gorge. Tout le monde s'est extasié sur la qualité de nos produits. Dans la salle d'à côté, j'entendais que mes amis de New York étaient arrivés. Je suis allée jeter un œil. Trois de mes ex buvaient un verre ensemble au bar. Ma mère a porté un toast qu'elle a conclu sur cette phrase :

— Si ma fille est heureuse comme ça, je n'en demande pas plus.

À cause de la fièvre, j'avais la tête qui tournait. Je me suis éclipsée dès que possible, pour passer une nuit agitée toute seule dans une chambre surchauffée de l'auberge.

Je n'étais pas encore tout à fait sûre de vouloir me marier. Et si tout ce que ma mère pensait — et qui se lisait sur son visage — était vrai ? Pour quoi m'apprêtais-je à signer ? La pauvreté, un travail de forçat et un homme, en dépit de tous ses bons côtés, pas franchement facile à vivre ? Objectivement, ce n'était pas tout à fait un beau parti. Et puis il y avait autre chose, dont personne ne parle jamais. Se marier, c'est abandonner une grosse partie de ce que vous étiez avant, une perte dont il faut faire le deuil. Le mariage est un renoncement, un adieu déchirant.

Il faisait un temps maussade et pluvieux le matin du jour J. Nina et David sont partis chercher les tartes que nous avions commandées à un boulanger des environs, qui devait aussi jouer du violon dans la soirée. En début de semaine, nous lui avions apporté du saindoux et des potirons. Les tartes n'étaient pas encore prêtes lorsque Nina s'est présentée à la boulangerie, et le gars n'était même pas là. Ce genre de contretemps est très fréquent dans nos campagnes. Il faut s'y attendre, et s'y résigner. Nina savait que nous avions l'intention de servir ces tartes à la place du traditionnel gâteau de mariage. Elle s'est mise en quatre pour moi. Avec David, elle a passé la matinée à sillonner la région, dans leur voiture de location. Tous les snacks, relais routiers, et autres stands de bord de route des environs vendant des tartes ont été dévalisés.

Quand j'y repense, maintenant, je me rends compte que notre mariage était exactement à l'image de notre couple et de notre ferme, à la fois exquis et désordonné, sublime et tumultueux. Il était aussi, et j'en avais conscience même dans le feu de l'action, la preuve d'un amour supérieur à celui qui existait entre Mark et moi, l'expression d'une bonté et d'une affection beaucoup plus vastes. Dans mon souvenir, j'ai la sensation d'avoir été soutenue par les bras de tous nos amis, mais aussi de tous les membres de nos familles, de notre communauté, et je ne sais quelle force mystérieuse qui nous avait donné une récolte si abondante. La sensation de tomber, et d'être retenue avec une infinie douceur.

Au fur et à mesure que les invités arrivaient, ils étaient réquisitionnés pour cueillir des fleurs, éplucher des légumes, s'occuper du barbecue. Dans le fenil, les amis de mes parents ont empilé des meules de foin en un arrière-plan décoratif pour les violonistes et un semblant d'allée d'église, jonchée de fleurs. Ils ont accroché des guirlandes lumineuses aux poutres. Quelqu'un est allé dans le champ ramasser des dizaines de tournesols, immenses et resplendissants. La sœur de Mark, qui possède un don pour l'art floral, en a fait des gerbes qu'elle a attachées aux piliers de la grange. Sur toutes les tables, elle avait placé des bouquets de bleuets, zinnias et statices dans des bocaux à conserve. Le grand fenil poussiéreux était somptueux, une cathédrale rustique. D'en dessous nous parvenaient la bonne odeur de la paille propre et des chevaux ainsi que leurs doux hennissements et le bruit de leurs sabots.

Une heure avant la cérémonie, je suis allée mettre ma robe et je me suis allongée un moment dans ma chambre, un gant frais sur mon front brûlant. Mes amis Nina, Cydni, Isabel et Brian sont apparus à la porte, avec une bouteille de vodka polonaise glacée. Le violoniste n'était toujours pas là. J'ai supplié Brian, professeur de français et le meilleur chanteur que je connaisse, d'interpréter une version a cappella *d'Amazing Grace* à la fin de la cérémonie. Nous avons trinqué au bon vieux temps et nous nous sommes souhaité bon courage.

Comme il pleuvait, notre union a été célébrée dans la grange, en début d'après-midi, dans un rai de lumière grise. Ma sœur m'a collé un bouquet de zinnias rouge sang dans les mains. Quelqu'un avait amené un chien, un grand labrador pataud qui déambulait entre les jambes des convives. Nous nous sommes promis fidélité, pour le meilleur et pour le pire, et nous nous sommes mutuellement passé au doigt les alliances en or birmanes. Le juge de paix nous a déclarés mari et femme. Mark m'a soulevée dans ses bras et m'a embrassée. Tout le monde a ri et applaudi. Brian a chanté *Amazing Grace*, et c'est unis par les liens sacrés du mariage que nous avons été rendus à notre entourage.

Sur les photos du mariage, j'ai un bronzage agricole : le visage, le cou et les avant-bras hâlés, mes épaules et le décolleté blancs, ce qui gâche un peu l'effet de la robe, achetée à New York. Ma sœur m'avait aidée à la choisir, dans une boutique huppée : une petite folie en voile de coton et de soie vaporeux, d'un gris lavande très clair. Je porte les chaussures de mariage en soie de ma grand-mère, des années 20. Je souris comme une idiote, un verre de cidre à la main. Les deux tresses faites à la hâte pour coller à mon nouveau métier sont toutes décoiffées. Mark est égal à lui-même, en plus soigné, vêtu d'une chemise blanche et d'un pantalon gris tout neufs, son pull bleu sur les épaules. Son sourire est naturel, jubilatoire. Son bras autour de ma taille, il paraît tellement plus grand que moi que nous avons l'air d'appartenir à deux espèces différentes.

Nous avons recruté des invités pour s'occuper du bar, servir la bière, le cidre et le vin. Le père de Mark avait fait un pâté de foies de volaille qui a impressionné les New-Yorkais. Sa mère avait préparé un carpaccio de tomates au basilic et au fromage de la ferme. Nous avons ensuite fait circuler des monceaux de tranches de bœuf rôti et de porc au barbecue, des miches de pain frais et du beurre maison, des montagnes de légumes d'automne braisés et des saladiers de roquette. Nous avions élevé ou fait pousser tout ce que nous avons servi. Une table entière était dédiée aux tartes de Nina, un assortiment spectaculaire : à la crème, aux fruits, meringuées. Les amis faisaient des va-et-vient entre la grange et la cuisine, les bras chargés de plats. J'avais la gorge en feu, j'étais toujours fiévreuse, et, l'alcool aidant, je ne garde qu'un souvenir flou du reste de la journée. Je me rappelle qu'il a cessé de pleuvoir et que Mark a attelé le tracteur à une charrette et promené les invités autour des champs, leur montrant les cultures, les porcelets nouveau-nés, les encourageant à cueillir des légumes et des fleurs à rapporter chez eux. Je me rappelle des petits enfants – en salopette ou en robe – sortant du poulailler avec des paniers remplis d'œufs, courant après les chatons et les câlinant de force. Un bataillon de rats faisait encore de la résistance dans l'ancienne porcherie. Chaque fois que quelqu'un entrouvrait la porte, ils s'éparpillaient aux quatre coins de la grange et tout le monde poussait des cris. Je me rappelle que les violonistes ont fini par arriver. J'ai cherché Mark pour ouvrir le bal et ne l'ai pas trouvé, normal puisqu'il se trouvait à l'étable, à traire les vaches dans sa tenue de mariage.

Un à un, tous les invités sont allés se coucher et nous nous sommes enfin écroulés sur notre lit, que mes amis avaient décoré de banderoles et de gadgets sexuellement suggestifs. Le lendemain, la météo annonçait du gel. Pendant que je m'occupais du petit déjeuner d'adieu, Mark a rassemblé une équipe de récolteurs de courges. Ils ont formé une chaîne entre le champ et le chariot, et se jetaient les citrouilles de bras en bras. Mark en a reçu une en plein milieu du front. Pendant une semaine, il a ressemblé au criminel

Charles Manson avec son X gravé au couteau sur le front. Il a gelé dans la nuit. Le lendemain, les tournesols, les tomates, les poivrons, le basilic étaient morts. J'ai poussé un « Ouf ! » de soulagement. Plus de tomates ni de haricots à ramasser. Mark a attrapé mon mal de gorge et ma fièvre. Je n'étais toujours pas remise. Pendant quelques jours, nous n'avons quasiment pas bougé de la maison. Nous nous traînions juste dehors pour les corvées de routine et pour traire la mamelle intarissable de Raye.

Notre mariage a failli être d'une brièveté digne d'un couple de people. Une fois tout le monde parti, les cadeaux déballés et admirés, la fièvre retombée, j'ai eu un passage à vide. C'est ça, je me sentais vide. Et j'avais froid. Nous n'avions pas encore installé le poêle à bois et la chaudière ne marchait pas. L'éditeur de guides de voyage pour qui j'avais travaillé m'a téléphoné et offert un job de dernière minute, à Maui. J'ai accepté. Les doigts gourds, j'ai passé quelques coups de fil pour réserver un appartement et une voiture. Nous étions mariés depuis un mois, et je partais pour deux. Je laissais tout le poids de la ferme sur les épaules de Mark, un poids trop lourd, je ne le savais que trop bien, même pour nous deux. Maintenant que le gel était arrivé, je me disais qu'il y aurait moins de travail, et que l'argent que je ramènerais compenserait les désagréments que lui causerait mon absence. « Elle part toute seule en lune de miel à Hawaï », plaisantait Mark, mais je voyais qu'il n'avait pas le cœur à rire. Je crois que nous savions tous deux que je ne reviendrais peut-être pas. J'imaginais mes amis soupirer que c'était bien de moi, qu'ils s'y attendaient. Mes parents lèveraient les yeux au ciel, me pardonneraient de leur avoir fait vivre ce drame, et débattraient de ce qu'il convenait de faire des cadeaux de mariage.

Si j'ai toujours aimé voyager, c'est parce que les voyages m'offrent une échappatoire. Un billet d'avion peut tout changer. La dernière fois que j'avais atterri à l'aéroport de Maui, je n'avais que 20 ans. En attendant mes bagages devant le tapis roulant, je me suis demandé si j'allais retrouver mon ancien moi dans la foule venue accueillir les voyageurs avec des colliers de fleurs, ou si, en épousant un fermier et une ferme, j'avais assassiné la jeune fille libre que j'étais autrefois. Je n'allais pas tarder à le découvrir. Les voyages vous décillent les yeux et vous confrontent à vous-même.

Il n'y a pas d'endroit au monde plus éloigné d'une exploitation agricole du nord des États-Unis en novembre que Maui. L'air chaud me caressait les joues, les fruits tombaient des arbres. J'avais loué un petit meublé au rez-de-chaussée d'une maison tout à fait quelconque, au fond d'une impasse, dans un quartier de Pukalani tout à fait quelconque lui aussi. L'appartement était entièrement équipé, jusqu'au grille-pain, si bien que dès que mes vêtements ont été rangés dans le placard, j'ai eu la sensation d'entamer une nouvelle vie. Voilà, c'était aussi simple que cela de partir.

J'ai commencé à faire mon boulot, qui consistait à dénicher des hôtels au charme exotique, goûter des spécialités culinaires, essayer de trouver de nouvelles façons de décrire les plages de sable blanc. Je me sentais très seule. Les luaus, ces fêtes typiques, étaient bondés de couples de jeunes mariés au visage cramoisi, dansant langoureusement au son plaintif des musiques hawaïennes. Ils me paraissaient faux, dans leurs vêtements aux couleurs criardes, des figurants sur un plateau. Dans les restaurants, je m'asseyais au bar et je prenais des notes. Les hommes seuls me reluquaient, puis partaient chercher fortune ailleurs en voyant mon alliance – que j'avais fait couper, finalement. Maui avait beaucoup changé depuis la dernière fois que j'y étais venue : plus de monde, plus de circulation, plus de difficultés à se garer. Le Pacifique, heureusement, était toujours aussi beau. Je me promenais le long de Baldwin Beach au coucher du soleil. J'ai loué un longboard, que j'ai fixé sur le toit de ma voiture, de façon à l'avoir sous la main si je trouvais le courage d'aller barboter dans les vagues au milieu d'une ribambelle de surfers.

Pendant plusieurs jours, je suis restée hagarde, presque pétrifiée, mais quand je me suis ressaisie, je me suis aperçu que ce n'était pas Mark qui me manquait le plus, ni les animaux, mais la terre et les travaux des champs. J'avais l'impression d'être sous-alimentée, de devenir de plus en plus légère, qu'un coup de vent suffirait à m'emporter.

À l'épicerie bio de Paia, une petite ville de surfers hippies, il y avait une pancarte avec les coordonnées d'un producteur local, au-dessus de l'étal des fruits et légumes. Je les ai relevées et j'ai appelé, sans savoir vraiment pourquoi. Dès que le gars a décroché, je me suis transformée en moulin à paroles, ce qui ne me ressemble pas du tout. Je lui ai parlé de notre ferme, de ce que nous cultivions, des chevaux. Je lui ai posé des questions sur son exploitation, la saison, ce qui donnait bien ou pas. Je devinais qu'il avait autre chose à faire et que je lui faisais perdre son temps. Je me sentais comme une exilée solitaire s'adressant à un compatriote. Alors que nous allions raccrocher, il m'a dit qu'il était dans le pétrin. Sa femme l'avait quitté, ils avaient monté cette AMAP ensemble, il y avait moins d'un an. Il devait ravitailler ses clients et il se retrouvait soudain tout seul, débordé. Serait-il possible, par hasard, que je vienne lui donner un coup de main ? Il n'avait pas les moyens de me payer, mais il m'offrirait des fruits et des légumes. Ironie du sort, sa situation n'était guère différente de celle de Mark.

Le lendemain matin à l'aube, je me suis rendue chez lui. Les brumes matinales ne s'étaient pas encore dissipées, j'ai cru que je m'étais trompée d'adresse. Au milieu d'un lotissement, l'endroit ressemblait plus à un jardin qu'à une exploitation maraîchère. À quelques mètres, un voisin partait au travail, en uniforme de vigile ou de policier. Quelques poules – des Leghorn et des Barred Rock – picoraient devant une haie de goyaviers et de palmiers d'ornement, délimitant une petite plantation d'agrumes et un demi-hectare de trèfle rouge. Tout cela me paraissait incroyablement riquiqui.

Le fermier m'a fait faire le tour de ses quatre mini-parcelles de légumes. Ses problèmes étaient très différents des nôtres. Il n'avait pas la pression de la croissance ultra-rapide des mauvaises herbes à laquelle nous étions confrontés durant notre saison relativement courte ; en revanche, il devait en permanence lutter contre tout un tas d'insectes nuisibles, de champignons, de moisissures. Il ne gelait jamais ici, ce qui signifiait qu'il n'avait pas de break réparateur en fin de saison. En fait, il n'y avait pas de saisons à proprement parler, juste une période un peu plus humide et une autre un peu plus sèche. Il ne se fixait pas non plus les mêmes objectifs que nous. Nous disposions de tout le terrain que nous voulions. Nous pouvions nous prémunir des désastres et des erreurs en plantant plus que nécessaire et en espaçant largement les cultures. Nous avions nos chevaux de trait, qui nous permettaient de cultiver toute cette superficie. Il ne possédait que son très onéreux petit lopin d'île, dont il devait rentabiliser au maximum chaque centimètre carré. Il ne cultivait que des salades lentes à monter en graine, non pas en rangs, mais dans des massifs où elles étaient serrées comme des sardines. Il désherbait à la main. J'ai arraché et goûté une feuille de roquette, un brin de moutarde. Il m'a cueilli une orange. De l'ongle, j'ai entaillé l'écorce afin de savourer son parfum. Aussi dissemblables qu'étaient nos exploitations, c'était le même miracle, enveloppé dans des emballages différents. Une petite part de moi me chuchotait furtivement : si tu restes ici, tu pourras faire comme lui, trouver une petite parcelle de terrain et y cultiver quelques fruits et légumes.

Le fermier semblait toutefois avoir connu des jours meilleurs. Il nageait dans son short, comme s'il avait récemment perdu du poids. Il paraissait à cran, il n'arrêtait pas de soupirer entre ses dents serrées. Il avait dix membres qui devaient venir chercher leurs provisions dans la matinée, m'a-t-il informée, autant se mettre au travail tout de suite, avant qu'il ne fasse trop chaud. Il a apporté deux petits paniers et des glacières pour mettre les légumes. Il m'a montré où se trouvaient les choux et indiqué la quantité à ramasser.

J'ai pris un panier et un couteau et je me suis mise à l'œuvre.

Mark m'a appris à travailler très vite. Chez nous, la récolte ne laisse pas de place à la méditation, c'est une course contre la montre. Quand il a traversé l'Amérique à vélo, Mark a passé une semaine à ramasser des piments avec une équipe d'ouvriers latinos, au Nouveau-Mexique. C'est là qu'il a acquis son style. Fasciné par leur rapidité, il les a attentivement observés. Ils se servaient de leurs deux mains, de la gauche comme de la droite, et ils regardaient toujours devant eux, de façon à ce que leurs doigts sachent, avant de se poser sur un piment, lequel ils cueilleraient ensuite. Ils chantaient aussi beaucoup, des chansons populaires et entraînantes de leurs divers pays d'origine. Mark est ainsi devenu ambidextre, il a appris à travailler sans même regarder ses mains, et en chantant. Jamais je n'ai vu de fermier plus rapide que lui. Il a une coordination main-œil hors du commun, des bras d'une longueur extraordinaire et une capacité de concentration surnaturelle. Dans les champs, on dirait qu'il vole ; ses mouvements sont tellement rapides qu'ils produisent un effet de flou, comme dans les dessins animés. Au fil des ans, il a pris d'autres leçons de rapidité et d'efficacité auprès d'autres personnes, il a peaufiné sa technique, et m'a tout transmis. Après un an à ses côtés, je pouvais parcourir un rang en position accroupie, sans me redresser. Les panières de légumes verts se remplissaient par brassées, les petits pois pleuvaient.

Ce matin, à Hawaï, je me suis donc mise à ramasser les choux de la seule manière que je connaissais. Pas tout à fait au même rythme que Mark, mais à une bonne cadence. Mon nouvel ami, le fermier de l'île, était parti faire autre chose. Quand il a vu à quelle vitesse je travaillais, il a accouru en agitant les bras, comme un arbitre ayant repéré une faute sur un terrain de foot, me faisant signe d'arrêter. Il était tellement retourné qu'il a dû aller fumer une cigarette dans sa maison. En revenant, calmé, il m'a montré comment il voulait que j'opère. Il ramassait les choux tout en douceur, prenait le temps d'examiner leurs feuilles puis les coupait à la base à l'aide d'un sécateur, presque à contrecœur, et les déposait avec précaution dans le panier. Sa lenteur m'était pénible à regarder. Il nous a fallu toute la matinée pour cueillir les légumes de dix personnes.

C'est en observant ce gars placer délicatement ses choux dans le panier que je me suis sentie bel et bien mariée, au fond de mon cœur. Il n'y a rien de tel que les voyages pour comprendre que tout le monde a ses difficultés. Ce n'était pas Mark que j'avais tenté de fuir, ni la ferme, ni le mariage, mais moi-même et mes imperfections. Et j'aurais beau aller n'importe où, elles me poursuivraient toujours, jusqu'au bout du monde.

J'avais hâte de rentrer chez nous. En arrivant, je me suis solidement ancrée à notre chère terre.

ÉPILOGUE

Je suis rentrée au plus sombre de l'hiver et me suis aussitôt remise à mes anciennes corvées, celles que Mark avait assumées à ma place pendant mon absence. Le mot « corvée » a des connotations fastidieuses, mais je ne les voyais pas sous cet angle. Elles m'avaient manqué. J'ai retrouvé les pas d'une danse que je maîtrisais sur le bout des doigts, le plaisir, à l'aube, de goûter au temps qu'il fait, de se dégourdir les muscles. Mark et moi avons accompli les premières tâches ensemble, dans le noir. Nous avions à peine besoin de nous parler, nous portions avec nous la chaude intimité du lit. Nous avons donné le biberon à nos deux derniers veaux, en leur grattant le bas du dos. Puis nous avons fait rentrer les vaches à l'étable pour les traire. J'ai rempli les gamelles des chats, Mark a passé des carottes et des betteraves à la broyeuse. Je l'ai laissé laver les seaux et je suis allée renouveler l'eau des poules, verser du grain dans leurs mangeoires, changer l'eau des vaches laitières et descendre quatre balles de foin du fenil. Quand je me suis rendue au pré des chevaux, le soleil se levait, illuminant les Green Mountains de l'autre côté du lac. Tous les matins, je m'arrêtais pour contempler le pic singulier du Camels Hump. Selon les jours, il était emmitouflé dans les nuages, ou paré de teintes rouges ou orangées et, parfois, lorsque j'étais en avance, je ne l'apercevais qu'en deux dimensions, noir sur le fond un peu moins noir du ciel. En l'observant, j'essayais de prévoir le temps qu'il ferait dans la journée.

Après avoir donné à manger aux chevaux, aux bœufs et aux cochons, je suis retournée à la maison, laissant derrière moi des animaux contents. Mark avait fini de nettoyer le matériel de traite, le petit déjeuner mijotait sur le poêle.

Il avait survécu à mon absence, à grand-peine toutefois, avec l'aide de nos membres, amis et voisins. Il avait changé. Sans plus personne avec qui se disputer, sans le chaos constant de la première saison, sans la pression du mariage imminent, il semblait avoir trouvé un rythme plus posé. Je me suis mise à son diapason, à la recherche de l'harmonie cette fois et non plus du conflit. Nous ne sommes plus des adversaires, nous sommes devenus de vrais partenaires, nous trouvons une douce joie à travailler ensemble.

Les saisons et les années se sont succédé. Nous les comptabilisons à l'automne, après les premières gelées, et les étiquetons en fonction du temps qu'il a fait en été, notre méthode mnémotechnique. La saison 2 a été une bonne année pour les légumes mais plus dure pour nous que la première, si chaude et si humide que quatre de nos Highland n'y ont pas survécu. La saison 3 a été parfaite. La saison 4 a été un peu sèche, ce qui a stressé les plantes juste ce qu'il faut pour les rendre exceptionnellement goûteuses. La saison 5 a été froide et très pluvieuse. Les nuages noirs étaient chassés et remplacés par d'autres nuages noirs, la mauvaise blague n'en finissait pas. Nous pataugions entre les rangs de légumes, dont les trois quarts ont pourri. La saison 6 a été encore beaucoup trop pluvieuse. Le mildiou d'automne a ravagé toutes nos tomates et toutes nos pommes de terre. Les oignons – trois tonnes ! – ne voulaient pas sécher, impossible de les conserver.

Chaque année, notre réseau s'agrandit. Nous avons maintenant une centaine de membres. À partir de la troisième saison, nous n'avons plus été en mesure de tout faire par nous-mêmes, pas sans risquer le *burnout* ou le divorce. James, Sara et Paige ont travaillé chez nous pendant un an avant de monter chacun leur propre exploitation. Nous avons ensuite embauché Brad, Matt et Sam, puis Susie et Anthony, puis Tim, Chad, Courtney et Racey, tous de jeunes agriculteurs désirant se faire la main avant de s'installer à leur compte. Certains de nos voisins – Kristin, Kim, Barbara et Ronnie – ont rejoint notre équipe permanente. Tous les vendredis soir, après la distribution, je prépare un grand dîner pour tous ceux qui ont travaillé à la ferme durant la semaine, afin de les remercier de leurs efforts et de célébrer la récolte. L'été, nous sommes plus de vingt ; nous installons les tables dehors et envoyons quelqu'un à la grange chercher des chaises supplémentaires.

Notre fille, Jane, est née durant la quatrième année, à la fin de ce mois d'août si sec. J'ai accouché à la maison. Mark m'a apporté un tournesol splendide, aussi gros que mon visage. Quand je le regardais, des profondeurs du labeur de l'enfantement, il semblait me couver d'un regard rassurant. Les sages-femmes ont pesé Jane sur une balance à poissons : 3,4 kilos, un beau bébé. Je me rappelle m'être réveillée, cette nuit-là, avec la sensation que cette longue épreuve n'avait été qu'un rêve, puis l'avoir trouvée là, entre nous, chaude et vivante, et avoir éprouvé non pas du soulagement mais un sentiment jubilatoire de victoire, le sentiment de voir enfin se réaliser le plus cher de mes rêves. Quelques jours plus tard, je l'ai présentée aux chevaux. Je l'ai approchée de la grosse tête de Sam, afin qu'il puisse répandre sur elle son souffle chaud, lui donner sa bénédiction.

À l'automne, nous avons acheté une partie du domaine de Lars, quarante hectares de terrain, la maison et les dépendances.

En hiver, Silver nous a quittés. Sam et lui commençaient à accuser le poids des ans. Nous avions acheté un autre attelage pour les aider à assumer une charge de travail désormais trop lourde pour eux : Jay et Jack, des hongres élevés par des amish, moitié Belges moitié Suffolk. Un samedi, alors que je regagnais la maison après avoir effectué mes tâches matinales, la silhouette de Silver a attiré mon regard. Il se tenait immobile dans le pré, la jambe avant droite pliée. Ç'aurait pu être une position de repos, et j'ai failli poursuivre mon chemin sans m'arrêter, mais quelque chose m'a paru bizarre. Je me suis retournée. Il semblait inquiet. Ce cheval était le roi du pâturage, je ne l'avais jamais vu inquiet. Nous l'avions sorti de l'écurie avec Sam et Jack, après la traite, et lorsque je leur avais apporté du foin, vingt minutes plus tôt, il était en pleine forme. Je suis allée à sa rencontre. Il m'a saluée d'un reniflement, comme à son habitude. Je lui ai flatté l'encolure et j'ai laissé ma main courir sur son épaule, le long de sa jambe, jusqu'au genou. Son articulation était anormalement molle. Il n'a pas tressailli ni reculé quand je l'ai touché. Il ne semblait pas avoir mal, il devait souffrir, pourtant. Je savais que c'était la fin. Je suis rentrée à la maison, Mark a appelé le vétérinaire. Le Dr Dodd, l'associée du Dr Goldwasser, était en rendez-vous. Elle a promis de venir dans l'heure.

Quand je suis retournée au pré, j'ai trouvé Silver couché, ses grands pieds ramenés sous lui, comme un poulain. Du côté blessé, son épaule tremblait, mais il était très calme. Je lui ai offert des carottes et, à ma grande surprise, il les a toutes mangées. Je me suis assise à côté de lui et j'ai caressé son nez de velours, en essayant de lui communiquer ma gratitude pour tout ce qu'il m'avait appris, pour tout le dur labeur qu'il avait accompli sans rechigner, pour toutes les fois où sa présence m'avait réconfortée. Des larmes ruisselaient le long de mes joues, mon nez coulait comme une fontaine. Sam s'est approché, il a baissé la tête, effleuré le garrot de Silver et il est reparti. Les animaux, ai-je songé, sont beaucoup plus dignes dans leurs adieux que les humains. Le Dr Dodd est arrivée quelques minutes plus tard. Au premier coup d'œil, elle a vu que la jambe était fracturée au-dessus du genou. Un autre cheval lui avait peut-être donné un coup de sabot, ou il avait glissé sur une plaque de verglas. Elle ne pouvait absolument rien faire pour lui. Il a tendu le cou et posé la tête sur la neige. Son heure était venue. Mark est allé chercher son fusil et, à travers ses larmes, a appuyé le canon contre le large front de Silver et l'a achevé.

Pour notre premier Noël en tant que mari et femme, Mark m'a offert un chiot, un bobtail nommé Jet, noir et blanc, un bon chien de ferme. Depuis qu'il est tout petit, il me suit comme mon ombre et m'obéit au doigt et à l'œil. Nico est mort au printemps suivant. Nous l'avons enterré dans la cour, près du drapeau. Au-dessus de sa tombe, l'herbe est plus verte et plus grasse qu'ailleurs. Je pense à lui chaque fois que je passe devant, et chaque fois que je vois la cicatrice sur le museau de Jet, trace indélébile du coup de dents qu'il lui a donné pour lui apprendre qu'on ne chipe pas dans la gamelle des autres.

Nous avons acheté une autre paire de chevaux : de superbes jeunes Belges, Jake et Abby, âgés de 4 ans seulement, bien débourrés mais sans raffinement, un bon challenge. Lorsque Chad travaillait chez nous, il amenait les siens et, en été, notre ami Bill West venait nous aider une fois par semaine avec ses deux Suffolk, ce qu'il fait toujours d'ailleurs. En voyant quatre attelages au travail dans les champs, les automobilistes devaient nous prendre pour des amish.

Sam est mort l'été de l'année 6. Depuis la disparition de Silver, nous ne le faisions plus travailler que ponctuellement, ou quand un autre cheval était blessé. Attelé avec des compagnons plus jeunes que lui, il faisait toujours preuve de la meilleure volonté, mais il se fatiguait vite et récupérait doucement. Il a passé ses derniers mois chez nos voisins Bob et Patti Rowe, qui possèdent un haras de chevaux de trait et chouchoutent autant les vieilles reliques comme Sam que leurs splendides cadets. Bob l'attelait parfois pour transporter du fourrage, mais la plupart du temps, il broutait tranquillement et se reposait en compagnie des autres pensionnaires. Il paraît qu'il veillait sur les juments et leurs poulains et empêchait les autres mâles de les approcher. Un comportement d'étalon, étonnant de sa part. Chez nous, il n'avait jamais contesté la suprématie du bienveillant Silver ni, par la suite, celle du tyrannique Jack. Je n'ai pas pu réprimer un sourire quand Bob m'a dit ça. Le second couteau était devenu la star de la maison de retraite. Et puis un matin, Bob a trouvé les hongres parmi les juments et les poulains. Il a compté les têtes. Sam manquait à l'appel. Il gisait sous un ormeau. Bob l'a enterré dans le pré.

Nous formons toujours un couple explosif. La fenêtre de l'étage est toujours cassée, nos pelouses sont toujours aussi mal entretenues.

Mark dit souvent : « Les choses ne se passent jamais comme on l'imagine. » Elles ne sont jamais aussi parfaites qu'on l'espère, ni aussi effrayantes qu'on le craint. Un homme que nous connaissions un peu a acheté une grande parcelle de terrain près de chez nous, pour y construire une résidence secondaire. À un dîner, je l'ai entendu dire : « Quand je serai à la retraite, je deviendrai paysan. Je veux mener une vie simple. Je veux... *la tranquillité*. » Toi, ce qu'il te faut, c'est un jardin, ai-je pensé. Un tout petit jardin. D'après mon expérience, l'agriculture est tout sauf simple ou tranquille. Ce n'est pas non plus une activité lucrative, ni stable, ni sûre. Parfois, vous vous sentez tellement submergé de travail que vous êtes à deux doigts de pleurer. La plupart du temps, cependant, je me réveille heureuse d'avoir trouvé ma voie – ou plutôt mon chemin caillouteux – et d'être mariée à un homme qui, lui aussi, se réveille heureux tous les matins.

Je me demande, parfois, quel regard Jane portera sur son enfance. Je suis consciente que nous ne lui offrons pas un parcours ordinaire, tout du moins dans notre société actuelle. Nous avons, par exemple, passé son deuxième anniversaire à tuer des lapins. Debout sur un tonneau, elle observait mon couteau. Quand le premier a été écorché et ouvert, elle a touché un rein de son index curieux.

— Ça, c'est le rognon, lui ai-je dit.

— Ça colle, a-t-elle répliqué.

Lorsque je rencontre des adultes qui ont grandi à la ferme, je les interroge sur l'éducation qu'ils ont reçue. Leurs réponses sont toujours très manichéennes. Soit ils la voient à travers des lunettes roses – il n'y a pas mieux pour un enfant que le milieu rural –, soit ils déplorent d'avoir été traités comme des bêtes de somme, de ne pas avoir eu d'enfance. Le ratio est à peu près de 50/50. J'aime cette ferme et la vie que j'y mène. Elle me donne la sensation d'être riche, bien que ce ne soit pas le cas. J'aime le travail de la terre. Je crois que le plus beau cadeau que nous puissions offrir à Jane, c'est de partager cet amour avec elle, dans l'espoir qu'elle aimera les mêmes choses que nous.

Je n'ai aucun regret. De toute façon, ma vie ne laisse pas place au regret. Par un froid samedi d'hiver, nous avons invité notre amie Morgan pour le petit déjeuner. C'était son anniversaire, je voulais lui préparer quelque chose de spécial. Tandis que je descendais au cellier avec Jane dans les bras, j'ai aperçu Mark dans la cuisine, un biberon à veau à la main.

Depuis quelques jours, nous essayions de donner le biberon à Jane, qui n'avait pas encore six mois. Sur le coup, j'ai pensé que Mark voulait nous faire une blague, avec cette tétine géante. Et puis j'ai vu le veau nouveau-né couché à ses pieds, un mâle, le fils de June et de Rupert, notre troisième coupé Jersey-Holstein. Comme ses deux frères aînés, il avait une sorte de frange rousse et bouclée et des grandes oreilles, seulement il semblait mal en point. June avait vêlé près de la clôture électrique, il avait malencontreusement glissé dessous et elle n'avait pas pu le lécher. Dure venue au monde. Il était resté plusieurs heures en hypothermie. Étalé à plat sur le carrelage de la cuisine, il avait l'air plus mort que vif.

Avec le temps, Mark et moi nous sommes spécialisés dans différents domaines, en fonction de nos goûts et aptitudes. Mark est devenu expert en lignes droites. Il trace les sillons au cordeau. Ma partie à moi, ce sont les soins vétérinaires. Ma collection de livres contient une rangée de vieux bouquins sur l'élevage des chevaux et du bétail, ainsi que diverses éditions du *Manuel vétérinaire Merck*, que je potasse durant les longues soirées d'hiver. Il m'incombait donc de m'occuper de ce pauvre veau, avant le petit déjeuner.

Il n'y a pas de texte de référence pour les cas comme celui-ci, vous ne pouvez vous en remettre qu'à votre instinct et à votre bon sens. J'ai écarté les mâchoires du malheureux. Sa bouche était froide. Il était trop faible pour téter. Lorsque je l'ai tiré près du poêle, du liquide amniotique s'est écoulé de ses naseaux. Au moins, il respirait, il y avait de l'espoir. Le colostrum de June lui ferait le plus grand bien, si nous parvenions à le réchauffer suffisamment pour qu'il l'absorbe. Je l'ai frotté vigoureusement dans l'une de nos serviettes de bain les plus épaisses – les seules serviettes qui vous tombent sous la main dans des moments pareils – puis j'ai alimenté le poêle et je lui ai fait la conversation. Je lui ai parlé du veau Highland blanc, son demi-frère, tombé à la naissance dans la citerne par une nuit de février où il gelait à pierre fendre, et qui avait survécu. Puis je l'ai couvert d'une doudoune, d'un dessus-de-lit, et je l'ai laissé se reposer. Pendant que Mark terminait les corvées matinales, je me suis attelée au petit déjeuner. Il était à présent trop tard pour préparer autre chose qu'une collation.

Jane commençait à s'agiter. Je l'ai attachée dans son siège bébé et installée sur le comptoir de la cuisine. Des louches se balançaient au-dessus d'elle. Elle gazouillait de bonheur. J'ai cassé une douzaine d'œufs et mis les poêles à chauffer. La cafetière était hors service, j'ai fait bouillir de l'eau et j'y ai jeté du café moulu, comme les cow-boys. Megan est arrivée ; Mark, Sam et Matt sont revenus des prés, Jet sur leurs talons, accompagné de sa copine Lady. Les deux chiens sont allés lécher le veau, qui commençait à revenir à la vie. Nous voulions faire de Jet un reproducteur. Lady était la première femelle que nous lui présentions et les choses ne se passaient pas vraiment comme prévu. Chez nous depuis deux semaines, elle commençait à être en chaleur et, depuis quatre jours, elle essayait de se faire monter par Jet, qui l'avait adoptée comme camarade mais ignorait ses avances. Ce qui lui valait moult quolibets, sur sa naïveté, sa préférence pour les chats, sa rectitude morale, etc. Lady attendait patiemment qu'il se réveille.

J'ai ajouté du bois dans le poêle ; la température, déjà douillette, est montée de quelques degrés. Le veau a retrouvé son réflexe de succion, nous lui avons fait avaler deux litres de colostrum, qui lui ont rendu suffisamment de forces pour lui permettre de redresser la tête. J'ai apporté le petit déjeuner on ne peut plus simpliste sur la table – œufs brouillés à la pancetta – et me suis servi une grande tasse de café – un peu boueux. Le poêle rougeoyait, nous avons déplacé la table. Nous étions tous en tee-shirt, en train de transpirer à grosses gouttes. La chaleur exerçait néanmoins l'effet désiré sur le veau. Tout d'un coup, il s'est mis sur ses pattes, s'est dirigé comme un zombie vers l'autre pièce, puis il est revenu. Nous avons dû l'éloigner du poêle pour éviter qu'il ne tombe dessus. Il vacillait entre mes jambes pendant que je mangeais et essayait de téter le pied de la table. Dans son siège bébé, Jane avait attrapé un hochet et le secouait en riant et en gazouillant de joie. Nous étions en train de chanter « Happy Birthday » quand Jet s'est finalement enhardi à monter sur Lady. Les deux chiens ont fait le tour de la table soudés l'un à l'autre et dans cette atmosphère surchauffée, saturée de cris, au milieu des animaux titubants, ma vie m'est apparue pleine. Joyeuse, riche, et comblée. Ce n'était pas ce que j'imaginais, dans mon appartement d'East Village, quand je rêvais d'un foyer. Si j'avais su, je crois que j'aurais pris peur. Une chance que nous ne puissions pas prédire l'avenir.

Bon… Il est temps, je crois, de tirer la morale de cette histoire. Pas facile, mais je vais essayer. Une assiette de haricots, du repos quand on est fatigué ;

voilà, me semble-t-il, les fondements d'une vie saine. Voilà ce qui, depuis la nuit des temps, réconforte notre espèce. Et si nous voulons être heureux, nous ne devons pas l'oublier. Préparez vos repas, partagez-les. Si vous pouvez vous fatiguer à faire pousser vos haricots, la satisfaction n'en sera que plus grande.

En périodes de crise, ai-je lu quelque part, les gens retournent à la terre. Alors que la situation économique ne cesse de se dégrader partout dans le monde, et que les guerres font rage, nous accueillons chaque été un nombre croissant de bénévoles. De plus en plus, les jeunes désirent apprendre à planter, désherber, harnacher un cheval, fabriquer des caissettes pour les semis. Le *New York Times* a récemment publié un article titré : « La nouvelle tendance, un stage d'été dans une ferme bio. »

Avec du recul, j'ai conscience maintenant que c'est une sorte de crise qui m'a poussée à me lancer dans cette aventure avec Mark. Je voulais échapper au chaos, personnel et général ; ma jeunesse insouciante s'enfuyait, j'avais besoin de me raccrocher à quelque chose de concret. À l'époque, j'attribuais cette confusion au fait que j'avais trop de données à gérer. Je voulais partir m'installer dans un endroit si petit que je n'aurais aucune difficulté à le connaître par cœur. Si mon univers se réduisait à une ferme et à un village, je pourrais en répertorier et comprendre chaque personne, chaque recoin, chaque plante, chaque animal, chaque pensée, émotion et action. Je voulais croire qu'une existence circonscrite pourrait être inventoriée et organisée, à la manière dont les naturalistes du XIXe siècle cataloguaient toute chose vivante connue, en règnes, espèces, genres, familles et sous-familles, pas vraiment faciles à définir mais, au moins, qui permettaient d'y voir clair.

Évidemment, j'étais à côté de la plaque.

Megan et son mari Eric sont venus me chercher, l'autre jour, pour m'emmener en balade ornithologique, « ma dernière toquade », comme dit Mark. Megan et Eric avaient sorti le grand jeu : tenues de camouflage, chapeaux beiges à larges bords, jumelles sophistiquées autour du cou. Eric m'a fait écouter des chants d'oiseaux enregistrés sur son iPod. Pour moi, ce n'était ni plus ni moins qu'un brouhaha de sifflements aigus. J'avais l'impression que mon cerveau était réfractaire à la science des oiseaux ; je n'arrivais pas à faire la différence entre un roitelet et une sittelle. Eric, qui s'intéresse à l'ornithologie depuis des années, m'a assuré que c'était normal, au début.

Nous sommes partis de la ferme. J'ai appris un peu de jargon : tristounette pour tourterelle triste – « Oh ! laisse tomber, c'est juste une tristounette ! ». Épave pour un paquet de feuilles flottant sur l'eau susceptible d'être confondu avec un oiseau. Et quelques aphorismes d'ornithologue : *Si tu crois que c'est un corbeau, c'est une corneille ; si tu es sûr que c'est un corbeau, c'est un corbeau. Laisse les oiseaux venir à toi. Si ça se comporte comme une branche, c'est que c'est une branche.*

Soudain, il y avait des oiseaux partout. Des espèces dont je ne soupçonnais même pas l'existence, *a fortiori* sur le pas de ma porte... Dans l'érablière, nous en avons aperçu un tout petit, couleur olive, très énergique, un roitelet à couronne rubis, qu'Eric m'a décrit comme le plus petit des oiseaux mais aussi le plus voluble. Nous avons entendu une sorte de « ping-pong », le chant, selon Eric, de la fauvette à joues grises ; malheureusement, ce jour-là, elle n'a pas voulu se montrer. Dans les vestiges de l'ancienne pépinière, nous avons rencontré un bruant des champs, une espèce que Megan n'avait jamais vue. Il était perché à la cime d'un épicéa, torse bombé, tête droite, les ailes légèrement écartées, fier et poseur, un minuscule ténor. J'aurais pu écouter son récital pendant des heures. Sur le chemin du retour, au milieu d'un pâturage marécageux, Eric s'est subitement immobilisé, frémissant d'excitation. Je ne voyais rien. Eric et Megan m'ont montré, à moins de cinq mètres devant nous, deux bruants des prés, une espèce divisée en dix-sept sous-espèces, qu'Eric rêvait d'observer un jour. J'aurais pu passer devant ces petits oiseaux marron tous les jours du reste de ma vie et ne jamais les remarquer. Sous-catégorie d'une sous-catégorie, même le monde des bruants est infini.

La ville est impénétrable, le mariage est impénétrable, la ferme – rien qu'une cuillerée à soupe de terre –, un profond mystère. Mais tandis que les semaines se muaient en mois, en saisons, et que je devenais peu à peu une femme de la campagne, j'ai trouvé quelque chose à quoi me raccrocher, quelque chose de moins fugace que la connaissance.

Voilà maintenant sept ans que je guette les rainettes. La première nuit où elles chantent dans l'étang derrière la maison marque la semaine où les champs seront assez secs pour que nous puissions y travailler. Cette année, la neige a mis du temps à fondre, j'étais au désespoir, j'ai cru que les beaux jours ne reviendraient jamais. Puis subitement, alors que la veille tout était encore blanc, des plaques de terre noire sont apparues, luisantes et fumantes sous le soleil.

Hier, j'ai attelé Jay et Jack à la herse à dents souples et nous sommes partis dans un champ que nous avions retourné à l'automne. L'ail n'a pas bien supporté l'hiver. Un quart des têtes n'ont pas germé. Sous la terre, les gousses que nous avons plantées sont pourries. J'ai fréquenté jadis un homme qui aimait bien les jeux d'argent et qui m'emmenait parfois en moto à Atlantic City. Un jour, dans un casino, j'ai entendu quelqu'un dire que la différence entre un amateur et un pro, c'est que le pro n'a plus de réaction émotionnelle quand il perd. Au jeu, il y a toujours des gagnants et des perdants, c'est comme ça. Je crois que je suis une vraie fermière, à présent, parce que ça ne m'atteint plus de perdre, de voir mourir des animaux, ou pourrir des plantes. La mort fait partie du cycle de la vie. Votre premier cheval et tout ce qu'il représente à vos yeux, ce sont aussi sa peau et ses os se décomposant dans le compost, que vous répandrez bientôt pour fertiliser vos champs.

J'étais impatiente de me remettre au travail. Jay et Jack étaient excités par le printemps et leurs premières rations de maïs. Ils avançaient si vite et tiraient si fort sur leur mors que j'avais l'impression de faire du ski nautique, les orteils cramponnés au fond de mes bottes. Le champ était plein de racines à demi ensevelies qui se prenaient dans les dents de la herse. J'étais sans arrêt obligée de stopper l'attelage pour les nettoyer. Les chevaux piaffaient à chaque halte. Jay s'est énervé, il a reculé trop près du palonnier, et a passé un pied par-dessus un trait. J'ai dû le décrocher et le raccrocher, en veillant à ne pas me faire piétiner ni recevoir de coup de sabot. Nous sommes repartis. Je me suis alors pris les pieds dans les guides et me suis étalée à plat ventre. Dans cette position, j'ai pu constater que nous ne tracions plus la portée musicale que nous étions censés laisser sur le sol, mais un dessin complètement abstrait composé de lignes sinueuses et d'un brusque virage au milieu duquel j'étais affalée, tel un ange de poussière. Je me suis relevée, j'ai retrouvé mon calme et nous nous sommes remis à l'ouvrage. Quelques mètres plus loin, la herse a déterré une grosse racine, qui m'a fouetté le menton. Des larmes me sont montées aux yeux, en partie à cause de la douleur, mais surtout du ras-le-bol. C'est ça, aussi, l'agriculture, pas seulement des satisfactions.

À l'heure de la traite, les chevaux étaient pansés et calmés. Finalement, il était encore un peu trop tôt pour retourner travailler aux champs. J'ai fait du boulot de sagouin et les chevaux ont pris un bain de boue. D'ici quelques jours, cependant, ce sera parti pour le grand rodéo du printemps et nous ne saurons plus où donner de la tête. Au moins, le chiendent et une partie de ces satanées racines seront déjà arrachés.

Si nous ignorons ce que l'avenir nous réserve, nous savons au moins que nous avons du pain sur la planche. Ce lopin de terre est un monde. Quelles réponses la terre m'a-t-elle apportées ? Seulement la confirmation qu'il existe des réponses. Sous la terre, il y a du roc, et si vous creusez assez profond, vous l'atteindrez. C'est la seule chose que je considère comme une certitude, et cela me suffit.

REMERCIEMENTS

Un immense merci à mon amie, ancienne patronne et agent Flip Brophy, de Sterling Lord Literistic, qui ne se serait jamais doutée que j'écrirais ce livre lorsqu'elle m'a embauchée pour répondre au téléphone. Merci à Sharon Skettini et Judy Heiblum, qui m'ont aidée à mener ce projet à bien. Chez Scribner, merci à Nan Graham, Kara Watson et Paul Whitlatch pour leur professionnalisme et leur soutien.

Jamais je n'aurais pu écrire ce livre sans l'aide de mes amis et de ma famille. Je tiens à remercier tout spécialement David et Margie Reuther, grâce à qui j'ai pris la plume et sans qui je n'aurais peut-être jamais mis de point final à ce récit. Merci à Nina Nowak et Peter Lindberg, mes premiers lecteurs et fidèles soutiens, ainsi qu'à David Schairer pour son aide « technique ». Merci à Ronnie et Don Hollingsworth, Barbara Kunzi et Beth Schiller, pour votre amitié et pour vous être gentiment occupés de Jane. Merci à la caserne des sapeurs-pompiers volontaires d'Essex, où a été rédigée une grande partie de ce texte. Merci à Lars et Marit Kulleseid, pour nous avoir donné l'opportunité de cultiver cette terre.

Merci à mes parents, Tony et Linda Kimball, pour tout ce que m'avez apporté et pour nous avoir accueillies, Jane et moi, pendant de longues périodes durant les phases finales de rédaction. Merci à ma sœur, Kelly Kimball, pour absolument tout. Et tout mon amour et mes remerciements à Mark et Jane, qui ont fait preuve d'une grande patience.

Achevé d'imprimer par N.I.I.A.G.
en janvier 2012
pour le compte de France Loisirs, Paris

Photocomposition Nord Compo
59650 Villeneuve-d'Ascq

N° d'éditeur : 66883
Dépôt légal : février 2012

Imprimé en Italie